基督教文化研究丛书

主编 何光沪 高师宁

八编 第 3 册

17～18 世紀初在華耶穌會士的漢字收編：
以馬若瑟《六書實義》為例（上）

王 澤 偉 著

花木兰文化事业有限公司

國家圖書館出版品預行編目資料

17～18世紀初在華耶穌會士的漢字收編：以馬若瑟《六書實
義》為例（上）／王澤偉 著 -- 初版 -- 新北市：花木蘭文化
事業有限公司，2022〔民111〕
目 4+172 面；19×26 公分
（基督教文化研究叢書 八編 第 3 冊）
ISBN 978-986-518-692-0（精裝）
1.CST：六書 2.CST：漢語文字學 3.CST：漢學研究
240.8 110022049

ISBN-978-986-518-692-0

基督教文化研究叢書
八編 第三冊 ISBN：978-986-518-692-0

17～18 世紀初在華耶穌會士的漢字收編：
以馬若瑟《六書實義》為例（上）

作 者 王澤偉
主 編 何光滬 高師寧
執行主編 張 欣
企 劃 北京師範大學基督教文藝研究中心
總 編 輯 杜潔祥
副總編輯 楊嘉樂
編輯主任 許郁翎
編 輯 張雅淋、潘玟靜、劉子瑄 美術編輯 陳逸婷
出 版 花木蘭文化事業有限公司
發 行 人 高小娟
聯絡地址 台灣 235 新北市中和區中安街七二號十三樓
電話：02-2923-1455 ／傳真：02-2923-1452
網 址 http://www.huamulan.tw 信箱 service@huamulans.com
印 刷 普羅文化出版廣告事業
初 版 2022 年 3 月
定 價 八編 16 冊（精裝）台幣 45,000 元 版權所有・請勿翻印

17～18 世紀初在華耶穌會士的漢字收編：
以馬若瑟《六書實義》為例（上）

王澤偉　著

作者简介

王澤偉，1994 年出生，浙江慈溪人。現為香港浸會大學中國語言文學系博士生，國立清華大學中國文學系碩士，銘傳大學應用中國文學系學士。曾赴武漢大學漢語言文學系交流學習，博士、碩士、學士期間皆榮獲得學校獎學金以及數次臺灣慈溪聯誼會提供之獎學金。研究興趣為清代及民國中西文學與文化交流。

提　　要

　　在利瑪竇之後，天主教傳教士依舊奉行利氏「中國化」與「學術傳教」之路線。18 世紀初，西方尚處中國熱之尾聲，種種漢學研究成果層出不窮。適逢中國禮儀之爭，中西矛盾日益尖銳，傳教工作面臨諸多困難，由是誕生了以白晉、馬若瑟、傅聖澤為代表的耶穌會索隱派，旨在運用古代神學並結合兩個世紀以來的漢學研究果實，證明中國古代墳典暗含天主相關訊息。主人翁馬若瑟所處的清初，正是清初小學興盛的時期。他在白晉與劉凝等人的幫助下，完成《六書實義》，希望用索隱主義找出六書中蘊含的基督宗教奧秘，以達到傳播福音與改變傳教士在康熙眼中不善中國文字之目的。

　　本研究旨在以馬若瑟《六書實義》為中心，兼述 17 ～ 18 世紀初歐洲學人對漢字的各種詮釋。透過詮釋學、全球史、後殖民主義、互文等方法，分析歐儒如何將漢字收編入西方文字與文明等級秩序體系之中，並挖掘《六書實義》運用之中國思想源流。論文分為從馬氏之前的漢字收編成果、現代性及其分期、禮儀之爭及其本質、避諱等中國性、所承襲之前輩的六書學說、天學及其六書理論、象與記憶術、語言文字與文明等級秩序八個角度，剖析馬氏索隱主義的來源、方法、六書觀念及《六書實義》之現代性，繼而從「中國性」出發，申論非漢族創作之方塊字文學作為跨文化的典範文本，及納入華語系文學的可能性。

"基督教文化研究丛书"总序

何光沪 高师宁

　　基督教产生两千年来，对西方文化以至世界文化产生了广泛深远的影响——包括政治、社会、家庭在内的人生所有方面，包括文学、史学、哲学在内的所有人文学科，包括人类学、社会学、经济学在内的所有社会科学，包括音乐、美术、建筑在内的所有艺术门类……最宽广意义上的"文化"的一切领域，概莫能外。

　　一般公认，从基督教成为国教或从加洛林文艺复兴开始，直到启蒙运动或工业革命为止，欧洲的文化是彻头彻尾、彻里彻外地基督教化的，所以它被称为"基督教文化"，正如中东、南亚和东亚的文化被分别称为"伊斯兰文化"、"印度教文化"和"儒教文化"一样——当然，这些说法细究之下也有问题，例如这些文化的兴衰期限、外来因素和内部多元性等等，或许需要重估。但是，现代学者更应注意到的是，欧洲之外所有人类的生活方式，即文化，都与基督教的传入和影响，发生了或多或少、或深或浅、或直接或间接，或片面或全面的关系或联系，甚至因它而或急或缓、或大或小、或表面或深刻地发生了转变或转型。

　　考虑到这些，现代学术的所谓"基督教文化"研究，就不会限于对"基督教化的"或"基督教性质的"文化的研究，而还要研究全世界各时期各种文化或文化形式与基督教的关系了。这当然是一个多姿多彩的、引人入胜的、万花筒似的研究领域。而且，它也必然需要多种多样的角度和多学科的方法。

　　在中国，远自唐初景教传入，便有了文辞古奥的"大秦景教流行中国碑颂并序"，以及值得研究的"敦煌景教文献"；元朝的"也里可温"问题，催生了民国初期陈垣等人的史学杰作；明末清初的耶稣会士与儒生的交往对话，带

来了中西文化交流的丰硕成果；十九世纪初开始的新教传教和文化活动，更造成了中国社会、政治、文化、教育诸方面、全方位、至今不息的千古巨变……所有这些，为中国（和外国）学者进行上述意义的"基督教文化研究"提供了极其丰富、取之不竭的主题和材料。而这种研究，又必定会对中国在各方面的发展，提供重大的参考价值。

就中国大陆而言，这种研究自 1949 年基本中断，至 1980 年代开始复苏。也许因为积压愈久，爆发愈烈，封闭越久，兴致越高，所以到 1990 年代，以其学者在学术界所占比重之小，资源之匮乏、条件之艰难而言，这一研究的成长之快、成果之多、影响之大、领域之广，堪称奇迹。

然而，作为所谓条件艰难之一例，但却是关键的一例，即发表和出版不易的结果，大量的研究成果，经作者辛苦劳作完成之后，却被束之高阁，与读者不得相见。这是令作者抱恨终天、令读者扼腕叹息的事情，当然也是汉语学界以及中国和华语世界的巨大损失！再举一个意义不小的例子来说，由于出版限制而成果难见天日，一些博士研究生由于在答辩前无法满足学校要求出版的规定而毕业受阻，一些年轻教师由于同样原因而晋升无路，最后的结果是有关学术界因为这些新生力量的改行转业，后继乏人而蒙受损失！

因此，借着花木兰出版社甘为学术奉献的牺牲精神，我们现在推出这套采用多学科方法研究此一主题的"基督教文化研究丛书"，不但是要尽力把这个世界最大宗教对人类文化的巨大影响以及二者关联的方方面面呈现给读者，把中国学者在这些方面研究成果的参考价值贡献给读者，更是要尽力把世纪之交几十年中淹没无闻的学者著作，尤其是年轻世代的学者著作对汉语学术此一领域的贡献展现出来，让世人从这些被发掘出来的矿石之中，得以欣赏它们放射的多彩光辉！

2015 年 2 月 25 日
于香港道风山

第一章 緒 論

第一節 研究動機與問題意識

一、研究動機及問題背景

　　回顧晚清、民國諸多學者之「啟蒙」與「救亡」論述中，漢字急需「革命」（漢字拉丁化）或「改良」（漢字簡化）的思考，貫穿了整個二十世紀，成為該世紀學術、政治、文化討論的主軸之一：主張改良者，有勞乃宣（1843～1921）等起草之〈「簡字研究會」啟並章程〉（10年代）〔註1〕、國府簡體字（30年代）〔註2〕、簡化字（50～80年代末）〔註3〕等；主張革命者，有國語羅馬字運動（10～20年代）〔註4〕、漢字拉丁化運動（20年代末～50

〔註1〕〈「簡字研究會」啟並章程〉（1910）將改革漢字視為救亡中國的「第一要義」，其言稱：「是則普及教育以開民智，為今日救亡第一要義也。他國教育普及易，中國之教育普及難，何也？以他國文字之字易識，中國之文字難識也。然則別設易識之字，又為今日普及教育第一要義，亦即救亡第一要義」。汪榮寶、趙炳麟、勞乃宣，〈「簡字研究會」啟並章程〉，收入文字改革出版社編，《清末文字改革文集》（北京：文字改革出版社，1958年），頁111。

〔註2〕1934年1月，國語統一籌備委員會第29次常委會通過錢玄同（1887～1939）之《搜採固有而較適用的簡體字案》，呈請教育部施行。經教育部批准同意後，委託錢玄同主持編選《簡體字譜》。1935年8月20日，教育部以部令一一四〇號公佈第一批「簡體字表」共三二四字。

〔註3〕自1952年中共文字改革研究委員會漢字整理組成立，至1986年《人民日報》重新發表《簡化字總表》。

〔註4〕1918年4月，錢玄同在《新青年》上發表致陳獨秀（1879～1942）的通信〈中

年代）〔註 5〕等。其中又以魯迅（1881～1936）「漢字不亡，中國必亡」宣言，最為人所知。〔註 6〕若簡而言之，晚清民國乃至 50 年代後的學者及官方，不斷論述漢字改良／改革迫切性的原因，除了漢字不利普及外，至為關鍵之處，在於當世諸君普遍認同語言決定母語者的思維——中國人啟蒙之難，正在漢字之「原始」，阻礙了思維的「進步」。

「語言決定思維」論，以 20 世紀 20 年代大名鼎鼎的「薩丕爾—沃爾夫假說」（Sapir-Whorf Hypothesis）為代表。此一假設乃由語言學家、人類學家愛德華・薩丕爾（Edward Sapir，1884～1939）及其弟子本傑明・李・沃爾夫（Benjamin Lee Whorf，1897～1941）共同提出，旨在假設語言結構決定人的世界觀，不同之語言將導致不同的世界觀。這一假說包含兩部分：語言決定論（linguistic determinism），即語言結構直接影響人對客觀世界的觀察，不同的語言結構產生對客觀世界不同的認知；語言相對論（linguistic relativity），即受語言決定的認知過程對於不同語言來說是各不相同的，是相對的。〔註 7〕然二人之假設雖然聲名最顯，卻非「語言可決定母語者思維」論的最早提出者。這類論述可以追溯古希臘時代，至近代由 18 世紀的約翰・戈特弗里德・赫爾德（Johann Gottfried Herder，1744～1803）之《論語言的起源》（*Abhandlung über den Ursprung der Sprache*，1772），打破了一直持續到 18 世紀上半葉的語

國今後的文字問題〉，力主廢除漢字，回顧近二十年來「創造新字，用羅馬字拼音等等主張，層出不窮」，提倡 Esperanto（世界語），言「如此，則舊文字之勢力，既用種種方法力求滅殺，而其毒焰或可大減」。陳獨秀讚成廢除漢字，隨後答覆錢氏曰：「惟有先廢漢文，且存漢語，而改用羅馬字母書之」。錢玄同，〈通信：中國今後之文字問題〉，《新青年》第 4 卷第 4 期（上海：羣益書店，1918 年 4 月），頁 350～355；陳獨秀，〈通信：中國今後之文字問題〉，《新青年》第 4 卷第 4 期，頁 356。

〔註 5〕以 1929 年瞿秋白（1899～1935）撰寫第一個中文拉丁化方案《中國拉丁化字母方案》並在莫斯科出版為開端，至 50 年代的漢語拼音化方案的完成為結束。

〔註 6〕魯迅言：「漢字不亡，中國必亡。因為漢字的艱深，使全國大多數的人民，永遠和前進的文化隔離，中國的人民，決不會聰明起來，理解身邊的壓榨，理解整個民族的危機。我自身受漢字苦痛很深的一個人，因此我堅決主張以新文字來替代這種障礙大眾進步的漢字」。魯迅，〈病中答救亡情報訪員〉，收入倪海曙編輯，《拉丁化中國字運動二十年論文集・中國語文的新生》（上海：時代書報出版社，1949 年），頁 119。

〔註 7〕馮志偉，《現代語言學流派（增訂本）》（北京：商務印書館，2013 年），頁 173～177。

言神授普遍共識，提出語言人創，乃經由思維運作的結果：「為了造就語言，人類積極的思維力量獲得了足夠的空間和領地，擁有適當的質料和形態、內容和形式」。〔註8〕在赫氏的理念下，神聖的原始語言，及作為原始語言的東方語言（漢語言文字），被貼上了原始與落後的標籤。〔註9〕

　　嗣後，19 世紀德國哲學家威廉‧馮‧洪堡特（Wilhelm von Humboldt，1767～1835）撰《論人類語言結構的差異及其對人類精神發展的影響》（*Über die Verschiedenheit des menschlichen Sprachbaues und ihren Einfluss auf die geistige Entwicklung des Menschengeschlechts*，1836），聲言人類語言關聯著更高層次的現象——人類精神力量（menschliche Geisteskraft）的更新與升華。如此，便意味著各民族的民族性之所以得而成形，從內在聯繫言之，只不過是民族語言意識（der nationelle Sprachsinn）的產物〔註10〕：

> 語言產生自人類的某種內在需要，而不僅僅是出自人類維持共同交往的外部需要，語言發生的真正原因在於人類的本性之中。對於人類精神力量的發展，語言是必不可缺的；對於世界觀（Weltanschauung）的形成，語言也是必不可缺的，因為，個人只有使自己的思維與他人的、集體的思維建立起清晰明確的關係，才能形成對世界的看法。〔註11〕

這一假說，雖具爭議，批評聲音常不絕於耳，然就其影響力來說，可謂綿延百年，至今不絕。整個 20 世紀的中國，關於漢字的種種說法，無疑籠罩在洪堡特及其後繼者的學說陰影之下——從當時最新的、最「科學」的人類學與語言學研究成果出發，漢字影響了中國人的世界觀，而漢字又是落後的文字，由此致使中國在精神層面的落後。此乃晚清以來，諸多振聾發聵之聲的立論依據。

　　母語決定思維論，對晚清以來學界之影響可謂至深且巨鉅。而其中的關

〔註8〕〔德〕J. G 赫爾德（Johann Gottfried Herder）著，姚小平譯，《論語言的起源》（北京：商務印書館，1998 年），頁 54。
〔註9〕關於東方語言的部分，參看餘論。
〔註10〕〔德〕威廉‧馮‧洪堡特（Wilhelm von Humboldt）著，姚小平譯，《論人類語言結構的差異及其對人類精神發展的影響》（北京：商務印書館，1999 年），頁 16～17。
〔註11〕〔德〕威廉‧馮‧洪堡特（Wilhelm von Humboldt）著，姚小平譯，《論人類語言結構的差異及其對人類精神發展的影響》，頁 25。

竅，即一系列推論之源頭──漢字落後之說，究竟源自何時何地，它是否是一個建構的過程？又如何影響到中國學界？其中又以何人手段最為高明？這是本研究所需要處理的，亦即研究動機。

回顧中西文明交互的歷史，可追溯至所謂的「軸心時代」（Axial Age）。〔註12〕依據法國學者雅克‧布羅斯（Jacques Brosse，1922～2008）的考證，早在西元前 5 世紀，西方歷史學與地理學之父希羅多德（Hérodote，c.484～c.425 B.C.）便曾轉述一個延伸到大海的民族「極北人」（Hyperboréens），學者多視該民族即為中國人。〔註13〕爾後，中國又有「賽里斯」（Seres）之稱，散見古希臘斯塔拉波（Strabo，64 or 63 B.C.～c. A.D. 24），古羅馬梅拉（Pomponius Mela，？～c. A.D. 45），希臘—羅馬托勒密（Claudius Ptolemy，c.100～c.170），及羅馬帝國哲學家克理索（Celsus，？）等人的歷史、哲學及地理學著作中。

自軸心時代開始，經「大秦」之謂的羅馬帝國，進入傳教與學院時期。西人對中國的研究可分為遊記漢學、傳教士漢學與專業漢學三個階段。〔註14〕而早期遊記漢學關注的重心多在直觀器物層面，甚少涉及語言、思想與文化。歐人對精神文明層面的探究，直到傳教士漢學時期才逐步興盛。簡言之，西人對漢字之研究，在遊記漢學時期以介紹為主，數量稀少，篇幅較短，直至傳教士漢學時期方才進入學術階段。

遊記漢學時期，歐人對中國語言文字的描述僅聊聊幾筆，散見馬可‧波羅之《馬可波羅遊記》（*Il Milione*）、義國人鄂多立克（Odorico da Pordenone，1286～1331）之《鄂多立克東遊錄》（*Relazione del viaggio in Oriente e in Cina*）等。及至傳教士漢學時期，門多薩（Gonzales de Mendoza，1540～1617）之

〔註12〕德國學者卡爾‧雅斯貝斯（Karl Theodor Jaspers，1883～1969）在其《歷史的起源與目標》（*The Origin and Goal of History*）一書中提出這一重要觀點，其說旨在指明西元前 800 年至西元前 200 年之間，誕生了左右人類整體精神與文明的思想與宗教。〔德〕卡爾‧雅斯貝斯（Karl Theodor Jaspers）著，魏楚雄、俞新天譯，《歷史的起源與目標》（北京：華夏出版社，1989 年），頁 8。

〔註13〕〔法〕雅克‧布羅斯（Jacques Brosse）著，耿昇譯，《發現中國》（廣州：廣東人民出版社，2016 年），頁 1～2。

〔註14〕三階段依次分別以馬可‧波羅（Marco Polo，1254～1324）之遊記，利瑪竇（Matteo Ricci，1552～1610）、羅明堅（Michele Ruggieri，1543～1607）入華，1814 年法蘭西公學院（Collège de France）設立「滿、韃靼、漢語言教授」講席（雷慕沙〔Jean Pierre Abel Rémusat，1788～1832〕任教授）為肇端，作為大致的分界線。

《大中華帝國史》（*Dell' Historia della China*）深受傳教士影響，特設專章〈中國人使用的文字，及這個帝國的書院、學院和其他奇事〉介紹中國文字。〔註15〕與遊歷不同，傳教士背負傳播福音的重任，面對相異的語言文化，翻譯經典終不可避免。無論唐時景教（即聶斯托利派，Nestorianism），抑或是以北京總主教方濟會士孟高維諾（Giovanni da Montecorvino，1246～1328）為代表的元代宣教士，還是明清之際沙勿略（St. Francis Xavier，1506～1552）、利瑪竇以後的天主教傳教士，甚至是晚清新教傳教士，若不想似景教那般借助佛教用語翻譯經典，以致出現「佛」、「天尊」、「移鼠」等過於歸化的荒謬翻譯，則勢必深究漢文，通曉中國文學，以達自主譯經的境界。〔註16〕

　　隨著 15 世紀大航海時代的到來，歐洲與中國開始直接接觸與交流，傳教士取代探險家成為該時期敘述中國的主要擔當。傳教士乘槎西來，作為溝通東西的橋樑，在西學東漸與東學西傳方面，皆扮演了關鍵性的角色。尤其是利瑪竇，其「適應」（accommodation）傳教策略對西來傳教士學習與深入研究中國語言、文化與經典有推波助瀾之功。明神宗萬曆十一年（1583），利瑪竇與明朝以來第一位進入中國大陸傳教的天主教傳教士，即義大利籍耶穌會士羅明堅一起開始在中國南部傳教並且定居。利瑪竇經中國友人的建議，傳教方式改為「驅佛補儒」（即脫去僧服改著儒服），完成從「天竺國僧」身份向「西儒」身份的轉變，收到了顯著的效果。〔註17〕無論是僧服還是儒服，都

〔註15〕〔西班牙〕門多薩（Gonzales de Mendoza）著，何高濟譯，《中華大帝國史》（北京：中華書局，1998 年），頁 111～114。

〔註16〕如譯「天主」（God）作「佛」或「天尊」，彌賽亞（Messie）作「迷詩訶」，「聖神」（Saint spirit）作「涼風」，「耶穌」（Jesus）作「移鼠」，「厄娃」（Eva）作「彼家」，「亞當」（Adam）作「阿談」者。其佛教式的語言以中國最古老基督教經文《移鼠——迷詩訶經》（《耶穌——彌賽亞經》，即《序廳迷詩所（訶）經》，*La Sutra de Jesus Messie*）部分經文為例，如：「天尊受許辛苦始立眾生眾生理。佛不遠立。人身自專。善有善福，惡有惡緣」、「突墮惡道，命屬閻羅王」之類。分別參見：〔法〕沙百里（Jean Charbonnier）著，耿昇、鄭德弟譯，古偉瀛、潘玉玲增訂，《中國基督徒史》（臺北：光啟文化事業，2005 年），頁 26～28；《序廳迷詩所經》（唐朝本），收入周燮藩主編，王美秀分卷主編，中國宗教歷史文獻集成編纂委員會編纂，《東傳福音》（合肥：黃山書社，2005 年），冊 1，頁 32～33。

〔註17〕以利瑪竇為主的早期入華耶穌會士，在順利轉型成「泰西儒士」之後，開始受到士大夫階層的注目，並吸引成啟元、李應試、徐光啟、李之藻、楊廷筠、孫元化、許樂善、張賡和李天經等官紳入教；又有馮琦、張問達、葉向高、馮應京、韓爌、熊明遇和錢士升等對西學和西教均保持極友善的士大夫，但並未入

可以看做是利瑪竇嘗試將中國文化與基督宗教調和或融合，以實現「本土化」。所謂「驅佛」，就是攻擊佛教。〔註18〕所謂「補儒」，也可以說是「合儒」，或說「以耶合儒」。在利氏發現中國占統治地位的乃是儒家思想後，轉而研讀儒家經典，提出天主教思想與儒家思想相合，可以「補正」儒家思想——天主教化超越儒家教化，引導中國人信仰天主教，從而獲得救贖的觀念。利瑪竇明辨佛、道、儒三家之異，貶斥釋、老二教乃偶像崇拜的異端邪教，並否認儒家為宗教之說，定性儒家為學術團體〔註19〕，故天主教徒與儒生的身份可以兼得而不相矛盾。同時，利氏進一步指出先秦儒家思想視為「古儒」，而古儒思想與基督宗教神學體系思想有相合或相通之處，而新儒尤其是宋明以來的儒家思想已經違背古訓而誤入歧途了。〔註20〕利氏的傳教策略是以多層次融合的本土化並適應之，對儒家經典進行翻譯以及神學上的解釋，從儒家經典中試圖尋找基督宗教思想，立刻拉近了天主教與士大夫間的距離，為掃清外來宗教疑慮與說服精英階層入教奠定堅實基礎。〔註21〕此後，此一傳教路線與學術立場被後來的清初「耶穌會索隱派」繼承和發揚，替中國信徒建立其信仰的合法性，開闢出新的、有效的和重要的傳教路線。

教。詳見：黃一農，〈「泰西儒士」與中國士大夫的對話〉，《兩頭蛇：明末清初第一代天主教徒》（新竹：國立清華大學出版社，2005年），頁65～130。

〔註18〕批評佛教，符合當時的時代背景，謝和耐（Jacques Gernet，1921～2018）指出：「利瑪竇對已腐化墮落的佛家發起的攻擊，他對嚴守倫理的強調以及他的科學施教，所有這一切似乎都符合時代的需求和渴望。那種認為十一～十二世紀的理學不是古代的『真正儒家』或至少有部分理學傳統已受到佛教影響玷污的思想也已經在明末環境中出現了……我們從利瑪竇的回憶錄中如實地發現了它具有好感的反應。從而使他利用一些支持儒教的言辭和對佛教的批判」。〔法〕謝和耐（Jacques Gernet）著，耿昇譯，《中國和基督教》（上海：上海古籍出版社，1991年），頁36。

〔註19〕〔義〕利瑪竇、〔比〕金尼閣（Nicolas Trigault）著，《利瑪竇中國札記》（北京：中華書局，1983年），頁105。

〔註20〕〔義〕利瑪竇、〔比〕金尼閣（Nicolas Trigault）著，《利瑪竇中國札記》，頁100～102。

〔註21〕周寧指出：「利瑪竇之後，許多傑出的耶穌會士來到中國。龍華民、艾儒略、龐迪民、金民閣、湯若望、衛匡國、南懷仁……傳教點從肇慶、韶州發展到南昌、南京、北京……西方擴張的世俗力量被抵制在中國海岸，宗教勢力卻以『中國化』的方式深入中國腹地。他們嘗試歐洲中心的野蠻擴張之外的一種謙和文明的文化會通方式，用他們的知識與德行創造了中西交流的一段蜜月神話」。周寧，《中西最初的遭遇與衝突》（北京：學苑出版社，2000年），頁208。

自傳教士入華，對漢語的研究從未中斷。最早嘗試使用歐洲語言拼寫漢字，並編寫字典之源有三，皆為藁本，未曾出版，亦未在西洋產生影響。其一，乃 1575 年拜訪福建省的西班牙奧古斯定（Order of Saint Augustine）會士拉達（Martín de Rada，1533～1578）所撰第一部中外合璧字典——《中國語言的藝術與詞彙》（或作《華語韻編》，*Art y Vcabulario de la lengua China*），該書是用西班牙文為泉州口語（閩南語）編寫的小辭典。〔註 22〕其二，乃是 1934 年德禮賢（Pasquale M. D'Elia，1890～1963）於 1934 年在羅馬耶穌會檔案館發現之羅明堅與利瑪竇所合著的手稿，他稱之為《葡華字典》（*Dizionario Portoghese-Chinese*，1584～1586），並釋羅馬標題「Pin ciù ven tà ssi gnì」為中文作《平常問答詞意》（實應作《賓主問答辭義》或《賓主問答私擬》），乃中西第一套中文拼寫方案。〔註 23〕其三，郭居敬（Lazzaro Cattane，1560～1640）與利瑪竇合撰《西文拼音華語字典》（*Vocabularium ordine alphabetico europaeo more corcinnatum,et per accentus suos digestum*）。然此三書乃未能刊行，深藏書庫，故真正第一部完成並付梓的語文書，乃是利氏以羅馬字標註漢字專書《西字奇跡》（1605 年於北京印行）。嗣後，又有第一部分析語音與完整使用羅馬標音漢字之巨著——金尼閣（Nicolas Trigault，1577～1628）《西儒耳目資》（1625），第一部漢語文法大作——衛匡國（Martinus Martint，1614～1661）《中國文法》（*Grammatica Sinica*，約 1652）等研究成果陸續出現。中國語言開始進入泰西學術視野，工具書與學術論文取代了考察報告，漢字而不再是想像中的異國文字。

立足於傳教士的詳盡學術研究與文獻材料，歐洲世界開始對漢字展開了轟轟烈烈的研究，逐步建構了漢字的諸多學說，在世界文明史中安置漢字的位置。西人如何界定漢字的位置，又如何將漢字納入西方世界體系，本研究這類話語稱之為「收編漢字」。而這一收編漢字的過程，主要發生在 17～18 世紀初，故本文研究之主要時域設定在 17 至 18 世紀初。期間，西洋世界依託漢字這一「他者」，確立自身價值，區分東、西之別，同時將中國形象具體化。而漢字之地位，取決於漢字收編的過程中，西方的利益與中西

〔註22〕沈福偉，《中西文化交流史》（上海：上海人民出版社，2006 年），頁 399；〔法〕沙百里著，耿昇、鄭德弟譯，古偉瀛、潘玉玲增訂，《中國基督徒史》，頁 98。
〔註23〕方豪，《中西交通史（下）》（上海：上海人民出版社，2015 年），頁 796；徐文堪，《編余問學錄》（杭州：浙江大學出版社，2014 年），頁 66～68。

實力對比的強弱變化，據此產生上下易位。漢字作為最古老文字的說法，正是在此一百年餘間，得以確立，成為歐洲世界的共識。

　　早一批抵達中國的傳教士，雖然也使用「中國化」的適應策略，無奈漢語水平有限，難以深入認識中國典籍難並予以詮釋。至康熙雍正時，諸多傳教士漢語能力有了較大的提升，具備研究中國典籍的學養，其中可視馬若瑟（Joseph-Henri de Prémare，1666～1736）為當中典範。雷慕沙曾如此讚譽馬氏：

> 若瑟之傳教熱忱，鼓勵其研究中國語言文字。其研究與一般傳教師異，蓋其志不僅在肄習傳教必須之語文，而尤注重於尋求中國載籍中之傳說，有裨於宗教者予以利用，發揮教理，若瑟此類研究成績甚優，甫數年即能用優美的中國文字著書立說。（雷慕沙《亞洲新雜纂》，卷二，二六五頁。）〔註24〕

馬若瑟憑藉其深厚的中國學養，迅速成為漢字收編過程中的佼佼者。根據馬氏自述，其對漢字的掌握僅在寥寥數年間完成，可謂是天賦異稟：馬氏在抵華兩年後（1770）致郭弼恩（Charles Le Gobien，1653～1708）神父的信中，自言短時間內掌握了漢語——「但如今我已開始了解這個國家，而且上帝仁慈地讓我在短時間內學會了足夠的漢語，使我大致能聽懂別人說話，也能表達自己的想法」；在其 1724 年致同會某位神父時，自述三、四年即可閱讀與理解中國典籍——「我學習中文並不難，在三四年中，我就能閱讀和理解中國的書。識了五千至六千單字以後，閱讀就不成問題了」。〔註25〕

　　馬若瑟（漢名又有「馬龍出」者〔註26〕），筆名「溫古子」，法國耶穌會傳教士。1698 年，馬氏承路易十四（Louis XIV，1638～1715）令，隨白晉（Joachim Bouvet，1656～1730）赴中國傳教，輾轉廣州、江西、北京等地。1724 年，雍正禁教，馬若瑟被流放至廣州，1732 年又遣至澳門，最終埋骨異鄉。馬若瑟與白晉、傅聖澤（Jean-François Foucquet，1663～1739）等人

〔註24〕〔法〕費賴之（Louis Pfister）著，馮承均譯，《在華耶穌會士列傳及書目》（北京：中華書局，1995 年），頁 526～527。

〔註25〕〔法〕杜赫德（Jean-Baptiste Du Halde）編，鄭德弟、朱靜等譯，《耶穌會中國書簡集：中國回憶錄 I》（鄭州：大象出版社，2001 年），頁 150；氏著，卷 3，頁 281。

〔註26〕經李真考證，學界認為馬若瑟之中文名「龍周」，實為「龍出」之誤。李真，《馬若瑟〈漢語札記〉研究》（北京：商務印書館，2014 年），頁 12。

一起，創立「索隱派／索隱主義」（Figurism），並著有《夢美土記》（1709）、《經傳眾說》（1710）、《天學總論》（1710）、《儒教實義》（1715～1718）、《六書實義》（1721）、《中國古籍中之基督教主要教條之遺跡》（*Vestiges des Principaux Dogmes Chrétien Tirés des Anciens Livres Chinois*，1724）、《儒交信》（1729？）、《漢語劄記》（*Notitia Linguae Sinicae*，1728）、《三一三》（1730～1736？）等索隱主義巨著。〔註27〕

　　馬若瑟作為白晉的學生，許多觀點承襲白晉。他在跟隨白晉來華傳教的途中，接觸了白晉索隱式的解讀中國文字之法，遂對馬若瑟產生深遠影響，《象形文字字典》（*Essa de dictionn aire jeroglyphique*，c.1714）便是例證。〔註28〕簡而言之，該派學說承襲利瑪竇「以耶合儒」的傳教策略，旨在通過學術手段證明「中學西源」，或較為委婉的「中西同源」說──中國語言文化，尤其是先秦文化與基督宗教文化相通，其內容可包括經典、文字、歷史等。在漢字領域，耶穌會索隱派鞏固了漢字收編以來，西方諸漢字學說中影響力最大、最為通行的「漢字西源」及漢字乃最古老文字的觀點。不僅如此，馬若瑟還通過中文書寫，開始將這一觀點滲入中國，如此重要的作品便是《六書實義》。

　　西方世界從十六世紀開始真正關注漢字，自那時起，漢字研究一直是具有學術價值又頗多爭論的話題。馬若瑟在漢字方面的研究，可謂青出於藍而勝於藍──雷慕沙評價其為「傳教中國諸傳教師中，於中國文字造詣最深者，當推馬若瑟與宋君榮二神甫。茲二人之中國文字，非當時之同輩與其他歐洲人所能及」，張西平讚之為「研究我國文字之鼻祖」。〔註29〕索隱派的漢字觀

〔註27〕關於馬若瑟一生著述，可參看李真編纂之「馬若瑟著作一覽表」，然該表中忽略藏於法國巴黎耶穌會檔案館之《三一三》，幸得榮振華（Joseph Dehergne，1903～1990）提及，後又有肖清和專文研究。李真，《馬若瑟〈漢語札記〉研究》，頁359～363；肖清和，〈清初索隱派傳教士馬若瑟的三一論與跨文化詮釋──以《三一三》為中心〉，《北京行政學院學報》2018年第4期（2018年7月），頁113～119。

〔註28〕《象形文字字典》，為馬若瑟早期索隱學觀點的論文，目前藏於法國國家圖書館。關於該手稿，前三分之二實際是由白晉所寫，而後三分之一則由馬若瑟完成。其中還多次引用白晉《易鑰》（*Key to the Yi Jing*，1712）。〔丹麥〕龍伯格（Knud Lundbaek）著，李真、駱潔譯，《清代來華傳教士馬若瑟研究》（鄭州：大象出版社，2009年），頁167～173。

〔註29〕〔法〕費賴之著，馮承均譯，《在華耶穌會士列傳及書目》，頁528；張西平，〈中譯本序〉，收入《清代來華傳教士馬若瑟研究》，頁3。

點認為漢字具有表面和深層雙重含義，而由深層意義體現的內在含義是與基督宗教相關的神聖內涵，這才是漢字的真正含義。但是想要了解文字的真正內涵，只有通過基督宗教啟示之人才能領悟。如此便意味著，要解開漢字的真正奧秘，必須依靠天主教的指引。否則，漢字之研究，終究落於表面。以上之言，即為索隱主義的真諦。馬氏的研究，可將清儒的「小學」研究，帶入天學正軌，徹底從中學角度，闡釋神學意涵。由此，馬氏完整建構了包納天學要旨，符合中國學統的完整儒家學問體系，即自小學始，終於大學（經學）的中國學術體系。

馬若瑟《六書實義》一書，遠超前輩，可讚之為西人研究中國文字之頂點。馬氏之後，耶穌會傳教一度中斷，至新教宣教士來華，對漢字之體認推到重來，倒退回中國僅為象形字的模糊認知。〔註30〕甚至，作為傳教士漢學轉向北美學院漢學的關鍵人物——衛三畏（Samuel Wells Williams，1812～1884），在其《中國總論》（*The Middle Kingdom*）一書，特立專章介紹中國文字。除介紹漢字歷史與基本知識外，衛氏運用語言學，比較中國文字與他國文字，分析字形、字音、方言、文法、印刷、書法、漢字優劣得失及其對中國文化之影響等諸多面向。但他對六書之介紹，雖較為全面，然字裡行間卻透露出衛氏對六書的掌握僅僅止於詳細了解，而未曾深入學習。〔註31〕故相較於馬若瑟，實有雲泥之別。

《六書實義》用文言書寫，以《說文解字》為基，摒棄前學（白晉）粗糙的拆字釋字法，選用中國固有之文字、聲韻、訓詁之法，融入神學理論，竟達渾然一體之境，難辨西儒所作，其學理亦不遜於中國儒生。然而，前輩學人對傳教士語言領域之研究，多集中於文法、語音、翻譯、字典等方面，忽略了「六書」，對馬若瑟的研究亦是如此。以致《六書實義》竟無專文研究，頗有

〔註30〕 以米憐（William Milne，1785～1822）為例，他認為中國文字皆為象形字：「他們的書面文字有悠久的歷史，全部都是象形文字」。〔英〕米憐（William Milne）著，北京外國語大學中國海外漢學研究中心翻譯組譯，《新教在華傳教前十年回顧》（鄭州：大象出版社，2008年），頁11。

〔註31〕 衛三畏在〈中國語言文字的結構〉中，提到了馬若瑟的研究：「馬若瑟說，對於日常用途，精通四五千字就足夠了，而事實上，這一數字的三分之二，就足以滿足這一要求了。」；在〈在中國人中的基督教會〉中，提及了馬氏的《漢語箚記》。側面證明了，馬氏在西方中國文字研究上執牛耳之地位。See Williams, Samuel Wells. *Middle Kingdom: A Survey of the Geography, Government, Literature, Social Life, Arts, and History of the Chinese Empire and Its Inhabitants*. London: W.H. Allen, 1883. Vol.1, 589 and Vol.2, 232.

遺珠之憾。本文欲從法國國家圖書館所藏編號為 CHINOIS906 版《六書實義》入手，對《六書實義》進行個案研究並加以文本詮釋，重新審視《六書實義》的學術價值與特點，並探求文本與本土學術之間的對話，以期補全西人語言研究領域中對六書詮釋的缺失。

二、問題意識

語言文字乃文化之基石，是民族文化的重要載體，羅常培曾言：「語言文字是一個民族文化的結晶，這個民族的過去的文化靠它來流轉，未來的文化也仗著他來推進」〔註32〕若進一步從學理上言之，以符號學與結構主義的觀點，結構人類學家李維史陀（Claude Lévi-Strauss，1908～2009）便認為語言是人的獨有特徵而有別於動物及構成文化的原型，文化是語言的延伸，他揭櫫了語言與人類學的關係：「就同時構成文化現象（使人和動物區別開來）的原型，以及全部社會生活形式借以確立和固定的現象的原型」〔註33〕。可見，欲了解異文化，探求其語言勢在必行。此外，西方世界在收編漢字的同時，一併思考的是中國人種起源問題。這樣一種語言／人種的夥伴關聯，自 17 世紀於漢字研究領域興起之後，一直到 20 世紀乃至今時，綿延不斷。

明清之際，天主教傳教士遠涉重洋，赴華傳教，拉開了西方人學習中國語文的序幕。在進入專業漢學之前，傳教士就已對諸多面向──語音、文法、文字、翻譯等領域展開深入研究，成果頗豐，是為專業漢學之砥石。若是從東西文化之根源談起，則中國文化以儒學為基，西洋文明則以神學為礎。進而思之，儒家經學以「小學」──文字學（釋形）、音韻學（釋音）、訓詁學（釋義）三科為入門之徑，中世紀大學之博雅教育（liberal arts）亦以三藝（trivium）──文法、修辭、辯論為根基。兩相比較，可知無論東海西海，皆以語言之學為學術入門之根底。由是，明清之際的語言研究呈現東學、西學的可比較性，可作為比較文學的典範文本。同時，西人漢字研究作為語言研究的代表，在中西文化交流、西學東漸、東學西漸、漢學史、天主教傳教史，甚至是文學「現代性」（modernity）的思考等領域皆具有不可忽視的學術價值。針對《六書實義》，可提出的問題，茲論述如下：

〔註32〕羅常培，〈中國人與中國文〉，《中國人與中國文　語言與文化》（北京：新星出版社，2015 年），頁 4。

〔註33〕轉引自：〔英〕特倫斯・霍克斯（Terence Hawkes）著，瞿鐵鵬譯，劉峰校，《結構主義與符號學》（上海：上海譯文出版社，1987 年），頁 25。

（一）17～18 世紀初西人收編漢字之過程為何？

西儒對漢字進行收編的過程，乃一「語言接觸」（language contact）的過程。語言接觸指使用不同語言的人因接觸、交流而引起雙方語言在語音、詞彙、語法等方面產生影響。在歷史語言學中，語言接觸中大體有三個階段：語言接觸──語言影響──語言變化。張西平指出，以羅曼語系為代表的西方語系與漢語接觸的過程中，對漢語的影響是一個逐步展開的過程：從晚明到晚清，從民國到現在，歷經四百年之久。在接觸的過程中產生了詞彙、語音、語法、詞典編撰四個方面的影響。因此，探求漢學與中國語言研究之歷史，必先弄清語言接觸的歷史。〔註34〕語言接觸中，產生的種種文獻資料（包含上述四種影響），構成了 17～18 世紀漢字收編的原始文獻及論說的基礎。在分析《六書實義》之前，必先了解 17～18 世紀這百餘年間漢字研究的歷史，了解西儒為收編漢字提出了哪些學說？這些說法是否又影響馬若瑟建構自己的六書學說？譯介又在中國現代性發展的過程中扮演了何種角色？此乃本研究要處理的第一問題。

（二）早期現代性的思考

美國學者伯曼（Marshall Berman，1940～2013）將現代性歸納為三個階段，分別為：第一階段，16 世紀初 18 世紀末；第二階段，18 世紀 90 年代大革命浪潮至 19 世紀；第三階段，即 20 世紀上半葉。他提出，在第一階段，人民剛開始體驗現代生活，還不清楚自己受到什麼東西的撞擊。〔註35〕又，李奭學在〈中國「文學」的現代性與明末耶穌會的文學翻譯〉一文中，指陳今之「文學」（literature）詞義可追溯之晚明，爾後與晚清傳教士合力建構終成今天「文學」之貌。同時，至少從文學角度看，明清之際的中國文學批評及文學創作，開始呈現「向西看」的趨勢，而某種文學上的「早期現代性」蠢蠢欲動，蓄勢待發。〔註36〕故有「沒有晚明，何來晚清」之謂。

參伯、李二氏之說，可知明清之際已被現代性所「波及」。在文學領域，現代文學概念已見雛形。雖然，傳教士的作品依舊缺乏今天所謂「文學性」

〔註34〕張西平，〈從語言接觸理論探討漢語國際傳播〉，《語言規劃學研究》2015 年第 1 期（2015 年 10 月），頁 67～68。
〔註35〕〔美〕馬歇爾・伯曼（Marshall Berman）著，徐大建、張輯譯，《一切堅固的東西都煙消雲散了：現代性體驗》（北京：商務印書館，2003 年），頁 17。
〔註36〕李奭學，〈中國「文學」的現代性與明末耶穌會的文學翻譯〉，《明清西學六論》（杭州：浙江大學出版社，2016 年），頁 115～177。

（純審美）。倘若以今論古，則多有失公允，正如錢鍾書所說：「茲不為文學
立定義者，以文學如天童舍利，五色無定，隨人見性，既苦繁多，不必更參之
鄙見，徒益爭端」〔註37〕。「文學」無法定義，如果拋開文學續具有純粹審美
性的定義，轉為廣義、符合當時背景的文學定義，勉可定義為「文學是一種
語言藝術」〔註38〕，則亦可將《六書實義》視作文學文本。現代性涉及政治、
經濟、文化、社會等諸多面向，若從時間上從明清之際、空間上從世界的形
成、政治上的現代國家、文化上的文藝復興、宗教改革等諸多宏觀背景為基
礎，思考西人研究漢字是否有現代性，甚至是殖民性的色彩，即從現代性問
題衍生出來的五小問：探討是否因早期現代性的到來，從而激起歐洲除傳教
士外的學者對漢字研究抱有興致？現代性又是否對漢字研究有典範轉移之影
響？漢字研究是否在殖民過程中扮演重要角色？如何界定明清之際以來漢字
文學中出現的現代性？馬若瑟的漢字學說是否受到現代性的影響？

（三）馬氏於漢字領域有何獨步群倫之處？

　　馬若瑟作為耶穌會索隱派之一員，緣何得到前文所引雷慕沙之高度評價
「傳教中國諸傳教師中，於中國文字造詣最深者」？據此褒獎觀之，馬若瑟
之字學功底乃索隱派諸人望塵莫及，足可印證自謂「瑟於是字之奧文，亦有
所取」。〔註39〕當時之西洋儒士或矗知六書，或拆字索隱，或虛構文字歷史，
多加附會，少字學之理而多天學之道，實難服眾。相較同時代傳教士，馬若
瑟掌握小學核心——六書，既通象形、指事、會意、形聲、叚借、轉注，又兼
述天學恉要，巧妙融合，遠非他輩可及。

　　馬氏深研中國治學之道，於六書多有個人見解。在他看來，治學之道須
經由字學而至經學，最終達於天學。其著《儒教實義》言：「是故好學者，以
六書為祖，以六經為宗，以孔子為師，以諸儒為友，輔我積善，佑我明真，則

〔註37〕錢鍾書，〈中國文學小史緒論〉，《錢鍾書集：寫在人生邊上；人生邊上的邊上；
　　　　石語》（北京：生活‧讀書‧新知三聯書店，2002 年），頁 92。
〔註38〕即章太炎「文學者，以有文字著於竹帛，故謂之文……凡文理、文字、文辭，
　　　　皆稱文」之謂，亦即保羅‧H.弗萊（Paul H. Fry）「文學是語言形成的想像」
　　　　之言。見：章太炎撰，陳平原導讀，《國故論衡》（上海：上海古籍出版社，
　　　　2003 年），頁 49；Fry, Paul H. *Theory of Literature*. New Haven: Yale University
　　　　Press, 2012. 4.
〔註39〕〔法〕馬若瑟，《天學總論》，收入鐘鳴旦（Nicolas Standaert）、杜鼎克（Ad
　　　　Dudink）、蒙曦（Nathalie Monnet）主編，《法國國家圖書館明清天主教文獻》
　　　　（臺北：利氏學社，2009 年），冊 26，頁 513。

無不信。」〔註40〕，其說，將小學與歐洲三藝巧妙結合，視語言為讀經之基。據此，是否可以考察《六書實義》是否有結合前輩漢字收編成果之處？《六書實義》既為馬氏探求六書之作，則勢必發問該著何處合於中國六書之說，具體承續了哪幾家的觀點？何處又是馬氏引入新說新學？其所立新說是否有進入中國學統者？馬氏又是如何巧妙將天學引入六書？馬氏又對前儒六書之說作何評判？皆有攷證的價值。

（四）中國性的思考

天主教東傳之歷程，孔漢思（Hans Küng）歸納為七種模式：外表和諧（模式一：唐代，聶斯托里派，即景教，外表的同化）或不同信仰的混合（模式二：7世紀或也許早在8世紀，摩尼教）為一種類型，傳教衝突（模式四：17世紀／18世紀）或文化帝國主義（模式五：19／20世紀）以及反傳教的反響（模式六：20世紀）為另一類型，此外還有另一種基督教與中國接觸方式。〔註41〕索隱派乃是繼承互補的融合（模式三：利瑪竇）與「本土化」（indigenization，或譯作「本色化」，模式七）的嘗試。可以說，耶穌會索隱派在前承明清之際耶穌會舊有之適應傳統，後啟基督宗教19世紀末之本色化運動中扮演關鍵角色。若從這一角度言之，耶穌會索隱派將神學本土化的操作，著實是在利氏適應政策的基礎上，大步邁進，進入本色化階段——以本土語言、思維、概念、習俗，詮釋神學。

若不從本色化這一神學概念出發，類似的「本土化」概念在人類學中也有論及。二戰後，西方學界理論由強調宏觀、共性、整體轉向「地方性」（local）的視角，與後殖民主義（postcolonialism）、後結構主義（poststructuralism）等形成所謂的後現代主義（postmodernism）。人類學家克利福德‧格爾茨（Clifford Geertz，1926～2006）在此思潮下提出「地方性知識」（local knowledge，又有譯作「本土性知識」者）觀點，與普遍性知識相對，他指出「對文化人類學者而言，從一些陌生的不同的觀念中理清其結構，去塑造自己的知識，總是不可不免地要地方化，這與了解其方式方法及其思想方法等

〔註40〕〔法〕馬若瑟，《儒教實義》，收入周燮藩主編，王美秀分卷主編，《中國宗教歷史文獻集成‧第三編‧東傳福音》（合肥：黃山書社，2005年），頁301～302。

〔註41〕〔加拿大〕秦家懿（Julia Ching）、〔瑞士〕孔漢思（Hans Küng）撰，吳華譯，《中國宗教與西方神學》（臺北：聯經出版事業有限公司，1990年），頁229～255。

是密不可分的」。〔註 42〕格爾茨重新闡釋舊有「文本」（text）概念，倡導文本乃是一個文化描寫的系統（system），除文字外，各種語言構成的話語（discourse）與神話、宗教、禮儀、藝術等可傳遞的文化信息者亦是文本，即「文化即文本」。一個民族文化，是由此多種文本構成，而文本本身又是另外一些文本的綜合體。〔註 43〕根據格爾茨的觀點，要了解中國文本，必須長期浸潤在中國這個意義地方，並從語言入手，方能對中華文化進行準確的把握與理解。據此，赴華傳教士對中國文化的理解，以及潛藏於文本中的中國性，必然超越「不在場」的歐洲學者。

語言人類學家派克（Kenneth Lee Pike，1912～2000）於 20 世紀 60 年代提出人類描寫的「族內人」（insider）和「外來者」（outsider）的不同視角，並從語音學屬於「phonemic」和「phonetic」匹配「族內人」和「外來者」創造「emic / etic」描寫理論。emic 是文化承擔者本身的認知，代表內部世界的描寫，是內部知識的傳承者，是文化持有者；etic 則代表外來的、客觀的、「科學」的觀察，代表外來觀念的認知、剖析異文化觀念。〔註 44〕格爾茨對內部觀察的主觀性與外部觀察的客觀性表示質疑，但承續該一概念，提出對文化持有者的語言的精通，形成地方性知識理論。西來傳教便是外來者，是 etic，而明清士大夫則是族內人，是 emic。強調地方性知識，必須深入學習族內人的語言，必須嘗試本土化，進行文化融合。由此，可以研究以馬若瑟為代表傳教士之漢語文本潛藏了何種中國性？甚至在文本上如何偽裝為一個中國人？進而引申出一系列問題：以馬若瑟為代表的索隱派是如何運用地方性知識？馬若瑟如何將《六書實義》「偽裝」作一本中國典籍？

〔註 42〕 本土性知識概念吉爾茲在《地方性知識：闡釋人類學論文集》並未給出詳細定義，根據李清華的總結，其概念內涵包括兩個方面：一、地方性知識不僅指與觀察者自身文化相異的、能夠憑藉人類學田野工作的參與觀察方法感知到異文化中的種種文化現象與文化行為，還指這種文化現象和文化行為背後起支撐作用的當地人的觀念系統。二、文化現象與文化行為及背後的觀念系統，只有長期沉浸於那個地方意義世界，才能將它們納入文化系統中，才能獲得準確的理解和把握。〔美〕克利福德・吉爾茲（Clifford Geertz）著，王海龍、張家瑄譯，《地方性知識：闡釋人類學論文集》（北京：中央編譯出版社，2000 年），頁 3；李清華，《地方性知識與民族性文本：格爾茨的藝術人類學思想研究》（上海：上海三聯書店，2017 年），頁 30。

〔註 43〕 王海龍，〈導讀一：對闡釋人類學的闡釋〉，收入〔美〕克利福德・吉爾茲著，王海龍、張家瑄譯，《地方性知識：闡釋人類學論文集》，頁 10。

〔註 44〕 王海龍，〈導讀一：對闡釋人類學的闡釋〉，頁 17。

《六書實義》參考了哪些中國典籍？《六書實義》文本是否可以呈現中國文化的禁忌？族內人是否受到諸如馬若瑟為代表的西學影響，即馬若瑟的《六書實義》是否對中國六書學說產生影響？甚至，馬若瑟為何撰寫一本充滿中國性的研究著作？

要之，本研究一共分作兩端：一部分論 17~18 世紀初漢字收編之重要成果與理論，以及現代性在這一時段內的作用機制；另一部分則專研《六書實義》之內容與形式。以圖明確《六書實義》在西方漢字研究與收編中的地位，以及糾葛於其中而又備受忽視的現代性影響。

第二節　前人研究成果與文獻回顧

本節將前人研究成果分為三部分：書目等相關工具書、索隱派相關、馬若瑟相關，一一陳述如下：

一、書目：學術史、傳教史、漢字研究史

李學勤論及中國人研究海外漢學時指出，除了要了解具體漢學成果，還應當研究其產生和發展的過程：「這種研究最好採取學術史的理論和方法，將漢學發展安放在各國社會與思想文化變遷的大背景中去考察」。〔註45〕嚴紹璗在總結自身漢學研究經驗時，亦對學派梳理相當重視：「研究者必須對特定的對象國的『中國學』進行『學派』和『學派的譜系』的研究……在此基礎上，再來進行整體的或個別的研究。」〔註46〕清代文史大家章學誠（1738~1801）在《校讎通義》中指明傳統學術史之旨在「辨章學術，考鏡源流」，以達「推闡大義，條別學術異同，使人由委溯源」。〔註47〕西方學者在撰寫學術史時，亦採用「辨章學術，考鏡源流」之法，明辨學派流別，考證學術起源與傳承，可見為學術史之通則。是故，文獻回顧，書目先行。

梁啟超（1873~1929）在討論清代學術變遷與政治的影響時，論及洪楊

〔註45〕李學勤，〈國際漢學漫談〉，《國際漢學》第 23 輯（2012 年 11 月），頁 14。

〔註46〕嚴紹璗，〈我對國際中國學（漢學）的認識——我的 30 年「國際中國學」研究之路〉，收入張西平編，《他鄉有夫子：漢學研究導論》（北京：外語教學與研究出版社，2005 年），頁 66。

〔註47〕〔清〕章學誠，孫德謙著，《文史通義·太史公書義法》（臺北：世界書局股份有限公司，2009 年），頁 227。

亂事前後，思想界出現的一條新路——「西學之講求」。指陳「西學」名目，
宴自耶穌教會人來所創始。為明「西學」學術變遷，梳理明清之際來華耶穌
會士，以卒年先後為次，陳列迄明嘉靖之清乾隆，自方濟各‧沙勿略至聶若
望（Joannes Dnarte，1671～1652）共計 65 人，製成「明清之際耶穌教士在中
國者及其著述」表。〔註48〕由學術史的研究方法入手，梳理如梁任公整理明
清之際來華耶穌會士研究史的學術性目錄。然梁氏整理之目錄成稿甚早，謬
誤摻雜〔註49〕，然草創之功，亦瑕不掩瑜。在梁啟超之前，又有法國費賴之
（Louis Pfister，1833～1891）編纂之《在華耶穌會士列傳及書目》。該書相當
詳備，舉凡本研究所涉及的傳教士之生平與書作，首先與此作相參酌。爾後
又有，榮振華（Joseph Dehergne，S.J.，1903～1990）《在華耶穌會士列傳及書
目補編》（*Répertoire des Jésuites en Chine de 1552 à 1800*）等書目。〔註50〕此
外，耶穌會士（包含馬若瑟）的書信，幸得杜赫德（Jean-Baptiste Du Halde，
1674～1743）整理，匯聚成冊，是窺探馬氏等人思想的重要依據。〔註51〕這
一部分文獻，乃是了解耶穌會（索隱派）傳教士生平、著作、通信的主要來
源。

　　至於西人漢語研究歷史，中文研究以張西平、李真、王艷、李怡等主編
之《西方人早期漢語學習史調查》，乃開山之作。〔註52〕全書介紹了西人學習
與研究漢語的歷史，整理、譯介、彙編相關書目，梳理出清晰的學術史脈絡。
不獨如此，此書除了宏觀概述，亦包含個案研究（如馬若瑟《漢語劄記》），重
要文獻選譯。三者相輔相成，是為研究西人學習漢語情況的奠基之作。海外
研究成果則以孟德衛（David Mungello）《奇異的國度：耶穌會適應政策及漢
字的起源》（*Curious Land：Jesuit Accommodation and the Origins of Sinology*）
為代表。〔註53〕孟著介紹了 17 世紀歐洲適應中國文化之背景，利瑪竇宗教適

〔註48〕沙勿略等傳教士譯名，未用原版著錄之名，而是參考當代譯名，有所調整。
　　　　梁啟超，《中國近三百年學術史》（上海：中華書局，1943 年），頁 26～39。
〔註49〕如誤將馬若瑟之國籍歸屬葡萄牙。梁啟超，《中國近三百年學術史》，頁 38。
〔註50〕分別見：〔法〕費賴之著，馮承鈞譯，《在華耶穌會士列傳及書目》；〔法〕榮
　　　　振華（Joseph Dehergne, S.J.）著，耿昇譯，《在華耶穌會士列傳及書目補編》
　　　　（北京：中華書局，1995 年）。
〔註51〕〔法〕杜赫德編，鄭德弟、朱靜等譯，《耶穌會中國書簡集：中國回憶錄》。
〔註52〕張西平、李真、王艷、李怡等主編，《西方人早期漢語學習史調查》（北京：
　　　　中國大百科全書出版社，2003 年）。
〔註53〕〔美〕孟德衛（David Mungello）著，陳怡譯，《奇異的國度：耶穌會適應政

應政策在後輩耶穌會士漢學研究如何延續該學術傳統。其中，五、六、七章
與本研究最為相關，孟氏分別研究了歐洲學者與在華傳教士兩個不同學術團
體，如何進行漢字收編，如何介紹漢語漢字之緣起、漢語—歐語關係方面，
孟氏也展開詳盡探討，是為此研究領域之中流砥柱。隨後，又有吳孟雪的簡
述與班立華專章研究，晚近又有董海櫻《16 世紀至 19 世紀初西人漢語研究》，
多為孟氏研究之增補。〔註 54〕上述之作，包納了大部分漢字收編的歷史，然
散落各處，未得系統化。更為重要的是，以上著作雖皆介紹了西人研究漢語
的歷史，卻皆忽略了馬氏的《六書實義》。又未指明漢字收編過程中出現的研
究範式轉移，有著深層次的原因——現代性的出現與影響。

　　以傳教為中心的中西文化交流史，則有法國謝和耐、戴密微（Paul
Demiéville，1894～1978）合著之《明清間耶穌會士入華與中西匯通》，榮振華
等之《16～20 世紀入華天主教傳教士列傳》與艾田蒲（René Étiemble，1909
～2002）之《中國之歐洲》（L'Europechinoise）。晚近又有黃一農之《兩頭蛇：
明末清初的第一代天主教徒》，狄德滿（Rolf Gerhard Tiedemann）之《在華基
督教團體研究指南：從 16 世紀到 20 世紀》（Reference Guide to Christian
Missionary Societies in China: From the Sixteenth to the Twentieth Century）等。
〔註 55〕透過這些文獻，可以從全球視野，看待馬若瑟及漢字收編者的學術網
絡，及挖掘前一項之前人研究成果中有所疏漏之處。

　　本節因限於篇幅，不能將全部著錄並一一詳述，擇取影響力大者若干，
羅列於上。此些書目與耶穌會士學術史整理，是著手研究馬若瑟的基礎，也

　　　　策及漢字的起源》（鄭州：大象出版社，2010 年）。
〔註 54〕吳孟雪，〈「中國字更具有哲理，或許更能用於諸如數、序等關係的知識構思中」
　　　　——歐人對中國語言文字的研究〉，《明清時期——歐洲人眼中的中國》（北
　　　　京：中華書局，2000 年），頁 1～38；班立華，〈超越通天塔——耶穌會士的
　　　　傳教策略與西方對中文的研究〉，收入張國剛等著，《明清傳教士與歐洲漢學》
　　　　（北京：中國社會科學出版社，2001 年），頁 227～379；董海櫻，《16 世紀
　　　　至 19 世紀初西人漢語研究》（北京：商務印書館，2011 年）。
〔註 55〕分別見於：〔法〕謝和耐、〔法〕戴密微（Paul Demiéville）著，耿昇譯，《明
　　　　清間耶穌會士入華與中西匯通》（北京：東方出版社，2011 年）；〔法〕榮振華
　　　　等著，耿昇譯，《16～20 世紀入華天主教傳教士列傳》（桂林：廣西師範大學
　　　　出版社，2010 年）；〔法〕艾田蒲（René Étiemble）著，許鈞、錢林森譯，《中
　　　　國之歐洲（上、下）》（鄭州：河南人民出版社，1992、1994 年）；黃一農，
　　　　《兩頭蛇：明末清初的第一代天主教徒》；Tiedemann, R. G. Reference Guide to
　　　　Christian Missionary Societies in China: From the Sixteenth to the Twentieth
　　　　Century. New York: M. E. Sharpe, 2009.

是了解 17～18 世紀漢字收編基本面向之二手基石與二手資料。繼而，由耶穌會的學術傳統深入了解索隱學派白晉、馬若瑟、傅聖澤等人的學術脈絡。最後，是對馬若瑟進行個案研究，並且將《六書實義》放置在學術史的脈絡下來檢視，由此把握由《六書實義》衍生出來的馬若瑟的學術特點與貢獻。

二、索隱派相關研究

　　索隱派之研究，西方學界先行，中文學界後來居上，數量與成果漸有趨超歐美之勢。然西方研究成果，雖多為早年之作，乃頗具分量，為學界所崇。索隱派個案研究之中，成果多集於索隱三傑——白晉、馬若瑟、傅聖澤。此三傑皆有專書研究，分別為德國學者柯蘭霓（Claudia von Collani）《耶穌會士白晉的生平與著作》（*P. Joachim Bouvet S. J. Sein Leben und sein Werk*），美國學者魏若望（John W. Witek，1933～2010）之《耶穌會士傅聖澤神甫傳：索隱派思想在中國及歐洲》（*Controversial Ideas in China and in Europe: A Biography of Jean-François Foucquet, S.J., 1665～1741*），丹麥學者龍伯格（Knud Lundbaek，1912～1995）之《清代來華傳教士馬若瑟研究》（*Joseph de Prémare, 1666~1736, S.J.: Chinese Philology and Figurism*），皆為上世紀 80、90 年代之作。柯氏研究了白晉一生、索隱思想體系與歐洲的聯繫等（如文中討論之喀巴拉思想，其餘研究多忽略這一文藝復興中興起的思潮），分別從漢字、古籍、中國史與世界史、本體論與宇宙論等角度辨析白氏的索隱思想。魏氏專著是早期討論索隱派的碩果，全書以傅聖澤 1966～1722 年的生平為時間線，介紹了耶穌會索隱傳統，又探討傳教中東西方各種衝突事件，視野兼具中國與歐洲。龍氏之作，在馬若瑟研究中最為全面，除生平、交遊、影響外，主要涉及其索隱理論的各個面向：周易、字學、神話、歷史等。最為可貴的是，龍氏翻譯了大量馬氏書信，大大豐富馬氏研究相關文獻資料。〔註 56〕以上三書，包含索隱派之緣起、主人公之行狀、索隱思想、學術網略、作品分析等，是為研究耶穌會索隱派最為重要的參考專書。

　　二十世紀上半葉之成果，以法國學者維吉爾‧畢諾（Virgile Pinot，1883

〔註56〕分別參考：〔德〕柯蘭霓（Claudia von Collani）著，李岩譯，《耶穌會士白晉的生平與著作》（鄭州：大象出版社，2009 年）；〔美〕魏若望（John W. Witek）著，吳莉葦譯，《耶穌會士傅聖澤神甫傳：索隱派思想在中國及歐洲》（鄭州：大象出版社，2006 年）；〔丹麥〕龍伯格著，李真、駱潔譯，《清代來華傳教士馬若瑟研究》。

～1936)《中國對法國哲學思想形成的影響》[*La Chine et la Formation de l'esprit Philosophique en France （1640～1740）*] 一書為標桿。﹝註57﹞該著乃是畢氏 1932 年於巴黎大學完成的博士論文，意在研究 17 至 18 世紀中法思想間的交流。書中專章討論索隱派，指出索隱派乃是帕斯卡爾（Blaise Pascal，1623～1662）索隱理論之繼承者，帕氏思想之源乃是《舊約》象徵論。文中介紹了在華耶穌會索隱派以及之前的歐洲象徵論先行者們的漢學諸論，以及諸君與歐洲思想界的互動，尤其是在了解索隱派之前的「索隱」路線論述一面有相當的參考意義。文末所附索隱派四君與歐洲學者之間書信，乃是當時未刊文獻，於研究索隱派諸君思想及其「闡述位置」頗有助益。此書之重要性僅次於研究三位索隱派傳教士的個案研究專著，可作為西方 17～18 整體學術背景的補充。

後半世紀，則以羅博塔姆（Arnold H. Rowbotham，1888～1970）為代表。其〈耶穌會索隱派與十八世紀宗教思想〉（"The Jesuit Figurists and Eighteenth-Century Religious Thought"）一文﹝註58﹞，從十八世紀背景出發總論耶穌會索隱派，討論索隱法的多學科基礎及神學外的思想來源。數十餘年後，又有德國學者朗宓榭（Michael Lackner）〈耶穌會索隱派〉（"Jesuit Figrism"）一文。﹝註59﹞該文指明索隱有廣（歐洲思想源流）、狹義（專指中國索隱派）之別，並考證索隱學說的歐洲思想之源、中國之發展、索隱原則與方法，以較短篇幅概述了索隱派的全貌，極具參考價值。上述二文皆是索隱派概述性論文，然朗氏考察索隱之源，多在神學內部，忽略了文藝復興以來歐洲的諸多學術爭鳴亦可成為索隱派的思想源泉。而羅氏之文，除神學外，亦結合語言學諸多學科背景，並強調時代背景因素。另有澳洲學者魯保祿（Paul Rule）博士論文〈孔子還是孔夫子？耶穌會士的儒學詮釋〉（"K'ung-tzu or Confucius? The Jesuit interpretation of Confucianism"），其第六章〈摩西或中國？耶穌會索隱派〉（"Moses or China? The Jesuit Figurists"）同樣探索了索隱派與中西思想的關係，以及索隱派諸君研究《易經》的情形。同時指出因禮儀之爭的壓

﹝註57﹞ 參考：〔法〕維吉爾・畢諾（Virgile Pinot）著，耿昇譯，《中國對法國哲學思想形成的影響》（北京：商務印書館，2000 年），頁 402～425。

﹝註58﹞ Rowbotham, Arnold H. "The Jesuit Figurists and Eighteenth-Century Religious Thought." *Journal of the History of Ideas* 17.4（1956）: 471～485.

﹝註59﹞ Lackner, Michael. "Jesuit Figrism." *China and Europe: Images and Influences in Sixteenth to Eighteenth Centuries*. Thomas H. C Lee. 129～149.

力，若無法證明中國歷史與天主教的聯繫，則傳教無以為繼，在華耶穌會團體必須使用一種新的詮釋方法——從中國經典中發現神啟與《舊約》的歷史痕跡。並用英文翻譯部分拉丁文獻，頗具價值。〔註60〕本研究認可耶穌會索隱派在禮儀之爭下，必須採用新的詮釋方法的論斷，並在此基礎上，從康熙朝文獻出發，檢視康熙朝「禮儀之爭」之始末，發掘馬若瑟不得不研究六書的中國背景。

除西方學者外，中文學界對索隱派及索隱法的研究更為多元。於綜述方面，早期有卓新平，〈索隱派與中西文化認同〉〔註61〕，分析白、馬、傅、郭中傳（Jean Alexis de Gollet，1664～1741）四人在認同中國文化之下，採用探頤索隱之法，論述索隱派對中西文化認同之意義。認為索隱主義雖僅求「形似」，卻有其歷史合理性與超越歷史的認知意義。晚近有芬蘭華裔黃保羅（Paulos Huang）〈漢語索隱神學——對法國耶穌會士續講利瑪竇之後文明對話的研究〉〔註62〕，反對學者對索隱派多加否定與批評，甚至形成偏見。他替索隱主義的誕生尋找合理性背景，指陳索隱主義或許是正確的文化人類想像，有助於豐富與促進漢語神學與漢語文化。此外，無論西學東漸，還是東學西傳，翻譯問題無法迴避，針對索隱派之翻譯，可以岳峰、程麗英〈索隱式翻譯〉為代表〔註63〕，認為索隱派之翻譯手法，乃是解釋性翻譯，結合索隱解經法並大量加入自己的研究成果，同時又有涉及多語種的研究困難。

於討論索隱中國經典一面，有古偉瀛〈明末清初耶穌會士對中國經典的詮釋及其演變〉〔註64〕，簡述索隱派諸君及利瑪竇詮釋中國經典之選擇、背景、依據，以及方式、6條技巧及其歷史意義，並判斷利瑪竇、白晉、馬若瑟三人在詮釋中國經典一途的功力乃「點」、「線」、「面」之別。張湧、張德讓

〔註60〕 Rule, Paul Anthony. "K'ung-Tzu or Confucius? The Jesuit Interpretation of Confucianism." Ph.D dissertation. Australian National University, 1972. 395～498.

〔註61〕 卓新平，〈索隱派與中西文化認同〉，《道風：漢語神學學刊》第 8 期（1998 年 1 月），頁 145～171。

〔註62〕 〔芬蘭〕黃保羅（Paulos Huang），〈漢語索隱神學——對法國耶穌會士續講利瑪竇之後文明對話的研究〉，《深圳大學學報（人文社會科學版）》2011 年第 2 期（2011 年 3 月），頁 5～13。

〔註63〕 岳峰、程麗英，〈索隱式翻譯〉，《中國翻譯》2009 年第 1 期（2009 年 1 月），頁 33～37。

〔註64〕 古偉瀛，〈明末清初耶穌會士對中國經典的詮釋及其演變〉，《臺大歷史學報》第 25 期（2000 年 6 月），頁 85～117。

〈索隱派傳教士對中國經典的詮釋研究〉〔註65〕，其文重心在運用詮釋學角度剖析索隱派釋經方法，提出索隱派所選文獻主要限於先秦「四書五經」。在詮釋方法上，則採用類比、歸納、及分析漢字結構進行格義的解釋。若二位張氏之文去除詮釋學部分，論背景、擇經等方面，不若古氏詳盡。又有赫兆豐〈淺談《聖經》索隱派對中國典籍的濫用──以王敬之《〈聖經〉與中國古代經典──神學與國學對話錄》為例〉一文〔註66〕，主要站在批評的立場，指出接受索隱派餘緒的王敬之及前輩傳教士乃對中國典籍之濫用，其方法有四：偷換概念、以實代虛、將共性解釋為特性、對引書的有意取捨，展現了學界對索隱派的不同立場。但其提到了當代諸位李美基、王敬之、唐妙娟等學者，依舊運用索隱主義研究《聖經》，印證了本研究「壓抑」與「回歸」的核心觀點。但以上研究，多為綜述性質研究，與本研究之個案研究，較為扞格。本研究以文本為基礎出發，由是較少引用上述成果。

索隱派諸君之索隱重心多放在《易經》，故而成果最夥，論述最豐。以致相較宏觀的中國經典詮釋研究，針對索隱派之研究，最多的是集中於該派對《易經》之研究。以王宏超撰寫論述索隱派的易學研究為代表──〈宗教、政治與文化：索隱派與來華傳教士的易學研究〉〔註67〕，其餘不一一深入敘述。文中追溯索隱思想之前的《聖經》詮釋傳統，繼而討論索隱四傑，亦有同時代歐洲基歇爾（Athanasius Kircher，1602～1680）、理雅各（James Legge，1815～1897）等後繼者，如何對《易經》進行基督教式的詮釋，如何在《易經》中「發現」上帝，呈現了西人研究易學的學術史。

總結索隱派相關研究歷程，從如索隱派人物、思想、作品等宏觀面向概述，逐漸轉向更為細節的翻譯、易學、方法論等角度思考索隱派。非但如此，索隱派之研究以呈現出學術中心由海外轉向中文世界的趨勢。但總體而言，中文之研究成果，主要成果在個案研究。而總體性的論述則多為西方學者的基礎上進行補益與系統整理，或為索隱主義之評判，雖數目較多，但

〔註65〕張湧、張德讓，〈索隱派傳教士對中國經典的詮釋研究〉，《中國外語》2015 年第 5 期（2015 年 9 月），頁 106～111。

〔註66〕赫兆豐，〈淺談《聖經》索隱派對中國典籍的濫用──以王敬之《〈聖經〉與中國古代經典──神學與國學對話錄》為例〉，《現代交際》2011 年第 3 期（2011 年 3 月），頁 89～91。

〔註67〕王宏超，〈宗教、政治與文化：索隱派與來華傳教士的易學研究〉，《華文文學》2015 年第 3 期（2015 年 6 月），頁 37～44。

真正的創見還是需要參考西方學者之成果。

三、馬若瑟研究

　　馬若瑟之研究，近年成果頗豐，其中以龍伯格之專書最為全面。中文世界中的綜述性成果，多集中於張西平——著有包括〈清代來華傳教士馬若瑟研究〉等文，初步討論馬氏在語言學、漢學、翻譯等領域之貢獻及思想特徵。細節之處，還需參考其他論著。〔註 68〕除卻龍氏，主要研究成果集中於兩岸中文世界，且多為個案研究，以下便分類敘述之。

　　馬若瑟一生著作頗多，涉及中、法、拉丁等諸多語言，而多數研究成果是圍繞這些作品展開。個案研究之中，以《漢語劄記》相關研究數量最鉅，其中以李真《馬若瑟〈漢語札記〉研究》最具代表性。〔註 69〕專書針對《漢語劄記》各個版本手稿，進行一一比較研究，發掘各種異同，並梳理手稿至抄本、刊本、譯本間的流變譜系。除文本內容考察外，亦對《漢語劄記》參考之中文文獻做了考證，是繼龍氏之後最具影響力之作。更為難得的是，李真為馬氏著作及收藏地點、通信、生平大事皆進行整理，製成「馬若瑟著述一覽表」、「馬若瑟主要通信一覽表」、「馬若瑟大事年表」三表，附於文末，是研究馬若瑟的基本資訊的新近參考資料，亦是本研究重要的參酌專書。李真針對馬氏語言學相關著作，還有大量研究，茲不贅述。

　　除語言學著作外，針對馬氏文學作品研究碩果亦是不少。如李奭學之〈中西合璧的小說新體——清初耶穌會士馬若瑟著〈夢美土記〉初探〉，解決了〈夢美土記〉的著者疑問，指明乃馬氏之作，並充滿索隱派寓言，是為中國小說史上第一部中西合璧小說；〈「耶穌不滅孔子，孔子倒成全於耶穌」——試論馬若瑟著《儒交信》〉一文，分析《儒交信》內容，得出馬氏小說全文主旨為「耶穌不滅孔子，孔子倒成全於耶穌」一句，寓言儒家地位乃天主所賜，故儒家學說必須歷經天主考驗才能在中國站穩，馬氏在此欲通過小說收編孔子。〔註 70〕宋莉華〈馬若瑟與早期天主教傳教士白話小說《儒

〔註 68〕張西平，〈清代來華傳教士馬若瑟研究〉，《清史研究》2009 年第 2 期（2009年 5 月），頁 40～49。

〔註 69〕李真，《馬若瑟〈漢語札記〉研究》。

〔註 70〕李奭學，〈中西合璧的小說新體——清初耶穌會士馬若瑟著〈夢美土記〉初探〉，《漢學研究》第 29 卷第 2 期（2011 年 6 月），頁 81～116；氏著，〈「耶穌不滅孔子，孔子倒成全於耶穌」——試論馬若瑟著《儒交信》〉，《道風：基

交信》〉，乃是《傳教士漢文小說研究》中的第一章，討論《儒交信》中《舊約》索隱派神學觀，同時指出馬氏小說創造性借用中國傳統章回體小說，其方式雖未在天主教傳教士中加以推廣，然其章回小說與問答體結合的寫作體例，被 19 世紀後來華新教傳教士繼承發揚。〔註71〕這些研究成果，為本文建立清代基督宗教文學存有現代性之論，提供了依據。

馬氏經學領域，討論索隱與釋經亦為研究中心。《儒教實義》有王碩豐、張西平〈索隱派與《儒教實義》的「以耶合儒」路線〉，討論《儒教實義》在「以耶合儒」路線下的三種展開範式：符合天主教義理者，加重筆墨，並在基礎上有所增添；與天主教思想相悖者，或避而不談，或有所刪減；為便於傳遞基督思想，耶儒冗雜，偷換概念。〔註72〕而劉耘華〈「索隱」：馬若瑟對儒家經典的過度詮釋〉〔註73〕，綜述馬若瑟與索隱派，並以《儒教實義》個案研究為例，展示索隱派如何過度詮釋中國經典。《經傳眾說》有祝平一〈經傳眾說——馬若瑟的中國經學史〉〔註74〕，祝文指出「figurism」可譯「符象論」、「舊約象徵論」，「索隱論」為簡明的譯法，本研究對此極為讚同。而《經傳眾說》之旨趣，在於從經學史角度重構唯有古經可信，天學本義皆被掩蓋在經學與理學之下，故諸儒之說不可全信之觀點。《三一三》則有肖清和〈清初索隱派傳教士馬若瑟的三一論與跨文化詮釋——以《三一三》為中心〉〔註75〕，該文指出馬若瑟之三一論，與清明以來之論述保持一致，俱使用奧古斯丁三一論傳統。馬氏通過中西正典互證，改造宋明理學，試圖重新詮釋中國經典。綜合論述馬氏索隱體系與闡述大量馬氏撰著，數肖清和為上。肖氏〈索隱天學：馬若瑟的索隱神學體系研究〉一文〔註76〕，考究馬氏

　　　督教文化評論》第 46 期（2017 年 1 月），頁 27～73。

〔註71〕宋莉華，〈馬若瑟與早期天主教傳教士白話小說《儒交信》〉，《傳教士漢文小說研究》（上海：上海古籍出版社，2010 年），頁 23～42。

〔註72〕王碩豐，張西平，〈索隱派與《儒教實義》的「以耶合儒」路線〉，《北京行政學院學報》2012 年第 5 期（2012 年 12 月），頁 124～128。

〔註73〕劉耘華，〈「索隱」：馬若瑟對儒家經典的過度詮釋〉，《國際漢學》第 13 輯（2005 年 11 月），頁 64～76。

〔註74〕祝平一，〈經傳眾說——馬若瑟的中國經學史〉，《中央研究院歷史語言研究所集刊》第 78 本 3 分（2007 年 9 月），頁 435～472。

〔註75〕肖清和，〈清初索隱派傳教士馬若瑟的三一論與跨文化詮釋——以《三一三》為中心〉，《北京行政學院學報》，頁 113～119。

〔註76〕肖清和，〈索隱天學：馬若瑟的索隱神學體系研究〉，《學術月刊》2016 年第 1 期（2016 年 1 月），頁 156～178。

生平與交際，並通過梳理馬氏《天學總論》、《經傳眾說》、《經傳議論》、《儒教實義》、《六書實義》、《儒交信》，整理出馬氏索隱神學思想體系五個面向：「天學：以同理發明異經之奧義」、「『求聖人之心』：原義喪失之後如何理解經典」、「儒家宗教化：從基督教詮釋儒家之敬天思想」、「六書索隱：字學的基督教化詮釋」；「背儒或復儒：索隱神學的處境化」，確為馬氏研究中的扛鼎之作，也是寥寥幾篇較大篇幅研究《六書實義》的論文。此外，于明華碩論〈清代耶穌會士索隱釋經之型態與意義〉〔註77〕，歸納馬氏索隱主義的兩項主要成果：馬若瑟釋經形態者三、馬氏之「儒教」之「宗教」意涵者四，並各有詳述。于文乃中文世界首篇研究馬氏的學位論文，具有奠基性貢獻。以上，皆為瞭解馬氏經學思想的重要參考文獻。

翻譯研究為馬氏研究另一大宗。綜述性質者，有杜欣欣之〈索隱翻譯：清初耶穌會士馬若瑟的譯想世界〉〔註78〕，以馬氏《漢語劄記》、《中國古書中基督宗教教義遺跡》（ *Vestiges des principaux dogmes chrétiens, tirés des anciens livres chinois* ）、《詩經》（ *Odes Choisies du Chi King* ）、《趙氏孤兒》（ *Tchao-Chi-Cou-Ell, ou Le Petit Orphelin de la Maison de Tchao* ）、中譯本《聖母淨配聖若瑟傳》為例，從「居間性」、「換喻」、「譯寫」、「符碼運作與翻譯詮釋角度」展示馬氏的翻譯觀，並極為可貴地考辨《六書實義》與符號的關係。杜欣欣之博論〈探賾索隱，鉤深致遠：論馬若瑟法譯《詩經》八首〉〔註79〕，乃是馬若瑟翻譯個案研究中最為詳盡者。此外還有，潘鳳娟、江日新〈早期耶穌會士與《道德經》翻譯：馬若瑟、聶若望與韓國英對「夷」、「希」、「微」與「三一」的討論〉，潘氏〈翻譯「聖人」：馬若瑟與十字的索隱回轉〉等。〔註80〕翻譯問題本研究有所觸及，卻非本文研究之核心，主要

〔註77〕 詳見：于明華，〈清代耶穌會士索隱釋經之型態與意義〉（國立暨南大學中國語文學系碩士論文，2003 年）。

〔註78〕 杜欣欣，〈索隱翻譯：清初耶穌會士馬若瑟的譯想世界〉，《翻譯學研究集刊》17 輯（2014 年 6 月），頁 119～224。

〔註79〕 杜欣欣，〈探賾索隱，鉤深致遠：論馬若瑟法譯《詩經》八首〉（國立臺灣師範大學翻譯研究所博士論文，2015 年）。杜氏還有其餘個案研究論文數篇，茲不一一陳列於上。

〔註80〕 詳見：潘鳳娟，江日新，〈早期耶穌會士與《道德經》翻譯：馬若瑟、聶若望與韓國英對「夷」、「希」、「微」與「三一」的討論〉，《中國文化研究所學報》第 65 期（2017 年 7 月），頁 249～283；潘鳳娟，〈翻譯「聖人」：馬若瑟與十字的索隱回轉〉，《國際比較文學》2018 年第 1 期（2018 年 6 月），頁 76～96。

參考的乃是潘鳳娟的研究成果，其餘研究不再一一詳述。

考證馬氏人際關係，是考察馬氏思想之源的重要方向。馬氏索隱主義由白晉啟蒙，字學功底則是源自在贛傳教時接受劉凝（字二至，1620～1715）的教導，故研究中心皆放在馬氏與二人的互動上。涉及馬氏與白晉的師承討論，以邱凡誠之碩論〈清初耶穌會索隱派的萌芽：白晉與馬若瑟間的傳承與身分問題〉最為詳備。而馬若瑟與劉凝的交遊，則有李真〈試論明清之際來華耶穌會士與儒家基督徒之學術交往——以馬若瑟與劉凝為中心〉，祝平一〈劉凝與劉壎——考證學與天學關係新探〉，二文皆罕見提及《六書實義》及所受劉凝的文字學影響，可資借鑒。〔註81〕但是，二氏未針對《六書實義》的其他思想來源，做出詳盡的考證，故而需要本文在《六書實義》所參考之中國文獻方面作一補充。

四、小　結

從上文索隱派研究與馬若瑟研究文獻回顧中，可知馬若瑟研究的現狀及研究脈絡。從學術史角度觀之，上世紀 90 年代前，索隱派研究與馬氏研究所幾乎為海外學者壟斷。至 90 年代，中文學界陸續有綜述性研究成果出現。進入新世紀後，研究視角由宏觀領域轉向個案研究，成果漸豐，並後出轉精，兩岸四地研究成果無論在數目上，抑或是質量上，漸有超越海外之趨勢。

然索隱派之研究，涉及中、法、拉丁、英、義、葡等多語種，困難重重，以致研究成果多呈現中文學界多關注漢文作品與翻譯，海外學界則以西文為重的圖景。就《六書實義》言之，至今未有專門論述者。而研究重心放在該文本探討者，可謂鳳毛麟角，星見於龍伯格、肖清和、張大英、祝平一、杜欣欣、李真諸君之研究。龍氏之文，以翻譯與介紹性質為主；肖文雖最為詳明，卻依舊寥寥數頁；張大英將《六書實義》放置在歐美《說文》研究史中討論，即作為明末至鴉片戰爭前西方研究《說文》的典範來討論，指出了《六書實義》在歐美《說文》學上的關鍵地位。至於內容，其論雖特設專章，進行個案

〔註81〕分別詳見：邱凡誠，〈清初耶穌會索隱派的萌芽：白晉與馬若瑟間的傳承與身分問題〉（國立臺灣師範大學國際漢學研究所碩士論文，2011 年）；李真，〈試論明清之際來華耶穌會士與儒家基督徒之學術交往——以馬若瑟與劉凝為中心〉，《北京行政學院學報》2015 年第 2 期（2015 年 3 月），頁 123～128；祝平一，劉凝與劉壎——考證學與天學關係新探〉，《新史學》23 卷 1 期（2012 年 3 月），頁 57～104。

研究，然內容多重述龍伯格之研究，尟有新論。〔註82〕其餘諸文皆點到為止
（如杜欣欣則從符號學角度簡明論述，僅有數行；祝平一則從思想繼承角度
探討）。近來年，馬若瑟研究愈加受到重視，然《六書實義》之研究，仍然有
所欠缺，急需開闢。

第三節　研究方法與章節架構

一、研究方法

　　鐘鳴旦（Nicolas Standaert）曾撰寫專文〈基督教在華傳播史研究的新
趨勢〉，指出明清天主教研究範式的轉變，即以傳教學與歐洲中心論的研究
範式，轉向以漢學與中國為中心的研究範式。〔註83〕但許明龍提醒，此說
多適用西學，而未能涵蓋中國學術情形。他指出：「在我看來，中國不曾發
生過這種轉變」、「中國學界依然保持著自己不同於西方學者的特色，始終
以『東學西傳』和『西學東漸』亦即中國文化的觸控歐洲文化的緊扣為主要
研究對象」。〔註84〕本研究即遵從許氏所謂中國學術傳統與鐘氏第二種研究
範式，以柯文（Paul A. Cohen）所謂中國中心論出發，以中文資料為基礎，
在研究傳教士的同時，不忽略作為族內人的中國人對耶教東傳的回應。因
此，選用研究方法主要有三，俱陳述如下：

（一）詮釋與接受

　　詮釋學肇端於神學，用作闡釋《聖經》真義的方法。馬若瑟詮釋六書，
亦延續教會釋經傳統，試圖運用索隱法尋找六書中的隱喻（metaphor），又結
合《六書實義》研究專著尟少，宜先詮釋文本為上。

　　本研究將詮釋依對象不同，分作三部分：文本、詮釋活動、讀者接受。
首先，翻譯「文本」，闡明其中深意，即評註的方法，對原始資料進行整理與
注釋。再者，從詮釋活動本身出發，探求意義產生的過程，若從意圖論

〔註82〕張大英，《歐美〈說文〉學研究》（廣州：暨南大學出版社，2015年），頁21～35。
〔註83〕〔比利時〕鐘鳴旦（Nicolas Standaert），〈基督教在華傳播史研究的新趨勢〉，
　　　　《基督教文化學刊》1999年第2輯（1999年4月），頁245～246。
〔註84〕許明龍，〈中國學界近年來明末清初中西文化交流史研究之管見〉，收入古偉
　　　　瀛編，《東西交流史的新局：以基督宗教為中心》（臺北：國立臺灣大學出版
　　　　中心，2005年），頁6～7。

（intentionalist theory）出發，可運用歷史化（historicizing）和寓言化
（allegorizing，或譯作諷喻化）二種解讀方法〔註85〕，力圖闡釋作者文字及背
後的意圖。歷史化方法，需要將文本置於歷史語境中進行解讀，運用伽達默
爾（Hans-Georg Gadamer，1900～2002）的「視域融合」（horizont-
verschmelzung），非「歷史主義」完全拋開伽氏所謂「偏見」（vorurteil，前判
斷）、可完全進入目標歷史時空與作者的思想之說。為達到「效果歷史」，了
解馬若瑟的跨文化對話，必須克服歷史、語言、文化的阻礙，將歷史文本存
在著的文本視域與詮釋者視域間之張力融合。其間，伽氏認定最大共同基礎
乃是「傳統」，否則，將無法真正有效達成視域融合。轉回馬若瑟，從馬氏之
說亦可推測他亦心知「傳統」之重要性，是與族內人對話的最大公約數。是
故馬氏在傳統源頭上重新建構六書之說，以影響族內讀者的接受。至於寓言
化，李奭學明確指出，馬若瑟的索隱學就是寓言學。〔註86〕《六書實義》及
其相關文本，可謂是聖經故事的迻譯，作者意圖指向天主教經文。

如果，六書作為一個文本，《六書實義》則是馬若瑟運用歷史化與寓言化
詮釋的結果。則從詮釋接受的角度觀之，哪些讀者較易接受此種闡釋。沃爾
夫岡‧伊瑟爾（Wolfgang Iser，1926～2007）受伽達默爾之影響，強調文學有
瓦解和變化讀者的力量。然而那些具有強烈意識形態信仰的讀者，可能不是
妥當的讀者，因為此類人可能不太歡迎接受文學作品的改造力量。〔註87〕由
此，可以從讀者角度，詮釋方法的改變，必然暗藏收編讀者的動機。此一理
論，可以檢視禮儀之爭中興起的索隱派學說，到底是西方收編東方，還是東
方收編西方的思考。進而探尋馬若瑟《六書實義》之說，是否進入了中國學
統，綿延百年而不自知。

若從「詮釋循環」（hermeneutical circle）論上言之，馬若瑟在部分建構新
的偏見，從而影響到《六書實義》整體，又從整體影響文本各個部分對六書

〔註85〕〔美〕馬龍（Steven Mailloux），〈詮釋〉，收入〔美〕法蘭克‧倫特里奇亞（Frank
　　　　Lentricchia）、〔美〕麥克列林（Thomas McLaughlin）編，張京媛譯，《文學批
　　　　評術語》（香港：牛津大學出版社，1994 年），頁 164。歷史化與寓言化之意
　　　　涵並未完全僅採用馬龍的觀點，而是有所調整。
〔註86〕李奭學，〈中西合璧的小說新體──清初耶穌會士馬若瑟著〈夢美土記〉初
　　　　探〉，《漢學研究》29 卷 2 期，頁 101。
〔註87〕〔英〕泰瑞‧伊格頓（Terry Eagleton）著，吳新發譯，《文學理論導讀》，（臺
　　　　北：書林出版有限公司，1993 年），頁 103～104。

之詮釋，如此循環往復。若進一步觀之，若將整個小學視作一個文本，而《六書實義》則為參與詮釋的部分，馬氏試圖為中國六書詮釋加入一個好的、建設性的偏見，從而影響到整個六書詮釋，並通過不斷的詮釋循環與述行（performative）的敘事，完成重構六書與收編漢字的目的。此一方法，又可運用於馬氏建構的中國治學體系方面的研究，揭露馬氏如何製造知識的再生產。

　　總言之，本文在詮釋方法的運用上，遵從鐘鳴旦的建議，重視對問題意識的闡釋。其一，運用實證法，透過對中西歷史工具書諸如書目、傳記、信件等文獻，考察 16～18 世紀間，歐洲漢字收編的過程，並將之與馬若瑟所處之歷史環境結合起來，如此可對馬氏思想背景做一較為精細的描述，主要運用於第二、三章及第五章四體二用說源流攷據之中；其二，文本（評註）法，即對《六書實義》之原始資料進行整理與註解，主要運用文字學的方法，即將馬氏之說求諸《說文》，以明馬氏學說真義；最後，則集中針對問題意識所提出的四個問題，結合下文所及的研究方法，進行闡釋。〔註 88〕本研究即通過對上述三種闡釋學的方法，思索與呈現《六書實義》文本詮釋的諸多面向與各種可能性，以完成對問題意識的解答。

（二）互文性

　　若是互文性（intertextuality）概念需要一個簡明的定義，則首崇茱莉亞・克里斯蒂娃（Julia Kristeva）所謂互文性：「任何文本都是對其他文本的吸收與轉化。」〔註 89〕而菲利浦・索萊爾斯（Philippe Sollers）在《理論全覽》（*Théorie d'ensemble*）中所下定義則更為詳明：

> 每一篇文章都聯繫著若干文本，並且對這些文本起著復讀、強調、
> 濃縮、轉移和深化的作用。〔註 90〕

一個文本關聯著諸多前文本，當來華傳教士創作漢文文本時，對中文文本必然多加參照，引用、參考、模仿、抄襲等情況，在當時「學術乃天下公器」環

〔註 88〕〔比利時〕鐘鳴旦，〈基督教在華傳播史研究的新趨勢〉，《基督教文化學刊》1999 年第 2 輯，頁 253～257。

〔註 89〕〔法〕茱莉亞・克莉斯蒂娃（Julia Kristeva）著，史忠義等譯，〈詞語、對話和小說〉，《符號學：符義分析探索集》（上海：復旦大學出版社，2015 年），頁 87。

〔註 90〕轉引自：〔法〕蒂費納・薩莫瓦約（Tiphaine Samoyault）著，邵煒譯，《互文性研究》（天津：天津人民出版社，2002 年），頁 5。

境中實難避免。對此，從熱拉爾・熱奈特（Gérard Genette，1930～2018）在
克里斯蒂娃概念的基礎上，提出了具體清楚且易於操作文本之間聯繫的表現
形式：

> 我大概要賦予該術語一個狹隘的定義，即兩個或若干個文本之間的
> 相互關係，從本相上最精彩地表現為一個文本在另一個文本中的實
> 際出現。其最明顯並且忠實的表現形式，即傳統的「引語」實踐（帶
> 引號，註明或不註明具體出處）；另一種不太明顯、不太經典的形式
> （例如洛特雷阿蒙的剽竊形式），即秘而不宣的借鑒，但還算忠誠；
> 第三種形式寓意形式，明顯程度和忠實程度都更次之，寓意陳述形
> 式的智慧在於發現自身和另一文本的關係，自身的這種或者那種變
> 化必然影射到另一文本，否則無法理解。〔註91〕

據此論，可從引用、抄襲、戲擬、仿作、合併／黏貼等互文手法，一一檢視
《六書實義》互文狀況，揭櫫馬若瑟撰寫《六書實義》時，所引用、抄襲、戲
擬、仿作、合併／黏貼之中國文獻。

再者，熱奈特的「副文本性」（paratextuality）概念出發，稽考《六書實
義》文本中潛藏的、亦被忽略的中國性，而這些中國性確是馬氏有意建構的。
副文本性，乃指正文之外的標題、副標題、互聯型標題，前言、跋、告讀者
等，及插圖、插頁、版權頁、其他附屬標誌，作者親筆留下的標記等。副文本
作為互文性的要素，具有影響、導向及控制讀者接受文本的作用，可以解讀
作者的意圖。〔註92〕在解構《六書實義》文本潛藏之中國性時，本研究即從
副文本性入手，在第五章中對序、跋、日期、作者用字等副文本，一一進行分
析與查攷，以期揭示馬若瑟如何將《六書實義》偽裝成一份中國文本。

綜上，本研究之第四章，主要運用互文方法，從正文與副文本性兩條路
線出發查究《六書實義》文本，以印證該文本所蘊藏之或明顯、或易忽略的
中國性。

（三）後現代主義、後殖民主義、結構主義

古偉瀛認為，後現代主義與解構主義等研究策略，「可以將許多現在視
為當然的歷史知識加以還原成一些意識形態下的宣傳」。鐘鳴旦論及中西文

〔註91〕〔法〕熱奈特（Gérard Genette）著，史忠義譯，《熱奈特論文集》（天津：百
花文藝出版社，2000 年），頁 69。
〔註92〕〔法〕熱奈特，《熱奈特論文集》，頁 71。

化交流史研究中，可作為檢視對象的五個元素：「傳播者」、「接受者」、「文本」、「傳遞方式或媒介」、「觀察者」，提出本框架之重點在傳播者對接受者的建構：「任何語言的運用都是一種解讀（interpretation）；語言及其建構可以對他者施加權力。他提醒觀察者們，他們自身的闡述位置不可避免地會影響到觀察」。〔註 93〕而鐘鳴旦將之歸納為一種「創新型框架」（invention framework），此框架受惠於薩義德（Edward Wadie Said，1935～2003）東方主義（Orientalism）以及福柯（Michel Foucault，1928～1984）話語—權力等理論，運用後殖民、結構主義、後現代主義及文化研究分析中西文化接觸，從而開闢新的研究視角、思路，使文獻呈現更多的意義。

在此「創新型框架」下，原先認為理所當然的知識與認知，可重新釋作創造、建構的結果。例如，以耶穌會與伏爾泰等人為代表的「頌華派」（Sinophiles）對中國的讚譽與恭維，抑或是啟蒙運動中以孟德斯鳩為代表的貶華派（Sinophobes）對中國的輕蔑與批評，都是對中國形象的建構。同時，話語的傳播與接受過程中，對他者的權力施加亦是考察的對象。

鐘氏所言「闡述位置」概念，源自瓦爾特·米尼奧羅（Walter D. Mignolo）「闡述的位置」（the locus of enunicaition，或作「陳述位置」），即搜尋「一部學術著作和一篇政治話語背後的慾望、利益、勾連關係是什麼，或簡言之，其背後的思想探索的政治究竟是什麼」。〔註 94〕依照米尼奧羅的研究方法，馬若瑟之闡述位置可解構為：法國人（族裔中心），服從法王路易十四（法國之政治、經濟、宗教地位），服膺耶穌會會長、教宗（宗教位置），人生大部分時間呆在中國，並依賴中國君主。當牽涉到不同位置之時，其敘述與所謂建構的「真相」則會有所變動，同時可以調和不同文本之間的矛盾。

括而言之，運用創新型框架，意在剖析西人研究漢字，各放在早期現代與文藝復興的背景之下，作為一種征服、控制、治理、殖民策略，《六書實義》便是西士「馴化漢語」之典範文本。早期漢字收編的影響目前或已衰微，而索隱字學於今未曾絕跡。

〔註 93〕〔比利時〕鐘鳴旦著，宋剛譯，〈文化接觸的方法論：17 世紀中國的個案研究〉，收入〔美〕伊沛霞（Patricia Ebrey），姚平主編，《當代西方漢學研究集萃·宗教卷》（上海：上海古籍出版社，2016 年），頁 302。

〔註 94〕〔美〕瓦爾特·米尼奧羅（Walter D. Mignolo）著，魏然譯，《文藝復興的隱暗面：識字教育、地域性與殖民化》（北京：北京大學出版社，2015 年），頁 5、374。

（四）比較文學的方法：全球視野下的跨文化研究

漢學家莫東寅（1914～1956）曾指出歐人漢學發展的三階段歷程：「從來歐人關於東方知識，多得於旅行之見聞，或事業之報告，至十六世紀，東印度航路發現，耶穌會士東來，於東方文物，始進於研究之域。十八世紀，禮儀問題發生，雖提高歐洲本土之極東探索，各教士皆為擁護本派，詳細研究中國禮俗，其論戰報告，甚刺激歐洲宗教界，因而愈盛。東來傳教士及歐洲本土學者相攜並進，至十九世紀，漢學於焉確立」。〔註95〕延續莫氏的思想，大航海時代開始之全球化的三大因素（東印度航線開闢、耶穌會士東來、禮儀之爭），可謂在漢學研究中，發揮著至關重要的影響。

漢學之研究，包羅萬象，傳教士及歐洲學者鑽研各個有關中國面向的學問，這些學問從一開始，便如莫氏之言，就是一跨界的學問。因此必須採用跨學科、跨文化的視角研究漢學著作。比較文學之影響研究（influence studies）抑或是平行研究（analogy studies），皆旨研究跨越語言、國族、學科之文學、文化領域，正如孟華定義的比較文學：「比較文學即為從國際的視角進行的文學、文化研究。它以『國際文學交流』為學科創立的最基本動因（因而也是最基本的研究內容，以『跨』（跨文化、民族、語言、學科）為特質，因而關注一切傳播異域文學、文化的行為、手段、成果，關注一切對異域文學、文化的接觸和評價（包括輿論與形象）」〔註96〕，馬若瑟之《六書實義》恰可以包納其中。

首先，漢學研究之中國問題，本身便屬於全球性的問題。故而，必須將《六書實義》放置在全球脈絡（global context）中，分析學術歷史與話語建構的過程。

空間角度上看，耶穌會傳教士、歐洲學者、中國儒生之間，構成一個龐大的跨界學術網絡。這個網絡作為一種「社會空間」，每個社會在漢字收編中，各有其位置，絕非獨立存在。據此，在馬氏之前的歐洲學術話語成果及中國學思潮，大大影響了馬若瑟的研究思路。因此，在討論《六書實義》之先，必先闡述與之相關的歐洲語言成果。方可釐清馬氏哪些觀點因襲前人，哪些觀點又是創新話語。

〔註95〕莫東寅，〈敘言〉，《漢學發達史》（鄭州：大象出版社，2006年），頁2。
〔註96〕孟華，〈漢學與比較文學〉，《中法文學關係研究》（上海：復旦大學出版社，2011年），頁74。

再者，當代研究中濃厚的「歐洲中心主義」，可以透過全球維度，看到備受忽略的東方聲音，揭示漢字收編過程中的「東方主義」，達到前文所及的「創新型框架」。同時，又可以避免過度克服西方中心主義，而緊緊抱住本土主義（nativism）的大纛不鬆手。德國學者塞巴斯蒂安·康拉德（Sebastian Conrad）揭櫫了作為視角歐洲中心論（Eurocentrism）思維，主要兩種模式：「歐洲原動力模式」（the Europe-as-prime-mover model）與概念式歐洲中心論（conceptual Eurocentrism）。〔註97〕因此，本文注意歐洲中心論與歐洲中心性的區別，現代性之源泉確在西方，卻非僅僅在西方。既不能落入西方中心論的兩種模式的陷阱，又不能執拗於本土主義而將歐洲邊緣化。為矯正這一問題，必須注意歷史敘述的位置性，也是上文要重視的「闡述位置」。因此，必須恢復從前被邊緣化的一些觀點，馬若瑟的六書觀，便是其中的一員。總言之，比較文學的方法，貫徹於本研究的全文各處。

二、章節架構

論文章節架構一共分作六章。第一章「緒論」，說明研究緣起、問題意識、問題背景，以及簡述前人研究成果回顧，紹介研究方法及章節架構。旨在描繪 17 世紀中葉前，西人研究漢字之歷史，為接下來關於 17～18 世紀初漢字收編的討論，梳理其思想背景，並針對論文重點人物馬若瑟，做了生平及著述介紹。

第二章審視 17～18 世紀初以來，歐儒關於漢字起源的諸多說法，此即漢字收編的過程。本研究將此百餘年間漢字收編過程中產生之各種話語，分作六種主要模式：「漢字源自埃及」說、「原初語言」說、「中文鑰匙」說、「創世圖景」說、裨益聖經詮釋說、「索隱主義」。本章立足英文原始文獻及拉丁文、德文、法文之中譯本，重點分析前四種論說模式。以期展示 17～18 世紀間，盛行歐洲乃至在華傳教士界的漢字理論。耶穌會索隱派的漢字觀點，能於 18 世紀左右出現，並非無根之水。除天主教內部的《舊約》象徵論傳統外，17～18 世紀間的歐洲學者收編漢字的討論，構成了索隱派理論的諸多源頭之一。

〔註97〕前者認為，歐洲是歷史進步的主要推動力，它從根本上推動世界進入現代性；後者則是，學者運用的諸多規範、概念、敘述，即使與歐洲無關，仍然具有歐洲中心取向。〔德〕巴斯蒂安·康拉德（Sebastian Conrad）著，杜憲兵譯，《全球史是什麼》（北京：中信出版社，2018 年），頁 138。

　　第三章試圖分析何以為出現上述漢字收編的現象，即本文研究的問題意識之一，而本章給出了答案——「現代性」帶來的衝擊。本章立論之基，是認為自明清之際開始，中國已逐漸受到西方現代性的波及。此一論斷借用了伯曼現代性三期說以及佛洛依德「壓抑——回歸」的說法，將出現在中國的現代性分作三期或稱作「三次浪潮」，並化用王德威「被壓抑的現代性」之說。然本研究所謂之「被壓抑」含義有與王德威不同，運用的是佛洛依德「壓抑——更高層面回歸」論，同時結合三期現代性之說，認為初次現代性自利瑪竇來華後便一直存在，只是或隱或顯，或壓抑或回歸的狀態。這樣的「壓抑——回歸」，在中國出現了三次浪潮。〔註98〕

　　現代性為漢字收編的出現及其範式的轉變提供了解答。西方字文藝復興以來，歷經宗教改革與科學革命，遂在 16 世紀開始出現第一階段的現代性。此時，諸多的學術迎來了範式轉移。漢字從一開始被視為原始語言或上帝之語，變化成認定是一種人工語言，繼而演變到以漢字為模板，學者可自行設計普遍通行於世界的「世界語」。這一轉變，隱藏著科學帶來的世界觀的變化，即人們開始認為，透過科學手段，可以在一定程度上扭轉自人類墮落、大洪水、巴別塔語言變亂帶來的上帝詛咒，終結數千年混亂局面，以重建伊甸園。此外，神秘主義即新柏拉圖主義、喀巴拉——赫爾墨斯主義等的出現，亦為現代性之影響提供了另一向度。

　　這些神秘學說對天主教部分人士產生影響，他們提出基督宗教思想在遭遇耶穌前便已存在。故而世界上的古代思想典籍，皆存在基督教神學思想。爾後，此種方法，變成了宗教改革中部分天主教學者護教的手段。天主教徒憑藉新柏拉圖主義，試圖容納異教思想，說服異教徒皈依，為耶穌會索隱派打下基礎。然而，新教論定新柏拉圖主義有著將基督宗教「希臘化」的危險傾向，遂將之貶斥為異端之說，大力抨擊神秘主義。隨後，啟蒙運動思想家接過新教改革家的棒子，衍生出如「折衷主義」等思想，用以區別迷信

〔註98〕第一階段的現代性，發生在明清之際（16 世紀）至晚清（1840）前，是一種有實無名的現代性。這時期的代表文學應是漢語基督教文學及西學作品。當第一階段的現代性，遭受長期壓抑後，最終迎來了更高層面的回歸。第二階段的現代性，伴隨鴉片戰爭後的西方勢力大舉入侵而回歸。這一次的現代性乃是西方法國大革命後之第二階段的現代性，於是中國開始進入晚清至五四（1919）前的第二階段的現代性。它也是被壓抑的，即王德威之「沒有晚清，何來五四」之論，便是這一階段的現代性。隨著第二階段性的現代性再次被壓抑，迅速迎來第三次現代性，即「五四」以後的西方第三階段之現代性。

與偽哲學。如此便將「魔法」、「占卜」、「煉金術」等,掃入迷信的垃圾箱,排斥出了現代學術。故而,神秘主義既是耶穌會的思想源泉,也是現代學術的來源之一。而馬若瑟即耶穌會索隱派的漢字學說,便是這些現代性影響下的研究成果的集大成者。

　　第四章圍繞《六書實義》文本的「中國性」展開,可分作兩部分:時代背景與文本分析。從大背景來看,在禮儀之爭中,康熙制定「領票」的規矩,凡是領票的傳教士才可留居中國,但要求必須「如中國人一樣」。隨後又發生教宗使節與傳教士不通中國文字,卻妄議中國問題,干涉中國禮儀問題之爭端。終觸怒康熙,定下「語言必重」的旨意。故而,耶穌會內部必然需要一傳教士,深研六書,回轉局勢,重獲皇帝垂青。馬若瑟正是在這一背景下,重回索隱主義懷抱,撰寫深究六書的《六書實義》,以期轉變康熙固有之傳教士無人精通漢字的刻板印象。第二部分,則是研究《六書實義》文本的中國性,剖析馬若瑟如何偽裝出一份中國著作,如何做到「如中國人一樣」的諭令。通過對次文本的釐清,其一,可發現馬氏所用編年乃是康熙年號而非西元。其二,作為一文字學專著,馬若瑟相當注重正字、俗字的區分與使用,這也是他遠高明於其他傳教士乃至當今諸多漢學家之處。其三,他通過以上二法結合並託名三人,即可偽裝三人:序、跋以及正文作者。同時,通過對三人名字的考證,並結合《儒教信》,即可推出溫古子就是馬若瑟的化身。最容易忽視乃是第四點——文本中的「玄」字缺首筆,本研究持避諱的角度視之,展開論證。同時,通過第一、二、四點與馬氏前作《經傳眾說》相比較,其避諱、年號等格式有類同之處,而《經傳眾說》乃上呈康熙御覽之作。故而,可以推論《六書實義》或為馬氏預備敬獻皇帝之作,此推論又可與馬氏撰寫此書之目的與背景相印證。最後,通過互文比較,考證馬若瑟《六書實義》參考何種的中國典籍,用以印證其深厚的漢學功底,以及觸摸馬氏撰寫《六書實義》的憑依。

　　第五章則專門討論馬若瑟《六書實義》之內文。首先,釐清馬氏與歷代小學家之間的因果關聯。基於對馬氏「六書」之名與次第,以及各種文字學理論的考察,得出結論:馬氏六書之說,實乃接續宋、元、明、清初四個時代字學名家的理論。馬氏在六書領域,除卻繼承前說,亦不乏啟下之論:《六書實義》中,明確提出了「四體二用」這一延續至今的文字學理論。傳統觀點認為,有清以前,學者多將六書視為造字之法。至乾嘉時期,戴震(1724

～1777）否定此論，重新提出「四體二用」說——指事、象形、諧聲（形聲）、會意為造字之法，轉注、叚借為用字之法。此說至今為大量學者所承襲，運用不衰。通過對《六書實義》的梳理，可推翻這一傳統論斷，即馬若瑟在戴震之前，率先明確提出「四體二用」之論。其二，討論馬氏將字學放置於之中國學問的哪一位置。通過對明末西學內容的釐清與馬若瑟自身從學經歷的對照，揭示馬若瑟模仿西方學術體系建立相應中國治學次序：小學（字學六書、各朝文論與史書）、中學（諸子百家與後儒之說）與大學（《六經》之學）。這一學術系統，另外還需要記憶術作為小學之輔助，索隱主義為根本研究方法，信奉古經而不信後儒注疏、排斥佛道異端為基本態度，以此三大原則為實踐技巧。其三，探討馬氏六書學說及其天學內涵，分析馬氏如何將神學思想塞入六書理論，並確立相應的六書各自重要性劃分。如此「新六書」，因其首崇「指事」等特點，成為馬氏漢字理論中標新立異之點，而有別於白、傅等人。其四，另從記憶術角度出發，論說西人倚重象形文字之因，當與記憶密切相關，而記憶有關乎靈魂與智慧。故而，象形文字在中世紀及前現代世界，具有相應的神聖地位。

　　最後，第五章最後一節「餘論」與第六章「結論」部分，將漢字收編投諸回「緒論」晚清與民初的年代，論述柄谷行人所言之語言是作為世界帝國的必須元素之一。故而指明語言的爭奪在帝國與帝國主義時代的重要性，以明漢字收編的本質。漢字之收編，從某種意義上，可以視為語言殖民的手段。表現在傳教一面，教會長期限制傳教士翻譯《聖經》，以及禮儀之爭中羅馬始終執著「Deus」的翻譯必須異化而非歸化。羅馬教會的操作，是語言殖民強硬的一面，而漢字收編，則是緩慢滲透與建構的一面。再者，討論西方人研究中國語言文字，最終變成了東方主義。漢字在馬若瑟之前，還是一種原初語言。但在啟蒙運動後，「進化」這一現代性觀點，成為主流。漢字的境遇從天堂變成了地獄，作為原初語言的中文，被論說成為語言的化石，似乎從來沒有進步，理應淘汰。母語決定思維論，又為此說助長了聲勢，西方不斷勸說中國，運用代表先進的字母文字以取代落後的漢字。這些思想，匯集於晚清、民初乃至整個 20 世紀並大行其道，最終演變成魯迅「漢字不亡，中國必亡」的吶喊。

第二章　求索巴別塔：歐儒漢字收編諸說

　　形音義三者結合的漢字與表音的西洋字母文字之間有著巨大的差異，自遊記漢學起，西人便不斷向歐羅巴洲世界介紹這種奇異的文字。隨著明清之際傳教士大舉進入中國，「中央之國」的全貌逐漸顯露在西方基督宗教帝國的面前，並在傳教士影響下，凝聚了歐洲本土學者的共識——中國文字是一種象形文字。伴隨著中國文獻的大量獲取以及西方世界與中國學人的頻繁接觸，歐人研究中國文字的程度愈加深廣。從最初淺顯介紹文字的形（包含字體及書法）、音、義、文字結構、造字規則、用法，轉向更深入的學術階段——探索漢字的起源及與基督宗教之間的關聯。

　　與拼音文字風格迥異，又酷似埃及文字的漢字，迅速激起了西人的研究興致。其在明清之際及清初（17 至 18 世紀）的發展路徑大致可以分作三個個階段：簡述漢字之形——介紹漢字歷史及展示各種字體——學術研究〔註1〕。第一階段是認知與描述的階段，無論是探險家還是傳教士，多在其著作中向西方介紹中國文字近似圖形而非字母，除門多薩外，克路士（Gaspar da Cruz，c.1520～1570）亦為代表。〔註2〕第二階段，可以曾德昭（Alvaro Semedo，1585～1658）之《大中國志》(*The History of That Great and Renowned*

〔註1〕其下包含探究漢字造字之法、語法、索隱漢字神性與探尋漢字起源多個面向。
〔註2〕克路士《中國志》介紹道：「中國人的書寫沒有字母，他們寫的都是字，用字組成詞，因此他們有大量的字，以一個字表示一件事物。」〔葡〕克路士（Gaspar da Cruz）著，《中國志》，收入〔英〕博克舍（C. R. Boxer）編注，何高濟譯，《十六世紀中國南部行紀》（北京：中華書局，1990 年），頁112。

Monarchy of China）為典範。〔註3〕第三階段之探究漢字造字之法面向，以殷鐸澤（Prospero Intorcetta，1626～1696）《論中國文字》為代表，其文最早向西方世界介紹了「六書」概念。〔註4〕殷氏乃是該階段少有可清晰介紹六書者，遠勝曾德昭等輩。而第三階段索隱漢字神性與探尋漢字起源面向，不外乎以索隱派諸人及歐洲部分學者為代表，而馬若瑟之《六書實義》則是第三階數個面向融會貫通之典範。

若細細甄別，可發現三個階段差別顯著，前兩階段多為介紹、概述性質，收入於考察報告中的其中一端，而後一階段學術性質更強，出現專門研究漢字之作。更進一步者，乃第三段中出現部分傳教士開始使用中文著述，是第一、二階段之流望塵莫及的。〔註5〕同時，學術之發展與當時歷史發展一致，

〔註3〕曾氏〈他們的語言文字〉章云：「中國使用的語言是很古老的，許多人認為它是巴比倫塔的 72 種之一……字的創造者，據說他們最早的一位帝王：伏羲（Foshi）……的這種變化，使字體有四種不同。首先是古文（Ancient），這種文字仍保留在他們的圖書館，知識分子認識它，儘管除了用作代替紋章的印璽和題名外，不再使用。第二種叫做行書（Chincù），最通用，用於文獻和書籍印刷。第三種叫做搨白（Taipie），相當於我們書記的手書，不怎麼使用，僅用於告示、協約、申請、票據等等。第四種和其他的很不相同，既是縮寫（這很多），也有字體的不同筆劃和形狀，需要特別的研究才能認識」。曾德昭的論述，已經觸及第三階段，他甚至對漢語語法也進行了簡要的探討：「它們全是單音詞，動詞和名詞均無語尾變化，適合他們使用，有時動詞充當名詞，名詞充當動詞，必要時也充當副詞。」可見每個階段並非涇渭分明，而是你中有我，我中有你的狀況。〔葡〕曾德昭（Alvaro Semedo）著，何高濟譯，李申校，《大中國志》（上海：上海古籍出版社，1998 年），頁 39～41。

〔註4〕殷鐸澤《論中國文字》收錄於龍伯格 1988 年於丹麥奧爾胡斯大學出版之 *The Traditional History of the Chinese Script, from a Seventeenth Century Jesuit Manuscript，1660～1670* 書中，其文曰：「中國人通常認為是他們的先皇伏羲創始了漢字的原貌和雛形。他不再使用早期的結繩記事，而將漢字劃分為六書……『六書』中的第一種，特別是在伏羲時代使用的是象形，圖像的形式，也就是事物和其意義被描繪而非描寫……第二種方式是會意，符號意義的組合。兩個或多個漢字組成新字，這些部首意義合成新字的意義……第三類是形聲『形式和聲音』，由兩個不同的漢字組成。一個盡可能的葦象，另一個表聲……第四類是指事，這些字由筆畫的位置表明意思……第五類是假借（借來的漢字）。這些字本身無意義，而是由聲調和發音表示意義……最後一類是轉注（轉變），和第四類大致一樣，將漢字轉向右側表示某種意思，如果將它或它的一部分轉向左側就是指另一種意思。」〔丹麥〕龍伯格著，史倩倩譯，〈漢字的傳統歷史：17 世紀耶穌會士手稿〉，《國際漢學》2014 年第 1 期（2014年 4 月），頁 308～312。

〔註5〕吳孟雪亦持此觀點。詳見：吳孟雪，《明清時期——歐洲人眼中的中國》，頁 8。

第三階段之研究話語權，亦呈現由西班牙、葡萄牙向義、法、英、德等國位移的景象。

第三階段漢字起源面向與基督宗教關聯密切，是索隱派乃至整個耶穌會需要解決的核心問題。從歷時性的角度觀之，此一面向的漢字研究，便可命名為一場漢字收編的運動。歐洲學人透過對漢字起源的基督宗教化的解釋，逐步把漢字納入西方學術與宗教體系中。並且，伴隨著政治、經濟、文化實力的強弱易位，在不同時間段內，漢字所處的位階亦上下移動。漢字收編的參與者，不僅僅局限於耶穌會索隱派，歐洲本土學者中也不乏上下探求者。

本節便從歐洲學者阿塔納修斯·基歇爾、約翰·韋伯（John Webb，1611～1672）、哥特佛萊德·萊布尼茨（Gottfried Wilhelm Leibniz，1646～1716）、安德烈·米勒（Andreas Müller，1630～1694，或譯作「繆勒」）、克里斯蒂安·門采爾（Christian Mentzel，1622～1701）諸家關於漢字起源的各種說法，勾畫 17 至 18 世紀間歐洲世界對漢字起源觀念的圖景。同時，這些圖景，最後構成了馬若瑟及耶穌會索隱派中國文字學說的歐洲學術背景，進而橫亘至今。

第一節　再造歷史：基歇爾「漢字源自埃及」論

海登·懷特（Hayden White）在其《元史學》（*Metahistory*）一書中指出，歷史是透過史料回溯歷史的過程，是一個想像與建構的過程，具有小說（fiction）的特徵：「歷史事實是構造出來的，固然，它是以對文獻和其他類型的歷史遺存的研究為基礎的，但儘管如此，它還是構造出來的：它們在文獻檔案中並非作為已經包裝成『事實』的『資料』而出現」。〔註6〕17 世紀德國學者基歇爾，便透過包裝「事實」的「資料」——漢字與中國文獻〔註7〕，以及埃及文字史料，建構了影響後世數百年的「漢字源自埃及」這一歷史考證。

〔註6〕〔美〕海登·懷特（Hayden White）著，陳新譯，《元史學：19 世紀歐洲的歷史想像》（南京：譯林出版社，2013 年），頁 5。

〔註7〕根據龍伯格的研究，基歇爾參考及展示的漢字，來自與他同行去羅馬的卜彌格送他的 1612 年版之《萬寶全書》。〔丹麥〕龍伯格著，史倩倩譯，〈漢字的傳統歷史：17 世紀耶穌會士手稿〉，頁 328。

　　阿塔納修斯・基歇爾，耶穌會士，被《大英百科全書》冠以「文藝復興最後一位人物」，因試圖破譯象形文字，又被譽為「埃及學的創始人」。〔註 8〕他學識廣博，學術交流網絡涵蓋赴華傳教士與歐洲本土學者，衛匡國、白乃心（Jean Grueber，1623～1680）、卜彌格（Michel Boym，1612～1659）都是他的學生，又與曾德昭、萊布尼茨等人有密切的關聯。其 1667 年在阿姆斯特丹出版的拉丁文版《中國圖說》（*China illustrata*）一書——全稱《中國的宗教文物、世俗文物和各種自然、技術奇觀及其關於有價值事物各種說法的彙編》（*China monumentis qua sacris qua profanis, nec non variis naturae et artis spectaculis, aliarumque rerum memorabilium argumentis illustrata*）〔註 9〕，是一部有關中國的百科全書。在第六部分〈關於中國文字〉中，基歇爾首次全面地向歐羅巴人展示漢字的各種類型，並介紹了東西方碰撞中中國所產生的變化，大大推動了歐洲的 18 世紀中國熱。〔註 10〕英譯版譯者查爾斯・范圖爾（Charles D. Van Tuyl）在其 1986 年的序言中將該書定性為「該書出版後的二百多年內，在形成西方人對中國及其鄰國的最初印象方面，《中國圖說》可能是獨一無二的最重要的著作」〔註 11〕，足見其影響力之深遠。換言之，馬若瑟時代的耶穌會士，基本都閱讀過基歇爾的著作。

一、歐洲與在華傳教士的合力：從「中華／中國」到 "China"

　　首先，《中國圖說》書名中的 "China" 一詞，便相當值得玩味。〔註 12〕除了在文藝復興之風勁吹下，歐洲各國知識分子（如但丁〔Durante degli

---

〔註 8〕詳見大英百科全書線上資料庫（Encyclopedia Britannica Online）「Athanasius Kircher」詞條，檢索日期：2019 年 7 月 2 日。

〔註 9〕《中國圖說》全稱參考雷立柏（Leopold Leeb）的譯名。見：〔奧地利〕雷立柏（Leopold Leeb），《西方經典英漢提要（卷四）：文藝復興和巴洛克時期經典 100 部》（北京：世界圖書出版公司北京公司，2012 年），頁 210。

〔註 10〕艾田蒲：「（《中國圖說》）不久之後，中國問題很快成了一種時尚，成為一種名符其實的癖好」。〔法〕艾田蒲著，許鈞、錢林森譯，《中國之歐洲（上卷）》（鄭州：河南人民出版社，1992 年），頁 305。

〔註 11〕〔德〕阿塔納修斯・基歇爾（Athanasius Kircher）著，張西平、楊慧玲、孟憲謨譯，《中國圖說》（鄭州：大象出版社，2010 年），頁 20。

〔註 12〕前文所涉及克路士、曾德昭等人之書，亦以「China」命名。然「China」由葡人所命名，克、曾俱為葡籍，或另有西班牙籍，運以「China」題名，無可厚非。然基歇爾乃德籍，其書名不題以常用之拉丁文詞彙，卻書以「China」，則有探求的必要。

Alighieri，1265～1321〕已用義大利文進行寫作，莎翁〔William Shakespeare，1564～1616〕用英文進行創作）紛紛挖掘本國語言，以民族語言進行書寫，衝擊正規的拉丁文寫作。更重要的是，依照後殖民主義與後現代主義的思考，"China" 一詞等同於「中國」，顯然是歐洲建構結果。劉禾的研究，解決了 "China" 指涉「中國」時的翻譯、主權想像、殖民、現代政治秩序以及被國人接受過程相關問題。〔註13〕陳波的探索延續了劉禾的思考，他指出西方文明建構中國有關「China」的想像，是一種對於傳統中國「天下之中」觀念的對抗性稱謂。「China」等於「中國」這個概念，奠定自金尼閣編輯之《利瑪竇中國札記》（本名《耶穌會的中國遠征記》，1615）。〔註14〕書中記述中國之名稱在西方文化及其世界地理觀的強勢介入之下，由「中國」（Ciumquo）或「中華」（Ciumhoa）被勸說成為 "China"。基歇爾亦有此說，透過互文，可以推斷基氏應當參考了《利瑪竇中國札記》。〔註15〕此外，晚近發現之金尼閣之拉

〔註13〕 詳見：劉禾，〈失去指涉對象的「支那」：Cina、支那、China 等〉，收入〔美〕劉禾著，楊立華等譯，《帝國的話語政治：從近代中西衝突看現代世界秩序的形成：修訂譯本》（北京：生活・讀書・新知三聯書店，2014 年），頁 104～115。

〔註14〕 即 *De christiana expeditione apud Sinas suscepta ab Socjetate Jesu. Ex P. Matthaei Ricij eiusdem Societatis Commentarijs. Libri 5 ad S.D.N. Paulum 5. in quibus Sinensis Regni mores, leges atque instituta & nouae illius Ecclesiae difficillima primordia accurate & summa fide describuntur. Auctore P. Nicolao Trigautio Belga ex eadem Societate*。

〔註15〕 《利瑪竇中國札記》第二章〈關於中華帝國的名稱、位置和版圖〉云：「這個遠東最遙遠的帝國曾以各種名稱為歐洲人所知悉。最古老的名稱是 Sina，那在托勒密（Ptolemy）的時代即已為人所知。後來，馬可波羅這位最初使歐洲人最為熟悉這個帝國的威尼斯旅行家，則稱它為 Cathay。然而，最為人所知的名稱 China 則是葡萄牙人起的。……China 這個名詞被義大利和其他幾個歐洲國家稍加改變，因為他們不熟悉和拉丁語略有不同的西班牙語的發音。所以西班牙人讀 China 的發音都和義大利人發 Cina 這個音相同。……今天我們通常稱呼這個國家為中國（Ciumquo）或者中華（Ciumhoa），第一個詞表示王國，另一個詞表示花園。這兩個字放在一起就被翻譯為「位於中央」。……然而，現在中國人大多承認他們以前的錯誤，並引以為笑談」。將之與《中國圖說》進行互文比較，可發現基歇爾參考利瑪竇之說的軌跡：「中國一直完全不為人所知，直到公元 1220 年，馬可・波羅用「契丹」（Cathay）一名稱呼它時……葡萄牙人和西班牙人稱它為「中國」（China），而古人托勒密（Ptolemy）則稱其為「Sin」和「賽里斯」（Serica）。阿拉伯人稱它為「Sin」，薩拉森人（Saracens）則把它叫做「契丹」（Cathay）。可是所有這些名稱中國人自己都不用，他們沒有一個專門的名稱來稱呼自己的國家。中國人往往習慣於隨著統治家族的改變而變更國名。……今天，它有時被稱作「中國」（Chium-quo），有時被稱作「中華」（Chium-hoa）」。〔義〕利瑪竇、〔比〕金尼閣著，何高濟、王遵仲、李申譯，何

丁文《天朝記事》（*Regni Chinensis descriptio*，1639），實乃《利瑪竇中國札記》
首章，已開始使用 "China" 之變體。這套話語始於利瑪竇與金尼閣，隨後在
歐洲被不斷加工，在這套述行的話語的勸說下，「中國」被持續的客體化、異
化乃至物化。〔註16〕

　　上述觀念的轉變，得益於利瑪竇宣揚的新世界地理概念，並對明清之際
的中國士人之世界觀與知識架構產生了重大影響。新世界地理知識，將中國
人的知識架構從「天下──四夷」扭轉向「萬國」。此後中國不再是世界乃至
宇宙的中心，而是世界萬國中的一邦，此舉開啟了中國人的「世界意識」，由
是「中國」一詞似乎開始難堪使用。葛兆光認為利瑪竇的世界地圖給予中國
至少四個面向上的震撼，甚至具有消解中國「華夏中心觀」的作用。〔註17〕
歐人帶來的「真實世界」，衝擊著中國固有之「華夏中心論」與文化自信，舊
有之世界觀、地理觀、時空觀、思想、政治、信仰、朝貢體系之正當性等諸多
面向被瓦解重構，代之以近代世界體系的觀念，建構新的「想像共同體」，這
正是現代性帶來的衝擊。〔註18〕

　　　　兆武校，《利瑪竇中國札記》，頁3～6；〔德〕阿塔納修斯‧基歇爾著，張西平、
　　　　楊慧玲、孟憲謨譯，《中國圖說》，頁13～14。

〔註16〕詳見：陳波，〈中國就是中國，不是「China」：一個微妙的誤用與反思〉，
　　　　http://culture.ifeng.com/c/7mXfDQBD7VT。檢索日期：2019年7月17日。

〔註17〕「第一，人生活的世界平面不再是平面的，這瓦解天圓地方的古老觀念。第二，
　　　　世界非常大，而中國只是居東亞十分之一，亞細亞又只居世界五分之一，中國
　　　　並不是浩大無邊的唯一大國，反而很小。第三，古代中國的『天下』、『中國』、
　　　　『四夷』的說法是不成立的，在他們看來，中國可能是「四夷」。第四，應該
　　　　接受東海西海心理悠同的想法，承認世界各種文明史平等的、共通的，而且真
　　　　的有一些超越民族／國家／疆域的普遍主義真理。正是這些顛覆性的觀念，利
　　　　瑪竇的世界地圖給中國思想帶來了一個隱性的、巨大的危機，因為它如果徹底
　　　　被接受，那麼傳統中華帝國作為天下中心，中國優於四夷，這些文化上的『預
　　　　設』或者『基礎』，就將天崩地裂。」葛兆光，《宅茲中國：重建有關「中國的」
　　　　歷史論述》（北京：中華書局，2011年），頁111。

〔註18〕現代性按波德萊爾（Charles Baudelaire，1821～1867）之語，意即「現代性就
　　　　是過渡，短暫，偶然，就是藝術的一半，另一半是永恆和不變」，波氏之語道
　　　　出現代性之表現乃多樣性以及其中的快速巨變。因此，空間觀的流變帶來的
　　　　思想變革，正合現代性的表徵。正如伯曼所言，當現代性作為一種心理範疇
　　　　時，即為一種對時空變化的心裡反應：「一種關於時間和空間自我和他人、生
　　　　活的各種可能和危險的經驗。我將把這種經驗稱作『現代性』」。在現代性的
　　　　作用下，「一切堅固的東西都煙消雲散了」，其中既有歷史傳統，又包括華夏
　　　　中心主義。這些堅固之物，因現代性剛剛萌芽而得以在明末清初未能完全消
　　　　解，故得到了暫時的壓抑。直到下一個世紀，迎來了更為激烈的反撲。葛兆

　　隨著 18、19 世紀的到來，中國國力逐步衰頹，在西人眼中顯然喪失了檢視與理解自身的能力，中國人難以替自己發聲，必須通過西方這個他者理解自身，並最終落於西方現代等級秩序與話語之中，扣緊了「China」這頂西洋帽。正如劉禾所言：「對於 19 世紀的英國、法國以及當時的帝國主義列強勢力來說，『支那國』——China 這個命名的對象很具體，指的是那個可以被傳教、侵略和征服的對象（也是一個可以被佔領的巨大市場）。」〔註 19〕無怪乎，晚清外交官張德彝（1847～1918）曾斥責西人所稱「China」、「Chine」、「La Chine」、「Cathay」等名皆非吾國之名也，亦無所本：

> 按彼此立約通商數十年來，西人既知中國曰大清，曰中華，何仍以「齋那」、「吉那」、「什音」、「芝那」、「吉塔」等名呼之？且中國自古迄今四千餘年，從無此名，不知西人究何所奉而以是名呼之耶？〔註 20〕

　　到了 20 世紀初，中國「無名」之憂，久久縈繞著當時的知識分子，甚至延續至民國初年。其中便以梁啟超 1901 年發表之言論為代表，其說充分展現了晚清先驅在面對中國「無名」又無法界說自身時所產生苦惱：

> 吾人所最慚愧者，莫如我國無名之事。尋常通稱，或曰諸夏，或曰漢人，或曰唐人，皆朝名也。外人所稱，或曰震旦，或曰支那，皆非我自命之名也。以震旦、支那等名吾史，則失名從主人之公理。曰中國，曰中華，又未免自尊自大，貽譏旁觀。雖然，以一姓之朝代而污我國民，不可也；以外人之假定而誣我國民，猶之不可也。於三者俱失之中，萬無得以，仍用吾口頭所習慣者，稱之曰中國史。〔註 21〕

後世國家「無名」之苦，始自明清之際利瑪竇的操作：勸說明清之際士人與

　　　光所言的四大衝擊，正是現代性帶來的快速巨變，以及長達千年的中國中心觀的瓦解。〔法〕夏爾・皮埃・波德萊爾（Charles Baudelaire）著，郭宏安譯，〈現代生活的畫家〉，《1846 年的沙龍：波德萊爾美學論文選》（桂林：廣西師範大學出版社，2002 年），頁 424；〔美〕馬歇爾・伯曼著，徐大建、張輯譯，《一切堅固的東西都煙消雲散了：現代性體驗》，頁 15。

〔註 19〕〔美〕劉禾著，楊立華等譯，《帝國的話語政治：從近代中西衝突看現代世界秩序的形成：修訂譯本》，頁 114。

〔註 20〕張德彝，左步青點，鐘叔河校，《隨使法國記（三述奇）》（長沙：湖南人民出版社，1982 年），頁 182。

〔註 21〕梁啟超，〈中國史緒論〉，《中國上古史》（北京：商務印書館，2016 年），頁 3。

西洋世界放棄「中央之國」或「中華」（梁氏「自尊自大，貽譏旁觀」之謂），
而代以 "China"、"Chine" 諸名。基歇爾此書，影響力之長遠，是西人建
構「China＝中國」形象中相當關鍵的一環。

二、基歇爾的埃及論

基歇爾關於漢字起源最主要的觀點，是判定漢字是一種象形文字，並源
自埃及：

> 古中國人，如前所言，是埃及人的後裔，中國的文字也來源於此。
> 埃及和中國的書寫體系都不是以字母為基礎，而是以各種自然物的
> 圖像為基礎。有多少概念，就有多少文字。〔註22〕

基氏對埃及文字的興趣，始自 17 世紀 30 年代。其核心觀點中國文字源自埃
及之說，在《中國圖說》之前，在有關古埃及研究的作品——《埃及的俄狄浦
斯》（*Oedypus Aegyptiacus*，1652）中已見端倪。高第（Henri Cordier，1849～
1925）在其〈中國人之起源・外國理論〉一文中指明二者的關聯：「德國耶穌
會士阿塔納修斯・基歇爾似乎是第一個提出中國人源自埃及血統問題的學者，
這在其 1654 年的偉大著作《埃及的俄狄浦斯》中提及。自那以後，他在 1667
年出版的另一本書《中國圖說》重述了這一理論」。〔註23〕自此開始，中國文
字與人種起源便緊緊地綁在了一起，若中國文字地位移動，中國人種也隨之
有了不同的歷史起源。

基歇爾之說影響深遠，延續至 18 世紀甚至更久，在歐洲掀起中國人起源
的論辯：論爭一方（于埃 [Evêque d'Avranches Huet，？]，德梅蘭 [Dortous
de Mairan，1678～1771]，德經 [Joseph de Guignes，1721～1800] 諸君）以
中國和埃及此二民族的某些習俗相近，中國的某些「象形文字」近似腓尼基
文字為由，認定中國實乃埃及人之後；反方（弗雷萊 [Nicolas Fréret，1688～
1749]，德祖泰萊 [Le Roux Deshauterayes，1724～1795]，伏爾泰 [Voltaire，
1694～1778] 諸君）則堅持中國人是一獨立發展起來的人種，二民族平行發
展，彼此無關。〔註24〕這一時期的啟蒙運動思想家，試圖憑藉中國歷史，除

〔註22〕〔德〕阿塔納修斯・基歇爾，《中國圖說》，頁 393。
〔註23〕Cordier, Henri. "Origine Des Chinois. Théories Étrangères." *T'oung Pao* 16.5
（1915）：581.
〔註24〕孟華，〈18 世紀一場關於中國人起源論爭的啟示〉，《中法文學關係研究》，頁
192～193。

卻為了將中國納入世界史（對西人而言所謂世界史本質上是西方史），更是嘗試藉此向聖經歷史發起挑戰。基歇爾既為「中國源自埃及」說之源頭，其餘中國血統源自埃及的說法，皆可認為是基歇爾觀點的變體或再創新，此說便可以基氏作為代表，展開討論。

　　中國血統源自埃及，那埃及後裔是如何到達中國，漢字的源頭又在何處，便成了首要疑問。有鑒於此，《中國圖說》給予了詳盡的解答：

> 我曾說過，在洪水氾濫約三百年後，當時諾亞（天主教譯名作「諾厄」）的後代統治著陸地，把他們的帝國擴展到所有地方。第一個發明文字的人是皇帝伏羲，我毫不懷疑是從諾亞的後代那裡學到的。在我的《俄狄浦斯》第一卷中，我講到 Cham（「加母」，即「含」，通常作 Ham）人是怎樣從埃及到波斯，以及後來怎樣在巴克特利亞（Bactria，中國古籍稱作「大夏」）定居的。我們知道他和瑣羅亞斯德（Zoroaster，或譯作「查拉圖斯特拉」），巴克特利亞是波斯最遠的王國，邊境同莫臥兒或印度帝國接壤。它的有利位置使得它有機會移居中國，而中國是世界上最後一個被移居的地方。〔註25〕

在此處，基歇爾統合了《聖經》與《說文解字》的說法。《說文解字‧序》言：「古者庖羲氏之王天下也，仰則觀象於天，俯則觀法於地，視鳥獸之文與地之宜，近取諸身，遠取諸物；於是始作《易》八卦，吕垂憲象」〔註26〕，而《聖經》言：「諾厄的兒子由方舟出來的，有閃、含、和耶斐特。含是客納罕的父親。這三人是諾厄的兒子；人類就由這三人分布天下。……以致客納罕人的邊疆，自漆冬經過革辣爾直到迦薩，又經過索多瑪、哈摩辣、阿德瑪和責波殷，直到肋沙。以上這些人按疆域、語言、宗族和國籍，都屬含的子孫。」（《創世紀》9：18、10 和 10：19、20）。〔註27〕基歇爾認為，含從埃及將他

〔註25〕引文括號中加底線的部分，為筆者所加，用作解釋之語，後文皆照此例。論文中涉及《聖經》之譯名，凡涉及天主教者選用天主教譯名，涉及新教者則選用新教譯名。〔德〕阿塔納修斯‧基歇爾著，張西平、楊慧玲、孟憲謨譯，《中國圖說》，頁 389～390。

〔註26〕〔漢〕許慎著，〔清〕段玉裁注，《圈點說文解字》（臺北：萬卷樓，2002 年），頁 761。

〔註27〕本文涉及天主教處所用之《聖經》皆引自「天主教方濟會思高讀經推廣中心」之《思高繁體聖經》，後文不再加注說明。詳見：http://www.ccreadbible.org/Chinese%20Bible/sigao ble.org/Chinese%20Bible/sigao。檢索日期：2019 年 7 月～12 月。

的部落向東遷移到波斯，然後進入大夏，而大夏王和瑣羅亞斯德正是含。隨後，含又從大夏將移民團派往中國這世界上最後一塊宜居土地。〔註28〕

既然中國人來自埃及，是含的子孫，那作為「象形文字」的漢字，必也出自埃及：

> 漢字的基礎由殷商人的祖先和 Mercury Trismegistos（Nasraimus 之子）
> 奠定了。雖然他們學得不完全，但他們把它們帶到了中國。古老的中
> 國文字是最有力的證明，因為他們完全模仿了象形文字。〔註29〕

中國文字誕生自大洪水後三百年，伏羲從諾厄的後代處模仿了象形文字，而這個後代便是含的之子——米茲辣殷（Nasraimus，即 Mizraim，即埃及 [Egypt]，新教作「麥西」）與其子墨丘利（或作「三重偉大的赫爾墨斯」）。同時，基歇爾不忘提醒，雖然漢字是對埃及文字的不完全模仿，並不意味著二者完全相同，中國人僅僅習得了表達思想的概念：

> Cham 的後代可能是從各個不同的地方來到中國的，他們也把自己
> 的文字傳播到了這裡。他們不是把埃及的象形文字和秘密帶到中
> 國，而是從埃及帶來了表達思想的概念。〔註30〕

如此，基歇爾將他興趣之所在古埃及、象形文字，與中國文化、文字聯結起來，並以基督宗教觀統攝之。可以說，他對中國的探索亦是試圖證明其「所有文明源自埃及」之論。〔註31〕而給予基氏靈感的，多半是利瑪竇的說法：「他們使用的字形很像古埃及人的象形文字」。〔註32〕

三、後續影響

基歇爾對中國人起源的解說，後來又被中國耶穌會索隱派繼承與發展，

〔註28〕〔美〕孟德衛著，陳怡譯，《奇異的國度：耶穌會適應政策及漢字的起源》，頁 144。

〔註29〕〔德〕阿塔納修斯・基歇爾，《中國圖說》，頁 390。

〔註30〕〔德〕阿塔納修斯・基歇爾，《中國圖說》，頁 401。

〔註31〕在《中國圖說》出版十餘年後，基歇爾仍在 1679 年出版之《巴別塔》一書中繼續討論人類語言起源的問題。他運用比較語言學的方法，將當時已知語言劃歸四類。將包含漢語、韃靼語、波斯語、亞美尼亞與在內的東亞語言歸納在第二類，認為這類語言均出自埃及。董海櫻，《16 世紀至 19 世紀初西人漢語研究》，頁 154。

〔註32〕〔義〕利瑪竇、〔比〕金尼閣著，何高濟、王遵仲、李申譯，何兆武校，《利瑪竇中國札記》，頁 27。

成為其學派三大原則之一的「諾厄」（挪亞）理論——中國人是含的後裔。但並非所有耶穌會士都鐵板一塊，會中以有持相反意見者，如安文思（Gabriel de Magalhães，1609～1677）在其《中國新史》（Nouvelle Relation de la Chine，1688）中便執相左意見：「儘管埃及人自誇他們首先使用文字和象形文，但可以肯定的卻是中國人在他們之前就有了文字記錄」〔註33〕，但他不反對中國文字是一種象形字。無論是否支持此說，沿著利瑪竇與基歇爾的思緒，漢字與埃及文字具有聯繫之說在耶穌會在華傳教士中大行其道。

　　張西平認為，基歇爾對中國的理解，基本上還是站在基督宗教歷史觀的架構中來理解中國，對中國文化的解釋基本上是歐洲索隱派（舊約象徵論）的方法，但對於異於基督宗教之處，他更多地表現出一種寬容和理解，這種對新事物的探索精神正是文藝復興所倡導的新精神。〔註34〕此說洵然，但不全面。基歇爾之法，受到文藝復興影響，既有承襲古代神學索隱主義的方法，又有喀巴拉（Cabala）學說，有赫爾墨斯主義（Hermeticism）等學說的綜合影響。另外魯保祿認為，基歇爾通過這種方式，提出瑣羅亞斯德與三重偉大的赫爾墨斯都是《聖經》中人物的索隱形象之論——瑣羅亞斯德就是閃（Shem），而三重偉大的赫爾墨斯（Hermes Trismegistus）則是哈諾客（Enoch，新教作「以諾」）。〔註35〕基歇爾甚至又將埃及智慧之神也納入其中，想像他們把象形文字（hierophants）之秘傳給中國人。〔註36〕由此，與這些人有關之作上升到包含天主啟示之書的高度。基氏的方法直接影響了白、馬、傅等人，催生了中國索隱派。〔註37〕此三學說與索隱派、文藝復興的關係，將在

〔註33〕該書的前身是安氏1668年用葡萄牙文寫成，未得刊印的手稿《中國的十二特點》。引文見：〔葡〕安文思（Gabriel de Magalhães）著，《中國新史》，收入〔葡〕安文思（Gabriel de Magalhães）、〔義〕利類思（Lodovico Buglio）、〔荷〕許理和（Erik Zürcher）著，何高濟譯，《中國新史：外兩種》（鄭州：大象出版社，2016年），頁54。

〔註34〕張西平，〈神奇的東方——中譯者序〉，收入〔德〕阿塔納修斯·基歇爾，《中國圖說》，頁16～17。

〔註35〕此說出自基歇爾《Pamphilius方尖碑》（Obeliscus Pamphilius，1650），到《中國圖說》中顯然做了一定修正。

〔註36〕〔德〕巴耶爾（Gottlieb Siegfried Bayer）著，〔丹麥〕龍伯格英譯，王麗虹中譯，〈《中國博覽》序言〉，收入〔丹麥〕龍伯格著，王麗虹譯，《漢學先驅巴耶爾》（鄭州：大象出版社，2017年），頁56。

〔註37〕Rule, Paul Anthony. "K'ung-Tzu or Confucius? The Jesuit Interpretation of Confucianism." Ph.D dissertation. 402～403.

後文詳述。至此，基歇爾透過上述話語，建構了 17 世紀歐儒關於中國文字
起源的第一個重要學說——「漢字源自埃及」論。

第二節　巴別塔之先：韋伯「原初語言」論

　　雖然英國的文藝復興相較於歐陸諸國，開始得稍晚一些。但到了 16 世
紀，英國與歐陸國家一樣，既有資本主義萌芽，文藝復興之風吹拂，又有宗
教改革（英國於 1534 年與新教合作，創立國教——聖公會）削弱神權，世俗、
民族文學方興未艾。約翰·韋伯這位英國建築師，便是生活在如此一個文藝
復興與啟蒙時代交接的瑰麗年代。其論述中國語言起源的作品《論中華帝國
的語言可能是原初語言的歷史論文》（*An Historical Essay Endeavoring a
Probability that the Language of the Empire of China is the Primitive Language*，
1669），是一部以英語寫成的研究中國語言的著述，並以中心觀點「中華帝國
的語言是原初語言」而震驚世人。

　　此論文廣泛參閱了金尼閣《利瑪竇中國札記》、曾德昭《大中國志》、衛
匡國《中國新地圖志》、《中國上古史》、《韃靼戰紀》等作品，以及最重要的基
歇爾之《中國圖說》。〔註 38〕他在前輩的基礎上再行出發，豐滿了基歇爾《中
國圖說》中天主之語與埃及文字的關聯，梳理埃及文字、巴別塔與中國文字
的流傳具體過程、考證中文在諸多語言中的位置。成為了繼基歇爾之後，參
與重構中國歷史另一份重要論文。其論文名中的 "China" 一詞，承襲曾、基
等人的思路，在文藝復興之下，拋棄拉丁文，繼續參與「China＝中國」的形
象建構。〔註 39〕

〔註 38〕參考的其餘書目歷史與地理方面有歷史學家雷利（Sir Walter Raleigh，c. 1554
　　　　〜1618）之《世界史》（*The History of the world*），地理學家海林（Peter Heylin，
　　　　1599〜1662）之《宇宙志》（*Cosmographie*，1652），教會歷史學家小沃攸斯
　　　　（Isaac Vossius，1618〜1689）之《論世界真實的年齡》（*Dissertatio de vera
　　　　aetate mundi*）等著作；《聖經》參考尤塞布斯（Eusebius，c. 260〜340）、梅德
　　　　（Joseph Mede，1586〜1638）、厄舍爾大主教（James Ussher，1581〜1656）、
　　　　老沃西攸斯（Gerardus Johannes Vossius，1577〜1649）等人之說。詳見：陳
　　　　怡，〈約翰·韋伯對漢語的接受〉，收入姚小平主編《海外漢語探索四百年管
　　　　窺：西洋漢語研究國際研討會暨第二屆中國語言學史研討會論文集》（北京：
　　　　外語教學與研究出版社，2008 年），頁 291〜294。
〔註 39〕英國在 16 世紀，選擇葡萄牙、西班牙人所著之遊記翻譯為英語時，便保留了
　　　　源語言（source language）中的 "China"，如 1577 年，理查德·威爾斯（Richard

一、歐洲原初語言論

　　韋伯觀點中的原初之語（primitive language），又可稱作亞當之語（Adamic language），即伊甸園中亞當與上帝、夏娃溝通，以及為萬物命名之語。其理論依據，典自《聖經·創世紀》第二章：人類因修築巴別塔（Tower of Babel）而觸怒上帝，因而被降下懲罰，致使人類口音變亂並分散至各地，在此之前，天下所有人運用的語言都是同一種語言（原初之語）。〔註40〕這一語言，即原初之語／亞當之語，而韋伯認為這一語言應是中文。此一核心觀點，從他寫給英王查理二世（Charles II，1630～1685）的序言中，便可窺知一二：

> 依據《聖經》的教導，在巴別塔變亂之前，地面上只使用一種語言。歷史表明，中國之地在巴別塔變亂之前就已經有人居住了，那時地面上還只使用一種語言。《聖經》教導說，語言變亂的懲罰是只落在那些修築巴別塔的人類身上：歷史告訴我們，中國人那時已經完全定居下來，並未參與修築巴別塔；此外，在這之前，中國人已經擁有了語言與文字，並且至今仍在使用；這一點，可以參看希伯來或是希臘的編年史。〔註41〕

韋伯試圖從《聖經》出發，回顧巴別塔語言變亂之前人類及其語言的歷史，並在這段歷史中試圖「發現」契合經文的中國身影。依據錢鍾書的總結，韋

Willes）將義大利文版的佩雷拉（Gallcotto Perera）的遊記《外省中國報告》，翻譯為 *Certayne Reportes of the Prouince China, learned through the Portugalles there imprisoned, and by the relation of Galleotto Perera, a gentalman of good credit, that lay prisoner in the country many yeres*，佩雷拉在此書中明確指出，中國之名為 "China"。之後 1588 年又有帕克（R. Park）翻譯影響力巨大的西班牙語著作——門多薩《大中華帝國史》為 *The Historie of the Great and Mightie Kingdome of China, and the Situation Thereof: Togither with the Great Riches, Huge Cittes, Politike Gouernement, and Rare Inuentions in the Same*。參考：錢鍾書，"China in the English Literature of the Seventeenth and Eighteenth Centuries"，《錢鍾書英文文集》（北京：外語教學與研究出版社，2005 年），頁 85～87。

〔註40〕《創世紀》9：11、11：9言：「那時，天下人的口音、言語都是一樣」、「因為耶和華在那裡變亂天下人的言語，使眾人分散在全地上，所以那城名叫巴別（就是變亂的意思）」。新教聖經選用《聖經和合本》，經文皆引自中文聖經網：https://www.expecthim.com/online-bible。檢索日期：2019 年 6 月 30 日。

〔註41〕Webb, John. *An Historical Essay Endeavoring a Probability that the Language of the Empire of China is the Primitive Language*. Printed for Nath. Brook, 1669. Preface A3.

伯乃是根據漢語的特性進行了符合實際的論述，其判詞為：「（約翰‧韋伯是）真正正確理解中國文化或者極力推崇中國文化的」，是第一個闡釋中國而不僅僅限於複述關於它的「遊記」。〔註42〕

對原初語言的思考及論述，韋伯並非第一人（但他卻是將中文納入原初語言論述的第一人）。原初語言的思索與探尋，在 17 世紀的英國乃是歐洲大陸已經風行一時了。當世時，人們對科學和理性的追求，使得不少學者大膽設想運用數學和機械原理發明一套符號系統，以直截表達知識與概念。〔註43〕其中，便以約翰‧威爾金斯（John Wilkins，1614～1672）、培根（Francis Bacon，1561～1626）和萊布尼茨為代表。其中，培根是最早一批提倡發明普遍語言的學者。於半個世紀前，培根曾在其《學術的進展》（ *The Advancement of Learning*，1605）建議以漢語為模板：

> 傳授的工具或是言辭或文字。……不過，人的思想不一定非要用語言作為媒介來傳達。因為無論什麼只要表達出相當的區別，能夠給感官感受到，從性質上來說都可以用表達觀念。……另外我們還知道中國和東方一些國家使用真實的字符來直接表示事物或概念，而不是大略地表示字母或詞語。因為這些符號比語言通行的範圍還要廣大，因此各個國家和省份雖然互相語言不通，但是可以互相閱讀對方的文字。這種文字擁有非常多的字符，我想可能和他們的基本詞彙一樣多。〔註44〕

培根他對漢語的了解主要來自《中華大帝國史》，他在 17 世紀初最早明確地提出了「真實字符」之說，開啟了這個對原初語言與普遍語言展開大量討論的「百家爭鳴」世紀。〔註45〕

〔註42〕錢鍾書著，冉利華譯，〈論 17、18 世紀英國對中國之接受〉，《國際漢學》2004 年第 2 期（2014 年 9 月），頁 117；冉利華，《錢鍾書的〈17、18 世紀英國文學中的中國〉簡介》，《國際漢學》2004 年第 2 期，頁 105。

〔註43〕陳怡，〈約翰‧韋伯對漢語的接受〉，收入姚小平主編《海外漢語探索四百年管窺：西洋漢語研究國際研討會暨第二屆中國語言學史研討會論文集》，頁 297。

〔註44〕Bacon, Francis. *The Advancement of Learning*. Edited by Joseph Devey, M.A. New York: P.F. Collier and Son, 1901. 248～249。中譯參考劉運同的翻譯：〔英〕法蘭西斯‧培根（Francis Bacon）著，劉運同譯，《學術的進展》（上海：上海人民出版社，2007 年），頁 121。劉運同此處將 "certain real, not nominal, characters" 歸化翻譯為「象形的符號」，頗不精確，應譯為「真實字符」。

〔註45〕依照孟德衛之書統計，17 世紀對普遍語言進行設計者有：雨果（Herman Hugo，1617）、笛卡爾（René Descartes，1629）、貝德爾（William Bedell，1633）、老

在韋伯出版其論著的前一年，英國皇家學會創立者之一的約翰・威爾金斯在倫敦出版《論一種真正的文字和哲學語言的論文》（*An Essay towards a Real Character and a Philosophical Language*，1668），試圖闡釋一種新的通用語言（universal language），而他的思路來自當時歐洲對中國書寫系統的描述。〔註46〕當他得知，中文沒有採用字母建構單字，而是採用象徵符號指代事物的方式感到震驚。於是，他得出結論，多種的字母及其多種變化是「巴別塔之咒的附錄」。他認為「概念」是超越語言的，故他將經過細分的概念記號化，再以此來基本組合文字，以性質進行分類，構成望之即可了解的語言系統。他建構的這種科學世界型語言，目的是為促進科學家、旅行者、商人和外交家群體的國際性知識交流。在基督宗教的激勵下，他認為這種世界型語言確實能產生知識，而不知是單純用於交流。〔註47〕他們的思想，大大影響了德國「中文鑰匙」學說。他們對原初語言討論之精髓在歐陸廣為傳頌並對西方人之中文語言觀產生的重大影響，如後繼者虎克（Robert Hooke，1635～1703），在其〈關於中國文學和語言的觀察與推測〉（*Some Observations, and Conjectures concerning the Chinese Characters*, 1687）的論文中，論述了漢字及其起源與埃及、希臘、歐洲諸語之間的關聯作了分辨，並對中文是原初語言之說提出了質疑。〔註48〕

沃西攸斯（1635）、梅森（Marin Mersenne，約1636）、誇美紐斯（Jan Amos Comenius，1646）、洛德威克（Francis Lodwick，1647）、一個不知名的西班牙人（1653）、厄克特（Thomas Urquhart，1653）、沃德（Seth Ward，1654）、貝克（Cave Beck，1657）、沃爾頓（Brian Walton，1657）、伯查（Johann J. Becher，1661）、達爾加諾（George Dalgarno，1661）、薩默賽特（Edward Somerset，1663）、威爾金斯（1668）、萊布尼茨（約1679）、肖特（Gaspar Schott，1687）。韋伯參考上述部分學者的成果，如老沃西攸斯。〔美〕孟德衛著，陳怡譯，《奇異的國度：耶穌會適應政策及漢字的起源》，頁195。

〔註46〕韋伯在論文中提到了這部著作，見：Webb, John. *An Historical Essay Endeavoring a Probability that the Language of the Empire of China is the Primitive Language.* 187.

〔註47〕〔英〕菲利普・鮑爾（Philip Ball）著，王康友、朱洪啟、王黎明譯，《好奇心：科學何以執念萬物》（上海：上海交通大學出版社，2017年），頁186～188；〔日〕松田行正著，黃碧君譯，《零 ZERRO：世界符號大全》（北京：中央編譯出版社，2013年），頁164。

〔註48〕Hooke, Robert. "Some Observations, and Conjectures Concerning the Chinese Characters." *Philosophical Transactions of the Royal Society of London* 16.180 (1687)：63～78.

二、韋伯原初語言論與中國人之起源

　　回顧完 17 世紀原初語言探索之學術背景後，則可繼續討論韋伯之論新穎之處。在中世紀歐洲，討論起原初語言（即上帝之語）為何時，篤信基督宗教的歐洲人，通常認定希伯來語為諸語之母（又有撒瑪利亞語、閃族語、哥德語、腓尼基語諸說）。其中，較具代表性的，是素有「文藝復興三巨星」美譽的但丁之論。但丁在其《論俗語》（*De Vulgari Eloquentia*，1304～1305）一書中讚美俗語，欲提高民族語言之地位。他在第四章中試圖論說第一個說話之人是亞當，且第一次說出之語即為「Deus」（神，或上帝）。在第六章中論證亞當及其後代使用的便是這種「萬語之語」，直到巴別塔，但這種語言形態最終被 Heber 的子孫繼承，因此人們稱呼他們為希伯來人。以下便是但丁的結論：

> 在語言混亂之後，只有希伯來人還保存著這種語言，為的是我們的
> 救世主（就他的人性而言，救世主降生在希伯來人中間）後來可以
> 使用這種未經混亂的天賜的語言。由此可見，希伯來語是亞當口中
> 所說的那種語言。〔註49〕

其後，但丁繼續說明巴別塔的建造與語言變亂，並指出只有未參與築塔之人（閃的後裔）才保留原初之語。他們的後裔便是以色列人，他們直到被流放前一直使用著最古老的語言。但丁之論，可謂歐洲主流思想之縮影與代表。其論證思路，影響了文藝復興眾多學者，甚至韋伯依舊沿用了但丁的論證理路——中國人是閃的後裔，且未參與巴別塔的建造。

　　自文藝復興宗教改革運動以來（16、17 世紀），對希伯來語的研究又再度開始，有關希伯來語起源的宗教學說獲得了額外權威，自約翰內斯‧羅伊希林（Johannes Reuchlin，1455～1522）以降的所有早期希伯來語文法書都堅持希伯來語的神聖起源以及它的奇跡主張。故而人們提及這種語言時，常將之稱作 sancta lingua——「神聖的語言」。〔註50〕至 17 世紀，中文亦納入了奇跡文字的陣營。〔註51〕

〔註49〕〔義〕但丁（Durante degli Alighieri），繆朗山譯，《論俗語》，收入張安祈編訂，《繆靈珠美學譯文集（第一卷）》（北京：中國人民出版社，1998 年），頁 269。

〔註50〕〔美〕安德魯‧迪克斯‧懷特（A. D. White）著，魯旭東譯，《基督教世界科學與神學論戰史》（桂林：廣西師範大學出版社，2006 年），頁 606。

〔註51〕如法國新教學者索邁斯（Claude Saumaise，1588～1653）就認為中文與斯基泰文相似（可能由於歷史記載了斯基泰人曾使用過象形文字），但他只是略加

　　韋伯突破之處，便是將這一陣營之說進行系統的學術論證。其論證以《聖經》為立足點，在開篇梳理人類誕生與發展的神學背景，並說明大洪水之前的事跡沒有確切的記載保留後，隨即展開對中文乃原初之語的論證。其過程思路為：亞當之語乃原初之語，並設計了最早的文字〔註 52〕——亞當將語言與文字傳予其後裔，據發現這種文字是象形文字〔註 53〕——大洪水前人類已繁衍至世界各處〔註 54〕——大洪水確實將中國淹沒〔註 55〕——大洪水後，僅有挪亞一家存活〔註 56〕——中國人乃是挪亞之子閃的後裔，使用原初語言〔註 57〕——中國人未參與巴別塔的建造，故未受上帝之罰而被變亂語言，得以繼續使用原初語言〔註 58〕——中國社會穩定，語言文字一直

　　論述。住在荷蘭的法國新教牧師馬松（Philippe Masson，1680～1750）在其《文人共和國歷史批判》（*Histoire critique de la Republique des lettres tant ancienne que moderne*，1712～1718）一書中討論了中文與希伯來文的關係，他認為中文是古希伯來文的方言，由於其古老性，可以幫助解釋《舊約》的某些例句。其例為《舊約·出埃及記》論及摩西帶領以色列人離開沙漠，上帝賜給他們一種白色圓狀食物——嗎哪（Manna），這個詞令人不明所以，馬松認為中文的「饅頭」（Man-tou）可知嗎哪的含義。瑞典學者路德柏克（Olaus Rudbeck，1660～1740）讚同馬松之說，不過他認為自己的原始母語歌德語就是古希伯來文，他將中文與歌德語進行了比較。班立華，〈超越通天塔——耶穌會士的傳教策略與西方對中文的研究〉，收入張國剛等著，《明清傳教士與歐洲漢學》（北京：中國社會科學出版社，2001 年），頁 310。

〔註 52〕「並且根據推測，亞當一被創造出來就知道什麼是對人類有益；我雖然還沒有任何理由，但我們可以設想，是他創造了最早的、為語言設計的文字」。Webb, John. *An Historical Essay Endeavoring a Probability that the Language of the Empire of China is the Primitive Language.* 147.

〔註 53〕「亞當是為萬物命名的人，應該最明白如何為萬物創造文字了，因此這些文字應該保持著各自的本性，而被傳達給了他的後代，並延續下去。同樣的，毫無疑問，確實有文字，還有書籍。」；「許多人認為象形文字是文字原始的書寫方式，並且比字母更為古老，因此，這種語言是由人們根據互相交流時所運用的共同的自然概念組成。」；「原始語言最初由上天授意賜予或啟發原祖（the first Parents），又被後人繼承，而不是以其他方式發明並教授給中國人。」Ibid. 147, 148, 168.

〔註 54〕「顯而易見的，就在上帝因為人的罪惡，而給全世界帶來的一場大洪水之前，世界上已經住滿了人。」Ibid. 9.

〔註 55〕「但是，中國在洪水之前就有人居住，因此隨後被淹沒了」。Ibid. 155.

〔註 56〕「特別需要提到的是，上帝已經下令，凡地上所有的人類和活物都要被毀滅，除了挪亞一家及他船上的動物。」Ibid. 8～9.

〔註 57〕「我傾向於相信，波斯東部所有的地區，包括中國、印度，都是閃的後裔所形成的民族，他們並未和其他的人一起到示拿谷去。」Ibid. 26.

〔註 58〕「但是，無論是分裂、混亂、遺忘，還是徹底的毀滅（因為被變亂的語言會

流傳至今〔註59〕——中文即原初之語〔註60〕。韋伯的求證過程使用比較語言學的方法，邏輯自洽，論述嚴謹，極具說服力。

　　韋伯在書中批評了基歇爾之說並讚賞威爾金斯對「真實文字」的研究。〔註61〕韋伯頗不讚同基歇爾之說，他認為漢字與埃及文字間差異頗大，並不是像基歇爾說的那樣在各方面都可以進行比較。〔註62〕二人立論最大的差異點，是基歇爾認為中國人是含的後裔，而韋伯認為中國人是閃的後裔。在基督宗教中，閃的後裔屬於義人支線，而含的之後裔是不義支線，是以色列人的敵人。如此，有關於中國人了起源，就有了與基歇爾《中國圖說》截然相反的敘事：

> 因為含是尼努斯（Ninus）的父系祖先，是古實（Chus）的父親，是寧錄（Nimrod）的祖父。寧錄之子是貝洛斯（Belus，又有說法認為Belus是寧錄在迦勒底的名字），貝洛斯是尼努斯之父，尼努斯轉變成大夏（Bactria）的瑣羅亞斯德（Zoroaster），這正如歷史學家一致同意的那樣。因此，含在定居埃及之後，便未再離開，更遑論進入大夏；含不可能是大夏之王瑣羅亞斯德，也不可能像基歇爾說的從那裡將殖民地轉移到中國。但在很可能的情況下，中國是在洪水之後首先由挪亞本人，或者是閃的一些兒子，在遷移到示拿之前，定居到了這裡。因為，我們不久就會聽說，根據中國人的宗教原則，他們不可能是來自信奉邪惡偶像崇拜的含的那一族，只可能是出自

化為烏有），都只針對那些在巴比倫地區的人，他們或是建議者，或是實際上是建塔者。因此，在變亂發生很久以前，就已經定居且過著幸福生活的另一批人，他們沒有犯過那椿罪行，因而也不可能受到詛咒，也不可能遭到上帝的懲罰（無論是何懲罰）。他們的語言，得以繼續。」Ibid. 163.

〔註59〕「自大洪水後，在語言變亂之前，中國人就已經是一個民族了；他們的語言，自國家形成之初，就已經不斷被保留在書面之中。這些書卷中所寫的文字，是從古代的象形文字中提取出來；自那時起，他們的文字就構成了他們的語言，且從此之後始終如一，據他們之說至今不失其純正。」；「《聖經》上說，惟有那些在巴別塔的人，他們的言語才遭到變亂。權威們說，先前居住到東方之人的言語，沒有被變亂。他們所有人都一致同意，中國是在語言變亂之前就有人居住的；而且直到今天，中國人還在使用同樣的語言，使用同樣的文字，就如同他們最初定居、形成一個民族之時。」Ibid. 189, 210.

〔註60〕「我們完全可得出這樣的結論，中華帝國的語言是原初語言。」Ibid. 212.

〔註61〕Ibid. 187.

〔註62〕Ibid. 152.

居於上帝之城的人。〔註63〕

中國人既然是出自上帝之城，必然是閃的後裔，他甚至從名字、大洪水、子嗣等六點推測堯（Yaus）就是挪亞。〔註64〕如此，直接論證了中國文字是遠遠早於巴別塔變亂的。

韋伯結合中國史書與神學，推斷中國文字發明者伏羲（Fohius）與以挪士（Enos）同時代達 37 年之久。〔註65〕被發明的這些中國文字歷經了 3700 年的簡化，終於變成了如今的模樣。〔註66〕緊接著，韋伯說明大洪水與堯統治的時代是完全一致的，堯之子古實（Chus，即丹朱），也是個反叛者，同樣也被堯排除在帝國的繼承權之外。〔註67〕他非常確信，在堯時代的那場洪水就是挪亞時代的大洪水，他甚至認為挪亞的方舟就停留在中國，並在此生活。〔註68〕如此，韋伯解決了中國人血統的問題，使得中國文字作為一種原初語言具備了正當性。

既然中國文字被推定為原初之語，那又如何處理歐洲眾人的將希伯來文視為原初語言的既有定論，又如何放置其他語言的位置？他首先提出一個基本原則，即「語言是上帝的，不容更改；而文字則是人類的，往往會不同」。〔註69〕雖然巴別塔前語言同一，但已有各種文字。爾後，韋伯做了如下的處理：拼音文字顯然是經過後人安排，並豐富到極致的文字，所以必然晚出。而象形文字，是腓尼基人在以色列人出埃及之前就使用象形文字，他們從亞伯拉罕（Abraham）處學會象形文字，而塞特（Seth）和以挪士從前都使用過這些象形文字。然後，摩西（Moses）從《十誡》中得到最初的拼音文字，並教授給猶太人。猶太人的鄰居腓尼基人從猶太人那裡得到的拼

〔註63〕 Ibid. 31～32.

〔註64〕 Ibid. 60～61.

〔註65〕 Ibid. 153.

〔註66〕 「中國的文字分成兩個部分，古老的文字和更加古老的文字，或者說是原始文字及其簡化體。……那些原初文字的簡化體已經沿用了 3700 多年了」Ibid. 169.

〔註67〕 《史記・五帝本紀》：「堯曰：『誰可順此事？』放齊曰：『嗣子丹朱開明。』堯曰：『吁！頑凶，不用。』」。Webb, John. *An Historical Essay Endeavoring a Probability that the Language of the Empire of China is the Primitive Language.* 61；〔日〕瀧川龜太郎，《史記會註考證》（臺北：萬卷樓圖書股份有限公司，1993 年），頁 30。

〔註68〕 Webb, John. *An Historical Essay Endeavoring a Probability that the Language of the Empire of China is the Primitive Language.* 54，63.

〔註69〕 Ibid. 150.

音文字，希臘人又通過卡德摩斯（Cadmus）從腓尼基人習得文字。〔註70〕
隨後，他對古希伯來文進行考察，認定它只是迦南地區的方言，並混雜了大
量外來詞，中文則截然相反，保留了古老的純潔性。〔註71〕故而，韋伯為
兩種語言下了定論：「希伯來語既刺耳又粗野，中文卻是迄今為止全世界所
有語言中最為甜美與流暢的。」〔註72〕於是，韋伯將作為原初語言並遠勝
希伯來文的中文的優越之處總結為六點：古老、平易、普遍、表達端莊、有
用、簡潔。〔註73〕此六個要素，滿足了當時歐洲學者思考某種語言是否有
可能作為原初語言的衡量標準——《聖經·創世紀》中提到的「統一性」和
「簡單性」。〔註74〕

　　總言之，當世時，中國作為歐洲人想像中烏托邦，其語言文字不斷被賦
予神聖性。而17世紀大規模的對原初語言與普遍語言的討論，需歸功於16
世紀大航海時代「發現」的各種語言，以及傳教士帶來的對語言的解讀。隨
著17世紀對外族語言廣泛的研究，雖依舊以神學為基礎，予以「索隱式」的
解讀。但隨著時間的推移，愈加發現這些新知識與《聖經》存有扞格，難以用
基督宗教神學予以完美解釋。最終，致使《聖經》超然權威的地位被逐步瓦
解，「現代性」從此真正掙脫了束縛，一騎絕塵。

第三節　中文捷徑：米勒、門采爾的「中文鑰匙」論

　　如果將視角從英國學界轉到德國學界，檢視17世紀德國漢學界除基歇
爾以外，其餘三位蜚聲漢學界的學者：萊布尼茨、米勒、門采爾的漢字研究
成果。此時的德國漢學界與英國漢學界類同，亦在探索「普遍語言」與「真
實字符」。「普遍語言」與「真實字符」之立意，在於探尋反映世界或物質本
質的文字或語言。此些探索的過程與研究之成果，展示了文藝復興時期歐
洲的學術興趣與焦點，並無一不構成薩義德所論西方人建構東方想像之過
程。

〔註70〕Ibid. 148.
〔註71〕Ibid. 193～194.
〔註72〕Ibid. 196.
〔註73〕Ibid. 191.
〔註74〕〔美〕孟德衛著，陳怡譯，《奇異的國度：耶穌會適應政策及漢字的起源》，
　　　　頁188。

一、米勒的「中文鑰匙」

　　論聲名之顯著，萊布尼茨絲毫不遜色於基歇爾，然米勒之說早於萊布尼茨，並在萊布尼茨《中國近事》中被提及，故先行論述米勒「中文鑰匙」（Clavis Sinica）之說。「中文鑰匙」可以理解為掌握中文之捷徑，反映了西儒對漢字筆畫與結構的某種認知。〔註75〕米勒具有極高的語言天分，是聞名當世的東方學者，他熟知土耳其語、波斯語、敘利亞語、亞美尼亞語、阿拉伯語、古撒瑪利亞語和科普特語，以及德文、拉丁文、古希臘文、現代希臘文、匈牙利語和俄語。因此，他受到布蘭登堡選帝侯腓特烈·威廉（Friedrich Wilhelm，1620～1688）的青睞，邀請米勒擔任其宮中的圖書館館長。

　　米勒自1667年開始閱讀了基歇爾《中國圖說》後，展開其「中文鑰匙」的研究。其後，米氏於1674年向選帝侯提交「中文鑰匙」研究方案，介紹其研究進展。此後不久，此方案就以4頁小冊子的形式予以出版，名曰《「中文鑰匙」計畫》（Propositio super clave sua Sinica）。其後，米勒為表達選帝侯資助其研究的謝意，將《中文鑰匙》稱為「布蘭登堡發現」（Brandenburg Invention）。然面對諸學者要求米勒公開研究成果全貌時，米勒拒絕透露詳細信息，聲稱除非付費，方可一觀。如此操作的結果是米勒對「中文鑰匙」長久秘而不宣，後人無從得知其真實情況。

　　此一事件，記載於萊布尼茨《中國近事——為了照亮我們這個時代的歷史》（Novissima Sinica, Historiam Nostri Temporis Illustratura，1697），其文云：

> 我曾經向閔明我神父提到過東方文化非常在行的安德烈·米勒發明的「中文鑰匙」。……米勒先生雖學識淵博，但卻性格古怪。不僅我、閔明我、魯道夫（Hiob Ludolph，1624～1740），甚至就是為他在柏林教會提供了位置的那位已故偉大的選帝侯也都在他那裡碰過壁。也許他覺得自己的發現過於重要，也許他認為人們對還不清楚的事情會寄予過高的期望，所以才不願把尚未成熟的研究成果公佈於世。此人秉性乖僻的極點，莫過於他果真把早已散佈的威脅付諸實

〔註75〕實際上，西班牙天主教學者卡拉姆耳（Juan Caramuel，1606～1682）是第一個提出「中文鑰匙」的學者，他是衛匡國的學生。卡氏在其《哲學組織》（Apparatus philosophicus: quatuor libris distinctus，1657）一書〈新的注釋法〉一章中，他試圖為漢字創造一套規則，或以更簡單的符號代替既有漢字，以減輕記憶負擔。〔義〕陸商隱，〈衛匡國《中國語文文法》對歐洲「中文鑰匙」的影響〉，《北京行政學院學報》2013年第2期（2013年4月），頁127。

　　　　施，據說他臨死前真的把自己的資料付之一炬。〔註76〕
按萊布尼茨之語，米勒的研究成果當世便無人得見，並隨著米勒的逝世一同
走進了墳墓。其失敗之因，宗教教派間的鬥爭佔據了很大比重。教會諸多神
學家指責米勒之研究離經叛道，認為中文乃象形文字，象形文字則是魔鬼的
文字。〔註77〕以至於他最終未能獲得選帝侯的資助出版該書。

　　　米勒的研究雖然已經亡佚，且研究成果有限。德國漢學家哥特利布‧巴
耶爾（Gottlieb Siegfried Bayer，1694～1738）與米勒處在同時一代，且其教
父戈特弗里德‧巴奇（Gottfried Bartsch）曾一度與米勒一起工作。〔註78〕巴
氏在其《中國博覽》（*Museum Sinicum*，1730）一書的序言之中如此評判：
「米勒聲稱他糾正了基歇爾的錯誤，並增補了基歇爾漏掉的景教碑文的部
分，而實際上他還是重複基歇爾的錯誤，還增加了一些他自己的」，「我傾向
於認為他所要做的基本上是把漢字加以略化，研究漢字組成的組合原則和這
些要素的意義」，「米勒的一些書收藏在什切青的圖書館內——我去那兒查找
資料。雖說發現些好東西，但沒有我預期的那麼有價值」。〔註79〕實際上，
基歇爾曾多次與米勒通信交流學術近況，基歇爾基於漢字數目龐大且種類繁
多訴說了七大理由，勸說米勒放棄「中文鑰匙」。然而，米勒一一給予似是
而非的反駁，並為漢字有此特點而感到高興——由此反映出他對漢字之了解
相當淺薄。此外，基氏在 1674 年書信中建議米勒閱讀《中國圖說》，可看出
米勒借鑒基歇爾的內容並未得到作者之允許，米勒在其作品出版之後也未曾
寄給基歇爾一份。〔註80〕但足以顯示，作為漢字收編「開山祖師」的基歇爾，

〔註76〕〔德〕萊布尼茨（Gottfried Wilhelm Leibniz）著，〔法〕梅謙立、楊保筠譯，
　　　　《中國近事：為了照亮我們這個時代的歷史》（鄭州：大象出版社，2005 年），
　　　　頁 10。

〔註77〕來自法蘭克福的神學教授格雷布尼茨（Elias Grebnitz，1627～1689）攻擊米勒：
　　　　「印刷與書寫是上帝所賜予表達語言的手段；而象形文字則是一種事物的比
　　　　喻，它是魔鬼造出來的，目的是使可憐的人們在黑暗中更加不可自拔」。對此，
　　　　米勒不得不撰文辯白中文不是象形文字，亦非魔鬼所造。吳孟雪，《明清時期
　　　　——歐洲人眼中的中國》，頁 24；〔美〕孟德衛著，《奇異的國度：耶穌會適應
　　　　政策及漢字的起源》，頁 246～253。

〔註78〕〔丹麥〕龍伯格著，王麗虹譯，《漢學先驅巴耶爾》，頁 6。

〔註79〕〔德〕巴耶爾著，〔丹麥〕龍伯格英譯，王麗虹中譯，〈《中國博覽》序言〉，
　　　　收入〔丹麥〕龍伯格，《漢學先驅巴耶爾》，頁 63、64、75。

〔註80〕〔美〕孟德衛著，《奇異的國度：耶穌會適應政策及漢字的起源》，頁 234～
　　　　235。

其影響力之深廣。

　　至於萊布尼茨，他曾向米勒提出 14 個疑問，具有相當的學術意義。萊布尼茨醉心創造普遍文字，並於 1679 年發明二進制（De progression dyadica）。該年 6 月 24 日，萊布尼茨通過宮廷醫生埃斯赫爾茨（Johann Sigismund Elsholtz，1628～1688）向米勒詢問有關中國語言文字的 14 個問題〔註81〕：

1. 漢字的秘訣（即規則）是否像 a，b，c 或 1，2，3 一樣明白無誤？

2. 抑或需要某些輔助工具，就像識別象形文字那樣？

3. 既然漢字如人們所知是從物而不是從名的，我想知道是否有一個由數目有限的漢字構成的基本文字表，所有其它的漢字皆由它們組合而成？

4. 非物質性的事物是否也是藉助物質性的或可見的事物來表達的？

5. 漢字是不是人為地一時間創造好了的？抑或也像其他語言一樣伴隨著使用和發展而發生變化？

6. 假如是人工創造的，其秘訣是什麼？

7. 米勒是不是認為中國人沒有認識到這一秘訣？

8. 他是否認為將這種文字引入歐洲既實用又方便？

9. 那些創造了漢字的人是否富於理性並且理解了事物的性質？

10. 指稱自然物如動物、植物及岩石的漢字是否各有區別？

11. 一個人能否以及能在多大程度上直接從漢字中理解事物本身的屬性？

12. 倘若我掌握了該秘訣，能否理解任何用中文寫成的材料？

13. 如果我掌握了該秘訣，能否用中文寫點東西，並且能被中國人所理解？

14. 如果把一篇材料（譬如《我父祈禱文》）交給幾個中國人和幾個熟悉中文秘訣的人，讓他們各自逐字譯成中文，其譯文是否會大體一致。並且一個即使不懂中文的人，也能看出這兩類譯文

〔註81〕〔德〕萊布尼茨著，〔法〕梅謙立、楊保筠譯，《中國近事：為了照亮我們這個時代的歷史》，頁 163。

基本相同？〔註82〕

萊布尼茨是德國啟蒙運動的健將，被譽為 17 世紀三位最偉大的理性主義哲
學家之一。其對漢字的十四個疑問中，脫離宗教立場發問，純粹從語言學的
角度出發，可謂充分展現了萊氏「理性」思維，亦即現代性顯現的依據。若
切換為後殖民、後現代視角檢視第七問，可發現此問點出了西方學者萌發
的某種歐洲中心觀——中國無法界說自身。中國人無法正確認識自己的文
化作為一種潛台詞，雖早有端倪，卻十分隱晦，但在萊布尼茨十四問中有更
加明晰的展露。無論是萊布尼茨，還是基歇爾、韋伯諸君，抑或是耶穌會，
甚至包括馬若瑟，諸君的文字學觀都暗藏一種觀念——中國人無法正確認
識自己的文字，未曾發掘漢字中蘊含的真理（無論是宗教上的還是哲學層
面上），並亟待西方學者的闡釋，為中國人「指明」正確方向。總體來說，
這些疑問還是反映了 17 世紀歐洲語言觀念的主流思想，即漢字是以模仿事
物為基礎。

二、門采爾的「中文鑰匙」

隨著米勒的去世，選帝侯的御醫門采爾繼續了米勒「中文鑰匙」的研究。
門采爾晚年方才開始學習漢語，他於柏林結識了柏應理（Philippe Couplet，
1623～1693），並跟從他學習漢語。隨後又從閔明我（Philippus Maria Grimaldi，
1639～1712）學習漢語。門澤爾又曾負責管理柏林皇家圖書館，可以參閱館
中關於中國的論著。他曾於 1685 年出版《拉丁——中文字彙手冊》（*Sylloge
minutiarum Lexici Latino-Sinico Characteristici*，1685），內容來自《中國圖說》
中卜彌格對景教碑的注釋以及衛匡國《中國文法》（*Grammatica Linguae
Sinensis*，1652）。1696 年，門采爾出版《中國大事年表暨中國帝王年表》（*Kurtze
chinesische Chronologia order Zeit-Register aller chinesischen Kayser*，1969，簡
稱《中國編年史》），該書主要資料來自柏應理的《中華帝國歷史年表》（*Tabula
Chronologica Monarchiae Sinicae*，1686）以及《小兒論》中找到的漢字。同年，
門澤爾致信萊布尼茨，希望通過萊氏將該著轉送給白晉，以圖趁白晉返回中
國之際收到此書，隨後可將此書敬呈康熙皇帝，可惜未能如願。〔註83〕

〔註82〕轉引自李文潮的翻譯：〔德〕李文潮，〈附錄一 萊布尼茨《中國近事》的歷史
與意義〉，收入〔德〕萊布尼茨著，〔法〕梅謙立、楊保筠譯，《中國近事：為
了照亮我們這個時代的歷史》，頁 107～108。
〔註83〕1967 年 11 月 20 日，庫努（J. J. J. Chuno）致信萊布尼茨，告訴萊氏他將一本《中

　　1698 年 10 月 15 日，萊布尼茨請求門采爾發表其《中文鑰匙》（*Clavis Sinica*），希望知道繁多的中文文字是否可以還原為一定數目的根符號或基本符號，其他所有文字都是由這些基本符號聯繫或者變換而成。同月 25 日，門采爾為萊布尼茨寄去《中文鑰匙》之封面及前言，並將手稿送給布蘭登堡選帝侯。該年，門采爾繼續著米勒的工作，白晉正在研究某些古老的中國文字，希望貢獻於神學。然而不幸的是，書信並非出自門采爾本人，而是來自其子小門采爾（Johann Christian Mentzel）。小門采爾對萊布尼茨解釋，其父因癱瘓以無法回信。同時因為印刷中文的困難，只能將封面、致謝辭、前言印好，寄給萊布尼茨。1699 年，1 月 21 日，萊布尼茨寫信給小門采爾，提到對中國文字的研究以及令人不安的康熙「駕崩」的消息。同時，回憶門采爾在世時，就希望國家資助一些年輕人學習中國語言與文學。至此，回顧完了門采爾與其《中文鑰匙》之始末。〔註84〕

　　門采爾對漢字的觀念，可從他對《字彙》進行翻譯時對一些漢字所做的解釋來說明。如「媧」，從「咼」，《字彙》從《說文》訓之為「口戾不正也」，門采爾將之注釋為「『Kua』的意思是咬，如同人從樹上吃果子，這個女子從一條祕密的、不正當的小路來到這棵樹前。」門氏的解釋風格，無疑與後來耶穌會索隱派如出一轍。門氏沒有被給出的名字，由評論此段文字的巴耶爾明確道出：「媧（Chaua）──它的發音與希伯來語的『夏娃』發音一樣」。但巴氏不認可門采爾對「咼」的詮釋，他認為「咼」乃「原罪」之意，分別由「內部」之意的「內（Nei）」加上「空虛」之意的「Kium（Jiong）」與「口」構成，意乃「咬的女人／有罪的女人」。〔註85〕二人之解釋，頗類白晉、馬若

國近事》送給了門采爾。門采爾告訴萊布尼茨通過庫努得到《中國近事》，他請萊氏通過白晉將自己的《中國皇帝編年史》（精裝本）送給中國皇帝。12 月 23 日，萊布尼茨收到門采爾的著作。1698 年 1 月 20 日，萊布尼茨將門采爾《中國編年史》轉給白晉；2 月 22 日，萊布尼茨收到消息白晉已離開歐洲返回中國；2 月 28 日，白晉致信萊布尼茨，請求萊氏轉達對門采爾等人的問候，並表示對未能收到門采爾《中國編年史》的遺憾。詳見萊布尼茨年表：〔德〕李文潮搜集整理，〈附錄二 編年表：萊布尼茨與中國〉，收入〔德〕萊布尼茨著，〔法〕梅謙立、楊保筠譯，《中國近事：為了照亮我們這個時代的歷史》，頁 190、193～195。

〔註84〕門采爾與其《中文鑰匙》之始末參考李文潮整理之年表，部分參考孟德衛的考證。〔德〕萊布尼茨著，〔法〕梅謙立、楊保筠譯，《中國近事：為了照亮我們這個時代的歷史》，頁 199～201；〔美〕孟德衛著，陳怡譯，《奇異的國度：耶穌會適應政策及漢字的起源》，頁 264。

〔註85〕二人對「媧」的解釋，引自：〔丹麥〕龍伯格，《漢學先驅巴耶爾》，頁 132～133。

瑟（白晉對「女媧」的闡釋，可參見表 5.3），只是對神學的具體意涵與拆解
的過程各執一詞，足以證明耶穌會索隱派對漢字的解釋並非無本之源與憑空
產生的。

　　無論米勒還是門采爾之「中文鑰匙」，都認為漢字可以通過人為整理化簡
為一種基本字符，所有漢字都是依靠這些基本字符組合而成。如此，可使任
何人迅速掌握漢字並閱讀中國作品。在看他們看來，漢字在某種意義上是依
照一定規則設計的人工文字，此一觀念在一定程度上影響了萊布尼茨。在探
尋「中文鑰匙」的背後，支撐這一研究的，是思考「中文是否為一種原初語
言」的思潮。由是，可以看到 17 世紀探索普遍語言與原初語言思想廣泛流行，
並具備不同面向。

　　想要揭開所謂的鑰匙到底為何物的神秘面紗，發生在 1732 年法國王家
銘文和美文學院（Académie royale des Inscriptions et belles-lettres）的一場歷
時半年的官司可以給出大部分的答案——傅爾蒙（Étienne Fourmont，1683
～1745）與弗雷萊爭奪誰是中文鑰匙的第一位發現者。二人先後曾與黃日昇
〔註86〕合作並跟隨其學習漢語，是法國第一代漢學家。弗雷萊 1718 年在王
家銘文和美文學院宣讀之論文提出：「這三種筆畫搭配成 214 個簡單字即基
本字，我們稱之為鑰匙（clef）。在字典裡，所有的字都分別歸類在 214 個基
本字之下」，而傅爾蒙在 1719 年在寫給法國攝政王奧爾良公爵的呈文中提到
214 部首，隨後又在 1733 年專著提出疑問：「這些表示統屬關係的字是否共
有 214 個？214 個表示同屬關係的字是否通常位於按『鑰匙』順序編排的字
典的第一卷中？」〔註87〕而問題出在弗雷萊 1718 年宣讀的論文在 1729 才
刊登到院報上（傅氏指控 18 年宣讀的論文中沒有鑰匙成果，是 1729 年補充
的），而傅爾蒙之成果 1719 年在私人領域有文字證據，而公共場合宣佈則在

〔註86〕即黃嘉略（Arcade Hoang，1679～1716），禮儀之爭期間，他作為耶穌會反
　　　　對者的巴黎外方傳教會（Société des Missions étrangères de Paris）的一員，
　　　　隨梁弘任（Artus de Léonne，1655～1713）前往羅馬申辯，並受到教宗接
　　　　見。直到三年後，教宗宣佈禮儀之爭結束而前往法國前，1703～1705 三年
　　　　間黃氏一直生活在羅馬。1706 年起定居巴黎再未離開，隨後脫離教士身份，
　　　　任法王路易十四的王家中文翻譯，負責用法語編寫《漢語語法》和《漢語
　　　　字典》，弗雷萊與傅爾蒙先後成為指派給黃氏的助手。關於黃嘉略的生平參
　　　　見：許明龍，《黃嘉略與早期法國漢學（修訂版）》（北京：商務印書館，2014
　　　　年）。
〔註87〕許明龍，《黃嘉略與早期法國漢學（修訂版）》，頁 291、305～306、326～327。

1722 年。〔註 88〕二人爭論核心的「基本字」(caractères radicaux) 或「鑰匙」
(clef) 實為明代梅膺祚將《說文》540 部首縮減合併後的 214 個版的漢字
部首，當時還有稱之為「部類」(tribunaux) 者。許明龍認為，clef 極可能出
自米勒的「中文鑰匙」(Clavis Sinica)，因為拉丁文 clavis 對應之法文為 clef。
〔註 89〕故而，可證明在歐洲奇貨可居數百年的中文鑰匙，即為馬若瑟駕馭得
爐火純青的部首，而弗、傅二人的知識來源當是黃嘉略（儘管傅氏予以了否
認）。在場風波之前，傅爾蒙正欲出版其漢語語法專著，而馬若瑟的《漢語
劄記》書稿恰在 1730 年到達巴黎，由傅爾蒙負責對比審閱，從此杳無蹤跡，
直到雷慕沙在巴黎王家圖書館重獲此書。

　　不可以忽視德國學界之研究，相較於英國，顯然貶低了中文之地位，無
論是基歇爾的埃及人的殖民地之論，還是有捷徑並可迅速掌握的「中文鑰
匙」，無一不展示著德國學者的歐洲中心論。同時，亦不可不說，德國的漢
字研究，正在逐漸擺脫神學的桎梏。然而，這些研究相較於萊布尼茨的思考，
多少顯得幼稚。無怪乎，巴耶爾如此讚賞萊布尼茨：「他博聞強志，幾乎通
曉所有的語言並了解各種語言相互之間的關係，為尚未發展起來的語言哲學
學科打下了堅實的基礎」。〔註 90〕

第四節　萊布尼茨之「哲學鑰匙」：「摧毀巴別塔」的 「普遍字符」與作為「上帝創世圖景」的漢字

　　從米勒到門采爾，再到萊布尼茨之觀點，可以用「鑰匙」一詞作為紐帶
聯結。在「普遍語言」與「真實字符」的思潮中，萊布尼茨設計了自己的「通
用字符」。〔註 91〕這是一種表達數學、科學以及形上學的概念。萊布尼茨曾經

〔註 88〕關於爭論之細節，參看許著：許明龍，《黃嘉略與早期法國漢學（修訂版）》，
　　　　頁 289～332。
〔註 89〕許明龍，《黃嘉略與早期法國漢學（修訂版）》，304～305。
〔註 90〕〔德〕巴耶爾著，〔丹麥〕龍伯格英譯，王麗虹中譯，〈《中國博覽》序言〉，
　　　　收入〔丹麥〕龍伯格著，王麗虹譯，《漢學先驅巴耶爾》，頁 81。
〔註 91〕「萊布尼茨的通用字符是一套人工的形式語言，其中的基本字符表示初始概
　　　　念，字符的組合則是一種邏輯演算。在萊布尼茨心中，通用字符有著三大重
　　　　要功能。首先，作為一個形式系統，由於其形式推理自動體現複合字符的結
　　　　構之中，因此它可以用來作為證明和發現整理的工具。其次，只要我們建立
　　　　了初始概念的完備集，這個形式符號系統就是為各門學科提供基礎和前提的

如此評價自己發明的「新語言」或者「通用符號」（universal character）：這一
語言將幫助中國人認識真理，因為它同時是「真正哲學的鑰匙」。〔註92〕不僅
如此，萊布尼茨在 1697 年致白晉的信中高度評價中國語言文字的重要性，他
指出對中國語言與文字的解釋是了解中國歷史記載的基礎，同時也相當於了
解全部中國精神的「鑰匙」。〔註93〕米、門二氏的「鑰匙」是通往中文捷徑之
門，而萊氏的「鑰匙」則是助於打開中國文化與精神的世界大門。

一、萊布尼茨與漢字因緣

萊布尼茨對中國文字之研究緣起甚早，青年時期便對漢字有所論述，並
針對基歇爾之論，發表了不同的見解。以下便根據萊布尼茨之行狀，梳理萊
布尼茨關於中國語言文字的學術經歷及相應觀點，茲整理成表，陳列如下：

表 2.1　萊布尼茨關於中國語言文字之學術年表〔註94〕

年　份	學　術　活　動
1666	萊布尼茨《論組合術》提到中國文字，陳述漢字不能由字母組成。
1667	基歇爾《中國近事》出版。萊布尼茨在論及記憶術時指出中國文字、埃及象形文字的特點，認為這類文字的符號直接指向所表達的事物，他參考的資料是基氏的《埃及的俄狄浦斯》。
1670	4 月 6 日，萊氏在一封信中提及英國學者約翰·韋伯把中國語言視為人類最原始古老語言的論文。
1671	萊氏在《論攻打埃及》一文中，質疑中國文化與埃及有所關聯。

形而上學或理性宗教。第三，這套人為的形式語言還可以用來作為各民族相
互交流的通用語言，人們無須藉助詞典就能學會，因為他的基本字符數有限，
並且意義自明。」郝劉祥，〈萊布尼茨的通用字符理想〉，收入〔德〕李文潮、
〔德〕H. 波賽爾（Hans Poser）編，〔德〕李文潮等譯，《萊布尼茨與中國》
（北京：科學出版社，2002 年），頁 150。

〔註92〕〔德〕李文潮搜集整理，〈附錄二 編年表：萊布尼茨與中國〉，收入〔德〕萊
布尼茨著，〔法〕梅謙立、楊保筠譯，《中國近事：為了照亮我們這個時代的歷
史》，頁 167。

〔註93〕〔德〕李文潮搜集整理，〈附錄二 編年表：萊布尼茨與中國〉，收入〔德〕萊
布尼茨著，〔法〕梅謙立、楊保筠譯，《中國近事：為了照亮我們這個時代的歷
史》，頁 191。

〔註94〕根據李文潮整理之萊布尼茨編年表整理。此外，圖、表之標序，以章節與出
現次序組成，如本表，乃第二章第 1 張表，故記為表 2.1。後文皆從此例。
〔德〕李文潮搜集整理，〈附錄二 編年表：萊布尼茨與中國〉，收入〔德〕萊
布尼茨，《中國近事：為了照亮我們這個時代的歷史》，頁 158～231。

1679	萊氏發明二進制並接觸米勒的中國學研究。 他向漢諾威公爵約翰・弗里德里希（John Friedrich，1665～1679，亦稱不倫瑞克・卡倫貝克公爵）解釋自己的「通用符號」設想，訴說它不同於基歐爾，也不同於中國文字。因為借用中國文字，無法分析人類思維。
1685	萊氏向承襲漢諾威公爵爵位的恩斯特・奧古斯特（Ernst August，1679～1692，漢諾威公爵之弟）說明「通用符號」設想，指出此一設想與漢字之區別：中國文字特點是同一文字在不同方言中的意思一樣，通用符號已有這一優點；但它遠勝過漢字，簡單易學，顯示了一定的秩序。中國文字則是有多少事物，便需要多少文字來表達，以至於人們需要終生學習。
1687	萊氏希望能夠列出漢字中的基本符號，以便藉此理解由此組成的複雜符號。
1688～1689	萊氏在維也納受到皇帝接見，在為此準備之談話中，他提到自己意在發明的「新語言」或者「通用符號」。這一語言將幫助中國人、日本人等聰明民族認識真理，因為它同時是「真正哲學的鑰匙」。
1689	萊氏在羅馬結識閔明我，並與之多次討論中國語言的問題，並向閔明我提出具體的三十問。
1690	萊氏提出自己的傳教設想：一部分傳教士應該專門學習研究東方語言，以便重新修復巴別塔倒塌以來的語言混亂。
1692	萊氏試圖證明滿文中的 Morah 與德文中的 Mahre 之間可能存在詞源關係，從而想說明從東到西都是同一聲音。
1697	與門采爾建立聯繫。同年，白晉閱讀到《中國近事》，致信萊氏並贈送剛出版的《中國皇帝傳》，二人正式建立聯繫，在往後的歲月中不斷討論中國的語言、文字問題。
1698	萊氏得知白晉在研究某些古老的中國文字，稱讚此舉可裨益神學。
1701	2 月，萊氏致信白晉，告訴其歐洲科學的最新進展，並訴說作為上帝創世圖像的二進制以及這一發明對傳教的作用。（早年奧古斯特公爵聞知二進制時，公爵認為可以將二進制視為上帝創造世界的圖像，上帝從虛無中創造萬物，如同所有數字來自於符號 0 與 1）。 11 月，白晉回覆萊氏，詳細討論二進制《易經》爻卦之間的相似性。
1702	萊氏起草的《普魯士學院設想》中，多次提及中國，並解釋幾個兩千多年來中國人也不知道的古老符號的真正含義。 11 月，白晉致信萊氏，訴說自己對中國文獻的研究以及「新發現」：中國人幾乎把所有古代知識都忘記了。
1703	萊氏收到白晉來信，在 4 月致信他人時訴說白晉之不可思議的發現：解開伏羲符號之秘，也許有利於基督宗教的傳播，因為數字是上帝創世的最好象徵。隨後，萊氏向法國科學院寄去論文〈論單純使用 0 與 1 的二進制算數、兼論二進制的用途以及伏羲所使用的古代中國符號的意義〉（1705 年於《1703 年皇家科學院年鑒》）發表。

1703～ 1704	萊氏在《人類理智新論》中指出其設想之通用字符與中國文字之不同。
1704	4月，洪若翰（Joan de Fontaney，1643～1710，與馬若瑟為同批赴華傳教士）致信萊氏，訴說二進制在在華傳教士群體間備受討論，同時認為將二進制歸於中國人之發明，乃是過高估計中國人。 7月，萊氏回信洪若翰，希望找到二進制與《易經》相似的原因。
1705	8月，12日萊氏致信洪若翰，指出白晉在「伏羲符號」中發現的二進制。18日又致信白晉，詢問漢字研究之進展。20日請劉應（Claude de Visdelou，1656～1737）幫他進行語言研究，指出「伏羲符號正好準確地表達二進制」。
1707	10月萊氏與奧古斯丁會在華傳教士希瑪（Cima）討論中國文字，希瑪告訴萊氏漢字大約有400個基本字符，其餘的字都是由此組成的。 12月，討論布爾蓋特（Louis Bourguet，1678～1742）論文字與字母的新書，並敘述內容提要：在摩西之前沒有字母的存在，而只有指物不指音的文字，「就像中國人與埃及人的文字那樣」（此說與韋伯之論相似）。
1710	2月，萊氏與英國學者托蘭德（J. Toland，1670～1722）討論中國文字與語言，認為應把文字與語言區分開來，因為中國語言難寫易說，「這是一個非常完美的語言」。 11月，萊氏在布蘭登堡科學院雜誌上發表藉助語言研究民族醫院的論文 "Leibnitii Brevis designatio meditationum de originibus gentium ductis pottisimun ex indicio linguarum"，指出語言是歷史的見證，應對自然語言與人工語言做出區分，中國語言屬於人工語言。
1714	萊氏在維也納宮廷中提到了中國人的自然神學思想。他把《易經》中的陽爻與陰爻解釋為1與0兩個符號，認為其代表了上帝的創世。這一知識在中國已經遺失。
1716	逝世。

　　根據上表，可知萊布尼茨對於漢字之研究，始於《論組合術》（De Arte Combinatoria）一書中對「組合術」（Ars combaimaiton）的討論。他文中引用了基歇爾之《埃及的俄狄浦斯》，陳述漢字不能由字母組成，而是一種象形文字、實定義符號，並懷疑漢字的實用性，準備建構一套「人類思維字母表」（Alphabetum cogitationum humanarum）。爾後，他在1679年之〈普遍科學文字〉（"Scientia Generalis. Characteristica"）一文中如此敘述《論組合術》中的設想：

　　　　如果我們有某種精確的語言（比如被某些人稱為「亞當語言」的
　　　　語言）或至少某種真正的哲學性書寫系統，通過這樣的語言或書
　　　　寫系統，觀念被簡化成一種「人類思維字母表」，那麼從已知事物
　　　　理性地派生出來的所有事物就能通過一種計算獲得，就像人們解

　　決算術或幾何問題一樣。這樣一種語言可能會成為一種神秘詞語
　　喀巴拉（a Cabala of mystic vocables〔<u>譯本原文作「卡巴拉」，為了</u>
　　<u>使上下行文一致，故改作「喀巴拉」。後文皆從此例</u>〕）或畢氏算
　　數法（the Arithmetic of Pythagorean numbers）或成為智者的字符
　　語言（the Characteristic language of magi）……在我青年時代出版
　　的關於組合術的一本小書中，我插入了一段對這種語言的描述。
　　〔註95〕

此語道出了萊氏研究漢字的兩大思想武器：神秘主義（喀巴拉主義與畢達哥
拉斯主義）與組合術（盧爾主義記憶術）。

二、記憶術與神秘主義之影響

　　孟德衛曾指出，17世紀歐洲人對普遍語言的尋找是《聖經》傳說、一種
中世紀觀念、16世紀航海發現及17世紀科學發展共同作用下的產物。〔註96〕
這種中世紀的傳統，可以追溯至加泰隆尼亞神秘主義學者、方濟會士雷蒙・
盧爾（Ramon Llull，c.1235～1316，又作「呂爾」）的同心圓組合系統。盧爾
通常被認為是現代符號邏輯與計算科學的先聲，是第一批嘗試用機械方式而
非心理方式進行邏輯推理的學者（提倡使用機械實現人腦部分功能〔記憶
術〕），其方法對萊布尼茨與基歇爾產生了影響。盧爾聲稱在一次異象中見到
整個宇宙反映上帝的各種屬性，其後約在1272年提出把一切知識都簡化為
原始道理並判定這些道理的共同點的方法。根據他的解釋，認為現實事物都
是體現神性的某一方面，他試圖以神學、哲學和自然科學為同源學科進行講
授。〔註97〕

　　盧爾在其《大方法》（Ars Magna，1305，或譯作《偉大之術》）一書中，
建構了一套思維輪盤系統，精確言之是一套知識組織系統（Knowledge
Organization Systems，KOS）。這套系統類似猶太教的喀巴拉（Kabbalah，亦

〔註95〕轉引自：〔美〕孟德衛著，陳怡譯，《奇異的國度：耶穌會適應政策及漢字的
　　　　起源》，頁199。
〔註96〕轉引自：〔美〕孟德衛著，陳怡譯，《奇異的國度：耶穌會適應政策及漢字的
　　　　起源》，頁178。
〔註97〕美國不列顛百科全書公司編著，中國大百科全書出版社不列顛百科全書編輯
　　　　部編譯，《不列顛百科全書：國際中文版・第10卷》（北京：中國大百科全書
　　　　出版社，1999年），頁154。

可拼作 Kabala、Kabbala，或將 K 替換為 C 或 Q，中文亦作「卡巴拉」，字面意為「接受／傳承」，原意即「傳統之教義」）神秘主義中的「生命之樹」（希伯來文作：Etz haChayim）。神秘主義（Mysticism）在猶太教中有喀巴拉、哈西德（Hasid），基督教中亦有神秘主義、諾斯底主義（Gnosticism，或稱「靈知派」），伊斯蘭教中亦有蘇菲派（Sufism）派等。於東方宗教中也不罕見，如佛教之禪宗、道教之天師道等，甚至宋明理學亦在其中。神秘主義意指人與神明（如上帝）或超自然力量（如道、涅槃、天）神秘合一而產生的各種形式的體驗。此乃一較為廣泛之概念，它「既指人的精神體驗，又指那些建立在這種體驗之上的思想與學說」。〔註98〕

於喀巴拉，德國學者索倫（G. G. Scholem，1897～1982）解釋如此道：

神秘信條的中心時與上帝的個別接觸，也就是說，一種高度個體化和直接的認識形式，這一信條被認為是傳統的智慧。……猶太神秘主義在雙重的意義上是秘傳信條，並非所有的神秘主義都是如此。第一重意義，因為喀巴拉探究的是人類生活中最隱秘和最根本的東西；第二重意義，因為它只存在於一小批代代相傳的被揀選的精英當中。……必須記住，在喀巴拉信徒自己所理解的意義上，神秘知識不是通過個人體驗得到的私人所有物；相反，這種知識越純粹越完滿，它就距人類原初的共同知識更相近。用喀巴拉信徒的話說，他們擁有人類之父亞當所擁有的一切關於人性和神性事物的知識。因此喀巴拉，或者假設，喀巴拉的作用就是向自己的信徒傳授上帝啟示給亞當的秘密。〔註99〕

同時，寓言化也是喀巴拉教徒的傾向，對他們來說每一個存在的事物都是與上帝造物有關，每一事物都反映另一事物。在他們看來，整個世界就是象徵體（corpus symbolicum）。〔註100〕如此，神秘主義象徵體系成為了另一核心。因之，萊布尼茨將數字視為上帝創世的圖景。不僅如此，作為新教徒的

〔註98〕張祥龍，〈感受大海的潮汐——《西方神秘主義哲學經典》系列總序〉，收入〔英〕安德魯‧洛思（Andrew Louth）著，孫毅、游冠輝譯，《神學的靈泉：基督神秘主義傳統的起源》（北京：中國致公出版社，2001 年），頁 1。

〔註99〕〔德〕索倫（G. G. Scholem）著，涂笑非譯，《猶太教神秘主義主流》（成都：四川人民出版社，2000 年），頁 21。

〔註100〕〔德〕索倫著，涂笑非譯，《猶太教神秘主義主流》，頁 27；劉精忠，《猶太神秘主義概論》（北京：中國社會科學出版社，2015 年），頁 11。

萊布尼茨除了受到喀巴拉神秘主義影響，他同時又是神秘主義結社薔薇十字會（Rosae Crucis）的秘書。〔註101〕故而，其對漢字的研究甚至是對普遍語言的探討充滿了喀巴拉、赫爾墨斯主義等神秘主義色彩，以及歐洲密碼學的遺緒。〔註102〕

　　喀巴拉神秘主義根據希伯來《聖經·創世紀》中伊甸園的生命之樹，建構了一條通往上帝（YHWH）的路徑，它由 10 個質點（Sephiroth，單數為 Sephira，亦稱「原質」，希伯來語，意為「計數」）與 22 條路徑（Paths）組成。這些原質可以代表數字一到十，從一點原質流溢到另一原質，每一個數字分別代表造物者的不同面向，代表意識的不同狀態，亦代表演化的不同

〔註101〕 薔薇十字會擁有深奧的象徵主義教義，他們的象徵主義延續了埃及的赫爾墨斯教的秘密教義。會中不知名的哲學家社團聯結了擁有大量符號的現代共濟會和象徵主義之源的古埃及赫爾墨斯主義。在 17 世紀，薔薇十字會成為歐洲哲學的「風尚」。透過薔薇十字會之《兄弟會自白書》（*CONFESSIO FRATERNITATIS R. C. AD ERUDITOS EUROPÆ*），可以窺視一二其中的神秘教義：「這證明了上帝在可見的自然中——為了有洞察力的幾個人——揭示了即將出現的萬物的符號和標誌（第八章）」；「我們有一篇有魔力的文章，抄自上帝在天與地的自然上寫下意志的神聖字母。我們用這個新的語言閱讀上帝寫給所有造物的意志，就像天文學家預測日食一樣，我們也預示教會的興衰和它們會存在多久。我們的語言就像人類墮落前的亞當和以諾一樣，雖然我們理解並可以用我們的神聖語言來解釋奧秘，但我們沒法使用拉丁語，而它是一種沾染了巴比倫混亂的語言。（第九章）」。結合後文萊布尼茨對伏羲的論述，萊氏排除拼音文字作為普遍語言，視漢字（八卦）與數字蘊含造物意志等觀點，或受到第九章之影響。〔美〕曼利 P. 哈爾（Manly P. Hall）著，薛妍譯，《古往今來的秘密·第二輯·失落的符號》（長春：吉林出版集團股份有限公司，2017 年），頁 286～289、300～306。

〔註102〕 自 16 世紀末，歐洲除了開始興起研究世界語外，秘密語言與密碼學的研究亦相當興盛。當時不少密碼學家頗為關注漢字，如布萊斯·德·維吉尼亞（Blaise De Vigenère，1523～1596，又作「維熱納爾」），他視中文為一神聖語言，其秘密字符貫穿中國歷史的始終。通過對中文的研究，可以恢復或生產出通用密碼。又如有「現代速記之父」美稱的泰瑪特·布萊特（Timothy Bright，c. 1650～1615），他認為西塞羅速記術（Ciceronian tachygraphy）已經蕩然無存，於是他發明了一種類似的速記術。此法既易學又保密性強，其字母表部分基於拉丁字母，但基本上實義符號和字符形式書寫。在他 1588 年出版的《用符號簡單、快速、秘密書寫術》（*Characterie: An Arte of Shorte, Swifte and Secrete Writing by Character*）序言中，可以看出他知道中國語言的某些實質。此類中文字符之研究，一定程度上給予萊布尼茨以啟發。Lach, Donald Frederick. *Asia In The Making of Europe, Volume II: A Century of Wonder. Book 3: The Scholarly Disciplines*. Chicago: The University of Chicago press, 1997. 521～524.

階段。〔註 103〕如此，不同的字母、數位組合，有了不同的象徵意義，這便是喀巴拉的組合術。爾後，盧爾是第一位對喀巴拉學說產生濃厚興趣的基督教學者，對喀巴拉學說的基督化做出了貢獻。他參考生命之樹，設計了九大質點：善、偉大、永恆、能力、智慧、意志、德性、真理、榮耀，並給予九個基本的關係謂詞：不同、一致、矛盾、起初、中間、最後、大於、等於、小於。學者通過這些原質的連接，可以發現新的真理。同時為了將連接的工作簡化，他求助於象徵——將這些基本概念用文字來象徵，而且以機械方式加以排列組合（可形成 120 種排列組合）。〔註 104〕其後，萊布尼茨在《論組合術》中對此展開了詳盡的討論與改進〔註 105〕，建構自己的「邏輯運算」。類似的，基歇爾則在生命之樹的基礎上，結合赫爾墨斯等主義以及埃及元素，在《埃及的俄狄浦斯》中繪製的了新的「基歇爾生命之樹」（見圖 2.2）：

〔註 103〕 這 10 個質點分別為王冠（Keter）、智慧（Chokmah）、理解（Binah）、慈悲（Chesed）、權力（Geburah）、美麗（Tiphareth）、忍耐（Netsah）、威嚴（Hod）、基礎（Yesod）、王國（Malkuth）；每個質點又被分為四個部分，即四世界——神性界（Atziluth）、創造界（Beriah）、形成界（Yetsirah）、物質界（Assiah）。參考：〔美〕約翰·麥克·格里爾（John Michael Greer）著，舒麗萍譯，《解密失落的符號》（北京：新世界出版社，2012 年），頁 197～198；〔英〕米蘭達·普魯斯-米特福德（Miranda Bruce-Mitford）、〔英〕菲利普·威爾金森（Philip Wilksinson）著，周繼嵐譯，《符號與象徵》（北京：生活·讀書·新知三聯書店，2012 年），頁 174。

〔註 104〕 〔英〕弗雷德里克·科普斯登（Frederick Copleston）著，莊雅棠譯，傅佩榮校訂，《西洋哲學史（二）——中世紀哲學（奧古斯丁到斯考特）》（臺北：黎明文化事業股份有限公司，1988 年），頁 626。

〔註 105〕 盧爾的主要對象是神學，希望將神學概念符號化，萊布尼茨認為，盧爾的組合術有兩大局限，「一是概念選取的任意性，二是機械方式只能產生二元組合。為此，他要求初始概念必須是人類思想的字母表，同時概念的組合必須窮盡一切可能」。（瑞士〕漢斯·海因茨·賀爾茨（Hans Heinz Holz）著，〔德〕李文潮譯，收入〔德〕李文潮、〔德〕H. 波賽爾編，〔德〕李文潮等譯，《萊布尼茨與中國》，頁 97；郝劉祥，〈萊布尼茨的通用字符理想〉，收入〔德〕李文潮、〔德〕H. 波賽爾編，〔德〕李文潮等譯，《萊布尼茨與中國》，頁 160。

圖 2.2　基歇爾、盧爾、萊布尼茨之「組合術」〔註106〕

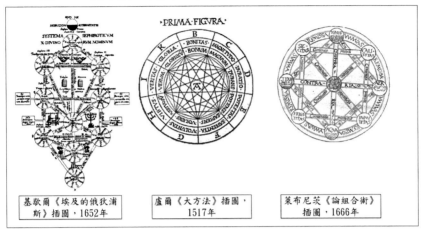

基歇爾《埃及的俄狄浦斯》插圖，1652年	盧爾《大方法》插圖，1517年	萊布尼茨《論組合術》插圖，1666年

在萊布尼茨與盧爾之間，基歇爾之組合術研究，扮演了承前啟後的關鍵角色。依託赫爾墨斯主義思想，在 17 時期尋求普遍語言的思潮下，基氏試圖將符號性質的象形文字的研究與非象形普遍語言（可用於多種語言的書寫方式〔Polygraphia〕）研究綁合在一起。因為象形文字具有象徵性與神秘性，故他的這種非象形普遍語言可去除上述兩种特性。他在《偉大的知識術與組合術》（*Ars magna sciendi, sive combinatorial*，1669）一書中，基於盧爾的系統，創製一種結合形上學、神學、法律、物理學等領域，以融合象形文字、非象形普遍語言的非拼音化的語言。隨後，基歇爾在 1663 年出版《由組合術揭示、可運用於多種預言的全新、普遍適用的書寫方式》（*Polygraphia nova et universalis ex combinatorial arte detecta*）一書，嘗試將「所有的語言歸一」（linguarum omnium ad unam reductio）。〔註107〕可以說，基歇爾是萊布尼茨之先鋒。

在盧爾那裡，組合術更多的是一種記憶術〔註108〕；在基歇爾那裡，組合術試圖成為一種可運用在各個學科的「歸一語言」（普遍語言）；而在萊布尼茨

〔註106〕基歇爾《埃及的俄狄浦斯》之插圖，來自公眾領域；盧爾《大方法》之插圖，來自德國巴伐利亞州立圖書館所藏之 *Ars magna generalis et ultima*（Bayerische Staatsbibliothek München, BSB-ID 888637, S. 10, urn: nbn: de: bvb: 12-bsb10165202-9），已獲授權；萊布尼茨《論組合術》之插圖，來自德國埃朗根-紐倫堡大學圖書館所藏之 *Dissertatio de arte combinatoria*（Universitätsbibliothek Erlangen-Nuernberg, H61/4 TREW.X 721, [Abb.], urn:nbn:de:bvb:29-bv008971568-9），已獲授權。

〔註107〕〔美〕孟德衛著，陳怡譯，《奇異的國度：耶穌會適應政策及漢字的起源》，頁 191～195。

〔註108〕第五章第三節中將會討論記憶術與漢字的關係及其發揮之影響。

那裡，組合術成為了一種數理理論，一種哲學符號，可構成普遍語言。在萊氏看來，符號是人類思考和創造的工具，不僅抽象思考需要藉助符號，演繹法的推理更需要憑藉適合的符號來進行。〔註 109〕而盧爾之功，恰恰是把神學概念進行了符號化。總而言之，盧爾之組合術，在漢字字符學說（包含中文鑰匙論）方面有有一定的啟發作用。但不得不言明，探索文字是盧爾探索組合術的附屬產品，依據孟德衛之言，即「他（盧爾）可能把尋找普遍語言看作是他技術的附屬物」〔註 110〕，意即，而對探尋普遍語言產生之影響是相當有限的。

三、追尋普遍語言，打破語言變亂

萊布尼茨最早對漢字進行探究是在《論組合術》中，然而他真正意義上的漢字研究是從結識基歇爾開始的。萊布尼茨在大學時期就開始與基歇爾通訊並討論「組合術」。1670 年 5 月 16 日，萊氏向基歇爾提出一些列問題並徵求基氏意見，問題核心便是「組合術」——他計劃收集所有語言的「根」（Wurzel）用來組合語言。1670 年 6 月 23 日，基歇爾回覆萊佈尼茨之問，可窺視萊氏關注漢字的具體面向。〔註 111〕根據馮曉虎的整理，此次問題整理為四個中心問答：

1. 問：什麼是漢字的根源？漢字是偶然歷史發展的產品還是
      由某個特定的人（如伏義）一次性人工創造的？
   答：漢字是源自象形文字的歷史發展產物。

2. 問：什麼是漢字的構造。即：它的意義關係是什麼？漢字與所指
      的關係是任意還是映射之後再約定俗成？
   答：漢字複合字的組成元素（部首）來自可見事物，它們組合關
      係隨著時間流失而散失，但漢字組合字基於理性原則的組合
      規則卻流傳下來。

3. 問：漢語文字體系與什麼有關？後者是漢語還是另外一種普遍
      概念語言？

〔註 109〕 盧怡君，〈尋找中文之鑰——萊布尼茨的符號理論與漢字結構〉，《漢學研究》
      第 34 卷第 4 期（2016 年 12 月），頁 206。

〔註 110〕 〔美〕孟德衛著，陳怡譯，《奇異的國度：耶穌會適應政策及漢字的起源》，
      頁 181。

〔註 111〕 馮曉虎，〈萊布尼茨與基歇爾的漢語研究〉，《同濟大學學報（社會科學版）》
      2011 年第 3 期（2011 年 6 月），頁 9。

答：漢字是概念的二級體系；它沒有表達漢語因素的字母。漢字
與漢語中單詞和句子的關係原則是任意性和約定俗成。

4. 問：漢字的符號和句子建構服從哪種句法規則？是否存在某種
「鑰匙」可資利用，用簡單漢字構成漢字中的複合字和句
子？

答：漢字邏輯關連的原因蘊藏於漢字之中。漢字筆畫和複合字
中的簡單漢字（部首）的數目源自於派生和隱喻化。
〔註112〕

萊佈尼茨對基歇爾的回答頗不滿意，嗣後在白晉的影響下，萊、基二人走向
截然相反的學術立場。

不僅如此，萊布尼茨存有將基督宗教遍佈全球並統一新、舊二教，使兩
者和諧共處的雄心，甚至為此試圖建立一套溝通東西方的理論。職是之故，
萊氏還需要一門世界性的語言。在這個熱衷於建構普遍語言的時代，萊氏亦
將目光轉向了漢語，將之作為通用字符之範本。他首先確定了中文是一人工
語言，一種類似於威爾金斯所制定之人工語言——是經過選擇並且意義是武
斷的（ex instituto）〔註113〕：

這是高爾（Jacob Gohl，1596～1667）先生的想法，他認為中國人的
語言是人造的，也就是說由一位高明的人一下子發明出來，以便建
立許多不同民族之間的一種語言上的溝通，這些民族都居住在我們
稱為中國的那個偉大的國家中，雖然這種語言可能現在由於長期的
使用已經改變了。〔註114〕

此處，萊氏提出了與韋伯截然相反的結論——中國語言並非原初語言，而是
人為創造的派生語言，但這種語言具有便於各民族溝通的優點，使得中文成
為萊氏納入普遍語言思考的備用選項之一。而有些人造的語言是從已知的語
言中創造出來，選擇原來語言中自然的與偶然的東西相結合（加以肢解、篡
改、混合），如盜賊之語，這類人工語言是有別於漢語的。〔註115〕不僅如此，

〔註112〕馮曉虎，〈萊布尼茨與基歇爾的漢語研究〉，《同濟大學學報（社會科學版）》
2011 年第 3 期，頁 9。

〔註113〕〔德〕萊布尼茨著，陳修齋譯，《人類理智新論》（北京：商務印書館，1982
年），頁 296。

〔註114〕〔德〕萊布尼茨著，陳修齋譯，《人類理智新論》，頁 291。

〔註115〕〔德〕萊布尼茨著，陳修齋譯，《人類理智新論》，頁 297。

萊布尼茨又賦予漢字「深刻理性」的內涵：「中國文字的基礎卻似乎是深刻
的理性考慮，它們如同數字一樣能夠喚起（事物的）秩序與關係。」〔註 116〕
在萊布尼茨看來，數字便是上帝創世的最好證明，具有與數字同樣功能的漢
字，此論已經相當接近原初語言論了。

　　隨著萊布尼茨對漢語研究的愈加深入，他擺脫了基歇爾、韋伯等人的影
響，放棄了當世風行一時的漢字作為原初語言的觀點。他重新回到了傳統的
歐洲觀念：

　　　　這裡就絲毫沒有什麼是反對而不是毋寧有利於認為一切民族都是同
　　　　源的並且有一種原始的根本的語言的觀點。如果說希伯來的或阿拉
　　　　伯的語言和這種原始語言接近，那末至少它也應該是已經改變很大
　　　　的，而似乎條頓族的語言曾保留了最多自然的、以及（用雅克布·波
　　　　墨〔Jacob Boehme，1575～1624〕的話來說）亞當式的（Adamique）
　　　　東西。〔註 117〕

然而，萊布尼茨並不認同至今還存有原初語言，而是「我們的語言基本上是
派生的」，但他們本身卻存有某種原始之物。〔註 118〕故而萊布尼茨尤重語源
學的研究，他認為「語言是各民族最古老的紀念品，先於書寫和藝術，因此
是最好地標誌著各民族的親族關係以及遷移情況的起源狀態。」〔註 119〕

　　萊布尼茨之所以不選擇拼音文字作為普遍字符的模板，是因為萊氏考
量到——出於許多偶然的原因或者變化，拼音文字大多數詞語已經比起原
本的發音與意義，已經有了很大的改變。〔註 120〕在各種比喻、提喻、換喻
等方法的作用下，詞語的意思從一個意義變到了另外一種含義。〔註 121〕換
言之，發音稍作變化，便會形成新的語詞。〔註 122〕因此，拼音文字無法承

〔註 116〕　萊布尼茨 1703 年致白晉的信，轉引自：〔德〕李文潮，〈附錄一　萊布尼茨《中
　　　　　　國近事》的歷史與意義〉，收入〔德〕萊布尼茨，《中國近事：為了照亮我們
　　　　　　這個時代的歷史》，頁 110。
〔註 117〕　〔德〕萊布尼茨，《中國近事：為了照亮我們這個時代的歷史》，頁 300～301。
〔註 118〕　〔德〕萊布尼茨著，陳修齋譯，《人類理智新論》，頁 301。
〔註 119〕　〔德〕萊布尼茨著，陳修齋譯，《人類理智新論》，頁 306。
〔註 120〕　〔德〕萊布尼茨著，陳修齋譯，《人類理智新論》，頁 303。
〔註 121〕　〔德〕萊布尼茨著，陳修齋譯，《人類理智新論》，頁 304。
〔註 122〕　蘇珊·巴斯奈特（Susan Bassnett）曾提出「不列顛諸島文學比較」這一比較
　　　　　　文學議題，旨在論述英國國內之文學亦具備比較文學的可比性。其立論之基，
　　　　　　在於重新考慮語言學對語言之界分。在她看來，拼音文字因其特性，稍作變

擔構築可以承擔跨語言、跨民族、跨文化溝通之普遍字符之重責。究其原因，萊布尼茨需要的是一種即使在不同地區，儘管發音不同，但表意仍舊一致的文字。

　　隨著萊布尼茨長時間浸淫於傳教士的報告之後，他逐漸認識到中文同樣存在難以作為世界語言的缺陷，諸如繁複與困難，需要消耗大量時間學習才能精通，無法分析人的思維，又有表意模糊的弊端，等。雖然他依舊確信漢字作為一種人工語言，但承認中文無法達到承擔世界語言這一重任。最終，萊布尼茨決定以科學為基礎，建構一套世界語言，即通用字符。萊氏認為他的通用字符遠勝漢字，簡單易學，並顯示了一定的秩序。最終，萊氏選擇一種哲學意義上的符號來取代漢字：

> 而且我們還可以從中國文字引進一種很通俗並且比中國文字更好的普遍文字，如果我們用一些小小的圖形來代替字，它們用輪廓線條來表現那些可見的事物，並且對那些不可見的事物也伴隨著它們的可見事物來表現，再加上某些其他的符號以便使人懂得那些語形變化和質詞〈所代表的意思〉的話。〔註 123〕

如此既解決了漢字繁複難學的弊端，又解決字母文字因發音而不利於遠距離民族對話之難點，具備了各民族人民皆可望文而知意，即學即會，並排除發聲干擾等大量優點。萊氏揭櫫其研究成果之意義，可以通過語言學，通過這種學術語言，製造的哲學意義上的普遍字符，經由他們這些學者來「摧毀巴別塔」（la tour de Babel），終結千百年來的語言混亂。〔註 124〕

四、與索隱派建立聯繫：易經、漢字與創世

　　令萊布尼茨欣喜的是，白晉從伏羲八卦中為萊布尼茨的二進制帶來了更多的「創世」依據。萊布尼茨一直深信，解開伏羲符號之謎有利於傳教與他

易，即可形成一種新的語言。而不同的語言、語系有帶出不同的民族性格（此說便是萊氏要反對的方向）。故而，即使在不列顛群島內部諸語（英語、威爾士語、北愛爾蘭語、凱爾特語等）所撰寫之文學，便具備跨語言的可比較性。對萊布尼茨來說，這種可用後世後現代、後殖民主義的學說給予輔助說明的狀況，顯然是不符合其對普遍語言的探索要求。〔英〕蘇珊·巴斯奈特（Susan Bassnett），查明建譯，《比較文學批評導論》（北京：北京大學出版社，2014 年），頁 53～82。

〔註 123〕〔德〕萊布尼茨著，陳修齋譯，《人類理智新論》，頁 461。
〔註 124〕〔德〕萊布尼茨著，陳修齋譯，《人類理智新論》，頁 378。

的研究，因為「數字是上帝創世的最好象徵」。〔註 125〕因此，萊氏一直視二進制為上帝創世圖景的象徵。正如他自己所言：

> 伏羲是中國最古老的帝王與哲學家。他知道萬物的起源是一與無。也就是說，他的那些神秘的圖像顯示的是這方面的某種類似，（還暗示著更大的事情）。經過數千年後，我重新發現了，在那裡所有的數字皆可以用兩個數字表示：0 與 1。〔註 126〕

當世時，伏羲是《聖經》中的某一人物（通常被視為以諾），在歐儒的論證下，已成為一種共識。正如萊布尼茨所言：

> 誰也不可能使我擺脫這樣的看法，即我的二進制算數與八卦之間有著驚人的相似性，當我創立二進制算數的原則時，對《易經》中的八卦根本不知道的；如今在八卦中，我不可能不看到一幅創世的美好圖景，或者說萬物創造之源的美好圖景，正是通過「至高無上的統一性」——亦可稱為上帝——的獨特力量，萬物才從虛無中被創造出來。〔註 127〕

若從基督宗教的神學角度來看，宇宙萬物乃上帝所造，世界便是上帝的作品。作為讀者的人類，自然可以從上帝的作品（即受造之物）中尋找上帝的意志，此說見諸《新約·羅馬書》（1：20）：

> 自從造天地以來，神的永能和神性是明明可知的，雖是眼不能見，但藉著所造之物就可以曉得，叫人無可推諉。〔註 128〕

由是，萊布尼茲將「二進制創世說」與「伏羲卦象反映創世過程說」聯結在了一起。〔註 129〕

〔註 125〕〔德〕李文潮搜集整理，〈附錄二　編年表：萊布尼茨與中國〉，收入〔德〕萊布尼茨，《中國近事：為了照亮我們這個時代的歷史》，頁 212。

〔註 126〕轉引自〈萊布尼茨、白晉、遠古神學及《易經》〉，原文引自《萊布尼茨中國通信》（*Leibniz korrespondenz mit China*，1990）：〔美〕丹尼爾·庫克（Daniel J. Cook）、〔美〕羅慕思（Henry Rosemont Jr.）著，潘爾艷譯，收入〔德〕李文潮、〔德〕H. 波賽爾編，〔德〕李文潮等譯，《萊布尼茨與中國》，頁 115～116。

〔註 127〕轉引自艾田蒲的引文。見：〔法〕艾田蒲，《中國之歐洲（上卷）》，頁 413～414。

〔註 128〕引自「中文聖經網」。

〔註 129〕關於此說詳細之論述，可參看盧怡君之研究，本文不作詳述：盧怡君，〈創世之道——《易經》索隱思想與萊布尼茨的普遍文字研究〉，《清華學報》新 47 卷第 3 期（2017 年 9 月），頁 509～545。

當時喀巴拉思想盛行，加上赫爾墨斯主義，形成喀巴拉——赫爾墨斯主義，伏羲的形象變成了——伏羲＝以諾＋瑣羅亞斯德＋赫爾墨斯＋托特神＋阿努比斯神。在萊布尼茨的論述中，可以看到這一思想的影響，並對《易經》的解讀與觀念上，受到白晉索隱主義之浸染，他們都視漢字為一種象形文字，並且具備神學價值。不僅如此，萊布尼茨還賦予 1 與 0 不同的意涵，他稱之為「造化之象」（Imago creationis）——「0」是「缺陷的原則」，「1」是「完美的原則」。〔註 130〕於是，萊氏甚至得出類似索隱派的結論——伏羲親見了創世的過程：

> 在我看來，中國人尊奉為萬物演變之根基的八卦，或者說是那種種由整線和斷線組成的集合圖形可以使人相信，伏羲甚至親見了創世的過程，他使世間萬物從 1 和 0 中產生出來。因為 0 代表空無所有，天和地正是從虛無中而來，接下來就是造物的七天，而在每一天開始的時候都有新的事物產生或出現。在第一天開始的時候出現了 1，也就是上主。在第二天開始的時候出現了天和地。在第七天的時候所有的一切都存在了，因此這一天是最完滿的一天，或者叫做安息日，因為所有要做和要創造的都已經完成了，所以 7 在二進制中用 111 表示，沒有一個 0 出現其中。正是通過 111 和 0 的不存在者兩個特性來表示七天的完滿性和神聖性，尤其值得注意的是，7 的特點還暗示了三位一體。〔註 131〕

正如他自己所說：「古代象形文字及希伯來卡巴拉（Cabala）的真正意圖，同樣包含了伏羲的符號」。〔註 132〕他與白晉，在對漢字思想研究上，可謂互有啟發。在萊氏的論述中，伏羲得見創世，其身份多少帶有摩西的色彩。

同時，作為現代性表徵之一的理性，亦在萊布尼茨的研究中展露無疑。在萊氏之前，基歇爾亦認為漢字的組合是基於理性的。萊布尼茨在《單子論》（La Monadologie，1714）中，指陳了一種形而上學的點、根本的原子、本質的形式、實體的形式。沒有這種形而上的「單子」（（Monad〔s〕），就沒有實

〔註 130〕〔德〕柯蘭霓著，李岩譯，《耶穌會士白晉的生平與著作》，頁 37。
〔註 131〕萊布尼茨 1703 年 4 月 2 日或 3 日致白晉的書信，轉引自：〔德〕柯蘭霓著，李岩譯，《耶穌會士白晉的生平與著作》，頁 42。
〔註 132〕轉引自〈萊布尼茨、白晉、遠古神學及《易經》〉，原文引自《萊布尼茨中國通信》：〔美〕丹尼爾庫克、〔美〕羅慕思著，潘爾艷譯，收入〔德〕李文潮、〔德〕H. 波賽爾編，〔德〕李文潮等譯，《萊布尼茨與中國》，頁 114。

在的東西，他是永恆的，無生無滅，上帝作為一單子是一個體、一人格。但是，他又超越一切單子，是超自然和超理性的，是最完善和最實在的存在物。同時。在他看來，自然規律、運動規律、邏輯、算數幾何學等規律之源在上帝之智慧。〔註133〕此一思想，源於畢達哥拉斯（Pythagoras，570～495 B. C.）──柏拉圖（Plato，429～347 B. C.）的宇宙觀（白晉亦持此宇宙觀），此一宇宙觀認為宇宙是一個由數理邏輯原則所統馭的和諧整體。〔註134〕詳細論之，即宇宙之源乃是上帝，上帝從虛無中以「道」（logos）創造萬物。宇宙受造之後，上帝便以數學原則統馭一切，故而世界萬物的運行、消亡都呈現出一種理性的和諧規律。此即，宇宙之形成源於上帝，其作用之本質，乃數學原理，或稱「上帝的理性」。〔註135〕故而，二進制可被視作是上帝創世圖景的展現。若結合漢字觀之，則是伏羲創製陰陽二爻與八卦甚至六十四卦，進而發明漢字，如徐灝（1809～1879）所言：「造字之初，先有數而後有文」〔註136〕，故而漢字之設計概念與類似二進制的八卦陰陽二爻之間的根本概念是相通的。由是，漢字也必然蘊含上帝創世之圖景之一。所以，更進一步的普遍文字，就可以像單子建構萬物一樣，建構起通行世界的普遍語言。

萊布尼茨從單子論出發，猜想漢字中必然存在某種秘密鑰匙，即代表漢字最小意義單位的「根漢字」。〔註137〕這是萊布尼茨長期關注米勒與門采爾研究的原因。此後，他確認漢字是一種人工語言，故而漢字並非原初語言。漢字雖非最早的語言，但不可忽視漢字的神聖性，它是伏羲親見上帝創世圖

〔註133〕〔美〕弗蘭克‧梯利（Frank Thilly）著，葛力譯，《西方哲學史》（北京：商務印書館，1995年），頁406～412。

〔註134〕萊布尼茨同時繼承了畢達哥拉斯學派的數字理論，即認為單子是智慧的符號，雙子則是無知的符號。畢達哥拉斯學者崇拜單子，鄙視雙子（Duad），因為它是極端的符號。同時，10個數字各有含義，單子「1」，代表上帝，它是思想，又陰又陽，又奇又偶，既非開始，亦非結束，代表美好，是為上帝之屬性，是萬物之源。〔美〕曼利 P.哈爾著，薛妍譯，《古往今來的秘密‧第一輯‧失落的密碼》（長春：吉林出版集團股份有限公司，2017年），頁294～296。

〔註135〕盧怡君，〈創世之道──《易經》索隱思想與萊布尼茨的普遍文字研究〉，《清華學報》新47卷第3期，頁515、533。

〔註136〕〔清〕徐灝撰，《說文解字注箋》，收入《續修四庫全書》編纂委員會編，《續修四庫全書‧二二五‧經部‧小學類》（上海：上海古籍出版社，2002年），頁128

〔註137〕馮曉虎，〈萊布尼茨與基歇爾的漢語研究〉，《同濟大學學報（社會科學版）》，頁1。

景之後，從數字中「武斷」地創造出漢字之雛形，是故漢字具有深刻理性與上帝創世的各種屬性。可是，漢字又具有一定的缺陷，難以構成可迅速掌握的普遍語言。由是必須脫胎於漢字，構築一種哲學符號，組成通俗易懂的普遍語言。然而遺憾的是，萊布尼茨最終能找到完美的普遍文字，普遍文字的構想終究成為 17～18 世紀上半葉的一個烏托邦。

第五節　小　結

在 17 世紀之前，文藝復興、大航海時代、海外新世界、資本主義興起、印刷術、民族國家形成、宗教改革、民族語言地位提升等諸多因素構成了 17 世紀及 18 世紀上半葉歐洲學界展開漢字作為真實字符、原初語言或世界語言的研究。基歇爾、韋伯、萊布尼茨等歐洲學者關於中國語言文字的大量討論，可以看到文藝復興至啟蒙運動中，「科學與理性」的大環境下，歐洲學者「睜眼看世界」的狀況——從外族語言推論人類起源，納亞洲歷史於世界史，《聖經》歷史越來越無法完美詮釋世界歷史的起源。於是《聖經》開始喪失解釋的絕對權威，各種文藝復興中的思潮摻入其中，古希臘——羅馬哲學、神秘主義等大行其道，《聖經》淪為解釋世界史的其中一項佐證，而非絕對標準。

從語言學史的角度來看，自 15 世紀末，商業中產階級崛起，愛國主義高漲，中央集權加強，都促使某一地域語言被確立為官方語言。當拉丁語不再是學界與官方的唯一國際語言，歐洲各民族語言得到充分承認，再加上海外新語言之「發現」，都使人們感到，他們有能力去改造甚至是創造新語言，裨益貿易與學術，以適應時代的需求。〔註 138〕正是在這種思潮下，語言混亂與溝通障礙的狀況日益凸顯，16、17 世紀乃至 18 世紀之學者盛行探尋或設計新的世界語言，這便是探索普遍語言與真實字符的時代背景。正如班立華所言：「當時為人津津樂道的『原初語言』（primitive language）集中表現了文藝復興時期的語言觀念。人們普遍相信，人類語言的初始形式是一種基於相似性的語言，它的詞語透明地反映出事物的本質，體現了世界神聖本質的同一性。」〔註 139〕

〔註 138〕〔英〕羅伯特・亨利・羅賓斯（R. H. Robins）著，許德寶、馮建明、胡明亮譯，《簡明語言學史》（北京：中國社會科學出版社，1997 年），頁 112、128。
〔註 139〕班立華，〈試論西方中文觀念的歷史演變——一個知識型和符號學的解說〉，收入閻純德主編，《漢學研究》（北京：中華書局），第 8 集，頁 429。

以下便對前文論述做一總結，展示 17～18 世紀漢字研究的六種圖景：

一、「漢字源自埃及」說——中國文字乃一象形文字，並與埃及文字存有淵源。於是，可進一步推出中國人及其文明乃是出自埃及。此說，以基歇爾及其《中國圖說》為代表。

二、「原初語言」說——中國文字乃原初之語，源自上帝，並傳之亞當，是巴別塔語言變亂前使用的語言。因中國未參與修築巴別塔，故中文在上帝語言變亂懲罰之外。同時，因中國歷史長時間的穩定，漢字未有大的變化。因而，漢字即原初語言。此說，以約翰‧韋伯及其《論中華帝國的語言可能是原初語言的歷史論文》為代表。

三、「中文鑰匙」說——中國文字乃一存有一定規則創造並組合的人工文字，若是能找到其中的組合規則，便可以迅速掌握漢字並閱讀中國文獻。而所謂神秘的鑰匙，非常可能指的是漢字之部首。此說，以米勒、門采爾、萊布尼茨乃至弗雷萊與傅爾蒙為代表。

四、「創世圖景」說——中國文字乃是脫胎於數字，即陰陽二爻及八卦，二者皆為伏羲所創。因數字乃上帝創世圖景的體現，伏羲親見創世，故所創漢字是基於如同二進制之二爻與八卦，可視為「上帝創世圖景」遺留之一，並可作為普遍語言的備選項之一。此說，以萊布尼茨為代表。

五、裨益聖經詮釋說——藉助中文可幫助詮釋希伯來《聖經》中語意不明或未有定論之處。此說，以馬松及其《文人共和國歷史批判》為代表。

六、「索隱主義」——通過舊約象徵論並結合神祕主義學說，可以挖掘出漢字中潛藏的《聖經》與上帝的啟示與奧秘。此說，以白晉為代表。

17 世紀的漢字研究，在唯理主義與經驗主義的影響下，學術面貌呈現兩個面向：其一是探尋古代語源，即尋找原初語言；其二乃是從舊有語言，運用理性思維與哲學語言，建構新的世界語，以適應新時代的需求，即設計普遍語言。而第二面向，已呈現「現代性」的影響——通過科學手段的人類，可以嘗試解決上帝遺留下來的語言變亂問題。

不僅如此，透過前文之整理，發現在華傳教士之漢學研究與歐洲學者之研究並非割裂或各自為營，而是緊密聯繫、交流頻繁、互通有無。職是，可將整理出部分學術交遊網絡，即卜彌格—基歇爾—閔明我—米勒—門采爾—萊布尼茨—韋伯—白晉—馬若瑟—傅爾蒙—黃嘉略—梁弘任—弗雷萊—馬松—巴耶爾等人之間的關聯（參看圖 2.3），這些人物串聯起中—法—英—德（神

聖羅馬帝國）—羅馬—荷蘭，便可知馬若瑟及索隱派之思想並非無根之水，且中西之間學術交流的範圍也非僅在漢字領域，其範圍之廣，足夠令人瞠目。

圖2.3　在華傳教士及耶穌會索隱派與德、英、法、荷學界之交流網絡
　　　　示意圖〔註140〕

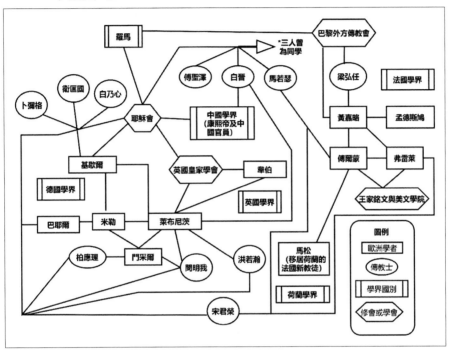

〔註140〕關於萊布尼茨與英國學界之關聯：1673 年，萊布尼茨兩度赴倫敦，結識英
　　　　國皇家學會秘書奧爾登堡（H. Oldenburg，c.1618～1677），並結識英國學
　　　　界眾多學者，並於 4 月 19 日，被正式接納為英國皇家學會會員。安文鑄、
　　　　關珠、張文珍編著，《萊布尼茨和中國》，頁 33；關於耶穌會與英國學界之關
　　　　聯：1662 年，英國皇家學會成立，1667 年首任學會秘書奧爾登堡便想要通
　　　　過傳教士尋求世界範圍內的通訊制度，故《哲學會刊》上刊登大量耶穌會士
　　　　之著作、書評、科學觀測報告。韓琦，〈17、18 世紀歐洲和中國的科學關係
　　　　——以英國皇家學會和在華耶穌會士交流為例〉，《自然辯證法通訊》1997 第
　　　　3 期（1997 年 6 月），頁 47；馬松與傅爾蒙的通信，以及黃嘉略與孟德斯鳩
　　　　的關係，可參考許明龍的研究成果：許明龍，《黃嘉略與早期法國漢學（修
　　　　訂版）》，頁 143、337～369。

第三章　17、18世紀兩大帝國的知識大交換：現代性與中國

　　伴隨著大航海時代的來臨，資本主義迅速發展，資產階級力量快速壯大。由是，歐洲更需要思想與輿論之準備。資產階級在文藝復興中依託復興古代希臘、羅馬人文主義大纛，宣傳新資產階級思想——以人為中心而非以神為中心，提倡自由、理性與科學，追求知識。中世紀之教會，以非民族語言的拉丁文壟斷神學，控制思想。而前文所及之各國民族語言之興起，為教會的世俗化與專權的旁落拉開了序幕，甚至以宗教改革給予致命一擊。繼而，從中延伸出的科學革命，無論從經濟、政治、文化，還是宗教、世界觀、學術等領域，初具現代社會的雛形。遂言，16世紀已出現現代性的身影。

　　隨著17世紀的到來，東西文化交流日益頻繁，邁過了物質交換為主的時代，進入以知識交換為主，器物交換為輔的新時期。正如美國植物學家埃爾默・德魯・美林（Elmer Drew Merrill，1876～1956）從植物學史與人類學史出發，得出的一個重要結論：在大洋上交換的第一批物品，不是建築風格、雕刻、象形文字書寫的作品，也不是社會、政治或是教會組織，而是維持生存所必須的糧食作物（包含武器）。〔註1〕換言之，當中西文明第一次相遇時，交換的是物質性的器物，隨後才是精神上的理念與語言。又如卜正民（Timothy Brook）言說的兩次截然不同接觸（16世紀的第一次接觸與17世紀的第二次

〔註1〕Merrill, E. D. "The Phytogeography of Cultivated Plants in Relation to Assumed Precolumbian Eurasian-American Contacts." *American Anthropologist* 33.3（1931）：380.

接觸）：16 世紀是發現和暴力遭遇、暴利和錯誤、跨越邊境和關閉邊境的一百年，在此期間四通八達的關係網被建立；17 世紀則是截然不同的一百年，初次相遇變成了持續的業務往來，偶然之交換被系統化的經常性貿易，手勢交流被洋涇浜方言和真正的溝通所取代。人在異鄉的時間比以往時間更長，人們開始學習新的語言、風俗。這是一個發現時代的結束，而帝國主義尚未到來的世紀。〔註2〕在此期間，交流重心之一乃是語言。同時，現代性也依託傳教士與「脫域」機制，在世界各地流通。

種種論述表明，在 17~18 世紀，現代性在西方已然產生。如經濟層面上的全球市場對應的大航海時代，還是現代價值興起對應的文藝復興等等，無一不顯示者現代性的各種要素層出不窮。但界分中國之現代性時，卻遭遇到種種不同的聲音。本章延續李奭學「沒有晚明，何來晚清」思考，試圖突破除譯介的現代性之外的，中國自晚明以來便存有現代性的其它依據。據此，本章之重心分為三點：中國與現代性、現代性之起源、傳教士與現代性。其一，試圖建構中國現代性三期之說，統合明清之際、晚清、五四各論。第二，重新思考現代性的起源論述，從科學而至哲學方面，最終追索到現代性最根本的起源——神學鬥爭產生的宗教世俗化，以至於個人主義、柏拉圖主義、神秘主義、科學、宗教改革等現代價值與思想體系或標誌的出現。同時，倚重科學史，重點考察耶穌會傳教士依託科學與神秘主義的作為核心傳教手段，卻備受疏忽二者間存在的聯結性。其三，現代性既然起源自神學，則傳教士身上必然存在現代性的影子，並帶往中國。由是，第三個重點，須得圍繞著現代性起源過程中種種要素在耶穌會索隱派身上如何體現，並進一步思索索隱派的思想來源與現代性之間的關聯。換言之，本研究將現代性的源頭視為西方宗教世俗化所產生的諸多現代性元素，隨後通過中西文化交流，傳播至中國。

第一節　中國的現代性浪潮

「現代性」（modernity），乃一社學會與政治思想理論，隨後進入文學批評領域，作為一種文學理論。現代性通常被用於描述「現代」社會、經濟、

〔註2〕〔加〕卜正民（Timothy Brook）著，劉彬譯，《維梅爾的帽子》（上海：文匯出版社，2010 年），頁 19~21。

政治的長期演變，最常見之說是指自 18 世紀啟蒙運動與 1789 年法國大革命，到 20 世紀二戰結束後時期的兩個世紀。〔註3〕不過，部分學者認為現代性的發端要比上述說法的時間還要更早。如前文曾提及的伯曼將現代性分為三個階段：16～18 世紀末，法國大革命～19 世紀、20 世紀。〔註4〕列奧·施特勞斯（Leo Strauss，1899～1973）則提出了「現代性的三次浪潮」之說：分別以尼可洛·迪貝爾納多·代·馬基雅維利（Niccolò di Bernardo dei Machiavelli，1469～1527）、讓－雅克·盧梭（Jean-Jacques Rousseau，1712～1778）與弗里德里希·威廉·尼采（Friedrich Wilhelm Nietzsche，1884～1900）三人為分界線。這三位思想家代表之三大思想革命擊敗了自然法、古代理性與自然的關係，代以現代理性、科學技術和人的權利（人取代自然、權利取代法）。〔註5〕據此，無論是伯曼還是施特勞斯之說，自明清之際與馬若瑟所在的康熙朝，皆在第一次現代性的浪潮之中。

　　自「比較文學中國學派」呼籲採用西方理論闡述與研究（即「闡發法」〔註6〕）中國文學以來，「現代性」理論迅速成為中國文學領域之寵兒。自上世紀 90 年代始，現代性與中國文學之關聯，長期佔據學術討論與研究之重心。故而，本小節重心在釐清現代性這一概念，並從現代性之分期與中國現代性之發端諸說兩個面向逐步梳理，以圖明晰現代性與中國之關聯以及中國現代性真正肇始之時代。

一、現代性的第一次浪潮（16～18 世紀末）與中國現代性諸說

（一）「現代性」及其三階段

　　伯曼論及現代性的第一個階段，呈現如下的面貌：人們剛剛開始體驗現代生活；還不清楚自己受到了什麼東西的撞擊；他們竭力地卻又是半盲目地探尋著恰當的詞彙；對於能使他們共享自己的試驗與希望的現代公眾社會還

〔註3〕〔英〕彼得·布魯克（Peter Brooker）著，王志弘、李根芳譯，《文化理論詞彙》（臺北：巨流圖書公司，2003 年），頁 253。

〔註4〕〔美〕馬歇爾·伯曼著，徐大建、張輯譯，《一切堅固的東西都煙消雲散了：現代性體驗》，頁 17。

〔註5〕Strauss, Leo. "The Three Waves of Modernity." *An Introduction to Political Philosophy: Ten Essays*. Leo Strauss and edited Hilail Gildin. Detroit, Michigan: Wayne State University Press, 1989. 81～98.

〔註6〕此說參見：古添洪、陳惠樺著，〈序〉，收入古添洪、陳惠樺編著，《比較文學的墾拓在台灣》（臺北：東大圖書，1976 年），頁 1～2。

沒有什麼感覺。〔註7〕第一階段的現代性，有實而無名。故而，及至第二次現代性浪潮襲來時，波德萊爾才明確用現代性一詞明確描述插畫家康斯坦丁·蓋斯（Constantin Guys，1802～1892）之藝術，論析現代性之特徵，即「現代性就是過渡，短暫，偶然，就是藝術的一半，另一半是永恆和不變」。

從詞源上講，「現代的」（the modern）及與之相關的「新穎」（the new）之意，來自拉丁文「modernus」、「modo」。此一意涵，有長久的使用歷史，始自文藝復興相對於中世紀多出「新穎」之意。〔註8〕概括整理其發展的脈絡，即：12世紀時，modernitas用於區分當代與過往年代；直到1460，該詞才被用來區分「古代」與「現代」；1585年英語詞「modern」嶄露頭角；1627年，詞彙「modernity」登場；1753年，在英語中與中世紀相對意義出現（同意義的「Gothic」在16世紀早已使用）。〔註9〕由是觀之，現代性從語源上論之，在文藝復興大盛之時，便具備當今現代性相近之意涵。職是之故，結合前文歐洲學術之盛況與歐洲語言觀念之鉅變，16世紀乃現代性之開端，此說實然。

除伯曼外，英國著社會學家安東尼·吉登斯（Anthony Giddens）亦持類似的論斷。吉登斯從文化與認識論的角度，對現代性進行制度性的分析，他認為現代性即「指社會生活或組織模式，大約17世紀出現在歐洲，並且在後來的歲月裡，程度不同地在世界範圍內產生著影響」。〔註10〕對此，吉氏提出了判斷依據——「斷裂論」（discontinuist），意指現代性的斷裂性意義，指現代社會的制度在某些方面是獨一無二的，其在形式上異於所有類型的傳統秩序。〔註11〕吉氏提出「現代的斷裂」，欲糾正過於強調進化論敘事的弊病。〔註12〕

〔註7〕〔美〕馬歇爾·伯曼，《一切堅固的東西都煙消雲散了：現代性體驗》，頁17。

〔註8〕〔英〕彼得·布魯克，《文化理論詞彙》，頁253。

〔註9〕Gillespie, Michael Allen. *The Theological Origins of Modernity*. Chicago: The University of Chicago Press, 2008. 2～3.

〔註10〕〔英〕安東尼·吉登斯（Anthony Giddens）著，田禾譯，《現代性的後果》（南京：譯林出版社，2011年），頁1。

〔註11〕這種斷裂，從外延和內涵兩方面看，現代性捲入之變革比過往絕大多數變遷特性都更加意義深遠。從外延論，確立了跨越全球的社會聯繫方式；在內涵方面，它們正在改變我們日常生活中最熟悉和最帶個人色彩的領域。〔英〕安東尼·吉登斯（Anthony Giddens）著，田禾譯，《現代性的後果》，頁3、4。

〔註12〕〔英〕安東尼·吉登斯著，田禾譯，《現代性的後果》，頁4～5。

　　至於如何判斷現代社會制度某些元素是從傳統秩序中脫離出來的斷裂，吉登斯揭櫫了若干要素。〔註13〕具體而言，即現代性具有四個基本的制度性維度：資本主義（在競爭性勞動和產品市場情境下的資本積累）、工業主義（自然的改變：「人的環境」的發展）、軍事力量（在戰爭工業化的情境下對暴力工具的控制）、監督（對信息和社會督導的控制）。〔註14〕此四大維度相互關聯，相互影響，並由三種來源組成動力論：時—空延伸，脫域機制（disembeding）與反思特性。〔註15〕現代性又在內在經歷全球化，它將世界範圍內的關係強化並將彼此聯繫起來，是時—空的延伸。〔註16〕全球化又具備四大維度：世界資本主義經濟、國際勞動分工、世界軍事秩序，民族國家形成。〔註17〕

　　從全球化民族國家維度看，隨著歐洲三十年戰爭（Thirty Years' War，1618～1648）的結束，在新舊教國家的混戰中，以哈布斯堡王朝（The Habsburg Dynasty）戰敗與簽訂《威斯特伐利亞和約》（*The Peace of Westphalia*，1648）為結局。此戰推動了歐洲各國擺脫羅馬教廷的絕對統治，促使歐洲各國民族國家的形成，並大大提高了各民族語言的地位。意即歐洲各國成為了主權國家，真正告別了中世紀，一舉跨入近現代。〔註18〕同時，印刷術的到來，進一步加快了知識的傳遞，並迫切促使官方語言的確立與語言的規範化，並打

〔註13〕其一，現代性時代到來的絕對速度，即現代性具有的動力性，使得社會變遷、技術進步等方面更加神速；其二，斷裂體現之變遷範圍，社會擴及至全球各個角落；其三，現代制度的固有特性，即某些現代社會組織形式不能簡單從此前歷史中尋獲，如民族國家政治體系形成。同時，吉氏提醒，城市化不可作為第三元素判斷依據，它只能作為傳統社會秩序的一種似是而非的延續性，現代城鎮都會，往往是傳統城市所在地。〔英〕安東尼·吉登斯著，田禾譯，《現代性的後果》，頁5～6。

〔註14〕〔英〕安東尼·吉登斯著，田禾譯，《現代性的後果》，頁52～56

〔註15〕〔英〕安東尼·吉登斯著，田禾譯，《現代性的後果》，頁56。

〔註16〕〔英〕安東尼·吉登斯著，田禾譯，《現代性的後果》，頁56。

〔註17〕〔英〕安東尼·吉登斯著，田禾譯，《現代性的後果》，頁62。

〔註18〕凱倫·阿姆斯壯（Karen Armstrong）則認為現代意義上的國家出現，可以更早至16世紀。在她看來，早在16世紀早期便出現了所謂的「西方大轉型」（Great Western Transformation），西人開始創造全新的文明形式。而這種文明形式，依靠的是近現代的經濟基礎（仰賴資源的技術性複製和資本的不斷再投資，讓財富來源無限更新）。因此，出現了兩種現代性互相競爭的版本：強調開放和寬容／排他和強制。〔英〕凱倫·阿姆斯壯（Karen Armstrong）著，朱怡康譯，《為神而辯：一部科學改寫宗教走向的歷史》（新北：八旗文化出版、遠足文化發行，2019年），頁228～229。

破原有之宗教、語言、族群，構建了所謂的民族／國民國家（nation-state）。
此即，本尼迪克特·安德森（*Benedict Anderson*，1936～2015）所說的印刷業
促進「想像共同體」（imagined communities）的形成。或乃吉登斯所言之作為
全球化更深層面的文化全球化——它是全球化四大維度之背面，其形成與技
術的發展（印刷術與交通、通訊技術等）相關，是現代性反思與斷裂的重要
組成部分，可使現代從傳統中分離出來。〔註 19〕可以說，文化全球化與語言
研究、民族國家形成有著難以割裂的關聯。

但從宗教言之，天主教在面對新教改革，即面臨現代性兵臨城下的困境
下，召開了特利騰大公會議（Concilium Tridentinum，1545～1563），開始了天
主教改革之路。在凱倫·阿姆斯壯（Karen Armstrong）看來，無論是新教還是
舊教，在改革以後，都屈於現代性揚起的毀棄偶像（iconoclasm）之風，這個
風潮不斷煽動他們毀掉自己取代的東西。由此衍生了教義的分裂與宗教的世
俗化，為了維護秩序，君主們必須超脫於敵對教會或宗派紛爭之外，結果教
會的權力因此下降。在新生國家奮力擺脫羅馬掌控、積極爭取政治獨立時，
它們必須建立起獨特的國族認同。〔註 20〕這股民族主義之風，跨越大洋，擴
張至在華傳教士群體之中。如 17 世紀末，法、葡耶穌會士如火如荼地爭奪在
華管轄權。1697 年 10 月 13 日耶穌會總會長貢薩雷斯（Thyrsus González de
Santalla，1624～1705）致洪若翰的書信中，大為驚歎傳教過程中興起的民族
主義：「這自以為是的民族主義情緒，竟在我們耶穌會中釀成如此災難！」。
〔註 21〕從中可見歐洲各國民族主義，通過全球化的機制擴及至大清帝國的腹
地。

依照上文論證，至少在 17 世紀前，歐洲已出現了現代性的萌芽，並綿延
至中國。由是可以言說，17 世紀歐洲學界對漢字起源的爭論，可謂是在現代
性的影響之下。

（二）中國現代性諸說

既然歐洲至少在 17 世紀存在現代性的萌芽，那同時代之中國是否具備

〔註 19〕〔英〕安東尼·吉登斯著，田禾譯，《現代性的後果》，頁 67。
〔註 20〕〔英〕凱倫·阿姆斯壯著，朱怡康譯，《為神而辯：一部科學改寫宗教走向的
歷史》，頁 238～240。
〔註 21〕轉引自：〔美〕魏若望著，吳莉葦譯，《耶穌會士傅聖澤神甫傳：索隱派思想
在中國及歐洲》，頁 64。

現代性，便是下文論述之重點。結合前文及上一章可知，在華傳教士與歐洲世界交流緊密，傳教士潛移默化受歐洲現代性之薰染，其著書立說，亦有意或無意夾雜文藝復興以來之現代性。正如對西方現代性肇始何時，學界未有定論，中國之現代源自何時，亦存不同之說。以下便針對中國是否具有現代性，及現代始於何時的各種說法，一一羅列，有助釐清明清之際是否為中國現代性之緣起。

中外學界論述中國之近現代之分期，理論範式主要有四：

其一，唐宋變革論（the Tang-Song transformation）。內藤湖南（1866～1934）及京都學派為代表。該說旨在論證自中唐（8世紀）至北宋初年（14紀）或中葉（11世紀）或南宋初年（12世紀），是中國中古史跨入近現代史的變革期。在此期間，社會制度引起深刻變革，近乎革命性質（revolutionary），經濟方面呈現經濟重心南移，發達的商業與都市化，貨幣的大量使用甚至出現紙鈔；政治則由貴族制轉向集權制，官員選舉由貴族壟斷轉向科舉取士；學術上則有疑古之風，追求古典亦能擺脫舊有著述的桎梏；文化上則庶民文化興起，人文關懷與知識普及亦不缺席；科學上四大發明之火藥、印刷術及指南針一一登場，較之有如文藝復興。若視文藝復興乃西洋現代之始，唐宋變革論確也站得住腳。

其二，明清之際論與清代論。持此觀點之學者為數不少，且多執一時之牛耳，發揮重大影響。分別有基於馬列思想的明末「資本主義萌芽」說，梁啟超「古學復興」（「文藝復興」之別譯）說、胡適（1891～1962）「理學反動」說、嵇文甫（1895～1963）「古學復興」與「西學輸入」說、侯外廬（1903～1987）「早期啟蒙」說、錢穆（1895～1990）的「每轉益進」說、余英時的「內在理路」（inner logic）說，晚近又有李奭學「沒有晚明，何來晚清」之論。〔註22〕若結合海外漢學研究，以新清史（New Qing History）為代表。

〔註22〕馬列主義之觀點認為歐洲與15世紀地中海沿岸出現資本主義萌芽，而中國在明代中葉（16世紀）江南及沿海地區出現資本主義萌芽，此說以毛澤東為代表：「中國封建內部的商品經濟的發展，已經孕育著資本主義萌芽，如果沒有外國資本主義的影響，中國也將緩慢地發展到資本主義。」；梁啟超將明亡以來之學術歸納為「近事之學術」，亦稱之為文藝復興的時代：「綜舉有清一代之學術，大抵述而無作，學而不思，故可謂之思想最衰時代。……由此觀之，本朝二百年之學術，實取前此二千年之學術……愈啖而愈有味……要而論之，此二百餘年間，總可命為『古學復興時代』」；當梁啟超將

美國清史學界清代視為一個世界帝國，以世界史的眼光來思考有清一代。爭論之焦點，圍繞於如何界定清代之性質：帝國主義是（imperialist）／現代早期（early modern）／帝制晚期（late imperial），還是其他什麼的思考。一些學者則從共時性（simultaneity）出發，檢視同一時間內清帝國的各個方面，以期確定近代早期究竟發生於何時〔註23〕；新清史對物質文化在清帝生活及中國發揮作用的研究，一些學者主張認為它構成了清代中國早期現代性進

清代學術之出發點視作對宋明理學之反動時，胡適也持類似的看法提出理學反動說，並「科學精神」稱「樸學」：「中國舊有之學術，只有清代的樸學確有科學的精神。」；嵇文甫提出晚明思想界有三大新趨勢，發展出思想史上一個新時代，其中之一是由思到學，表現為古學復興到西學的輸入；侯外廬將中國近代思想學術上溯至17世紀，是中國的「啟蒙運動」：「第十七世紀的啟蒙思想，氣象博大深遠」。錢穆不同意「反理學」說，提出「每轉益進」說，認為清代學術乃宋明理學之拾遺補缺，未曾斷絕，其言曰：「抑學術之事，每轉而益進，窮途而必變。……又得晚明諸遺老之盡其變，乾嘉諸儒之糾其失，此亦途窮當變之候也。而西學東漸，其力之深廣博大，較之晚漢以來之佛學，何啻千百過之！然則繼今之變者，當一切包孕，盡羅眾有，始可以益進而再得其新生。」其說暗含進化論之觀點，學術自身在不斷發展與超越，趨向現代，葛兆光認為錢氏之說基本上還是屬於「近代性」的論述；余英時提出「內在理路」說來整理清代思想史，試圖拋開大陸學術從馬克思主義出發的市民階級說與晚清民國「反滿」舊說為代表的外在政治、經濟角度的解說，純粹從思想史的角度解釋，指出思想史至明清進行了轉型，出現「反理學」（梁氏之說的外緣因素是反滿說），但非主因。他重新思考宋明理學轉入考據學之過程及意義，提出此說，意在說明，思想史不需要外在因素刺激即可發展，可以通過內在問題解決而發展；李奭學：「『文學』一詞今義的形成乃晚明天主教和晚清基督教合力建構使然」。分別見：毛澤東，《毛澤東選集·第二卷》（北京：人民出版社，1991年），頁626；梁啟超，《論中國學術思想變遷之大勢》（上海：上海古籍出版社，2001年），頁130～134；胡適，〈清代學者的治學方法〉，《胡適全集·第2卷》（合肥：安徽教育出版社，2003年），頁371；嵇文甫，《晚明思想史論》（北京：東方出版社，1996年，根據上海世界書局1944年版再版），頁170；侯外廬，《近代中國思想學說史（上冊）》（上海：生活書店，1947年），頁1；錢穆，〈清儒學案序目〉，《錢賓四先生全集》（臺北：聯經出版事業公司，1998年），頁592；葛兆光，《思想史研究課堂講錄續編》（北京：生活·讀書·三聯書店，2012年），頁151；余英時，〈清代學術思想史重要觀念通釋〉，《中國思想傳統的現代詮釋》（臺北：聯經，1987年），頁405～486；李奭學，〈沒有晚明，何來晚清？——「文學」的現代性之旅〉，《華東師範大學學報（哲學社會科學版）》2018年第4期（2018年7月），頁72。

〔註23〕〔美〕衛周安（Joanna Waley-Cohen）著，董建中譯，〈新清史〉，《清史研究》2008年第1期（2008年2月），頁109～116。

一步消費主義意義。上述說法，論證角度無論從經濟、政治層面上，抑或是思想、文學上，皆在明清之際或有清一代尋獲現代性的表徵。

其三，晚清論。主要以費正清（John King Fairbank，1907～1991）「衝擊—回應」論（"impact-response" approach）及其變體為藍本，多以鴉片戰爭視為中國近現代的開端。該範式以王德威「沒有晚清，何來五四」之說為代表。〔註24〕

其四，「五四」說。此說多以「五四」具有「傳統—現代」的決裂意義，具備新文學革命的典範意義，是「救亡和啟蒙的雙重變奏」。〔註25〕

唐宋變革期既然具有類似文藝復興的歷史，本研究何以不視為中國現代之開端，有如伯曼不將現代性的第一次浪潮劃分在文藝復興初始之14世紀，而是劃定在文藝復興結出碩果或稱之為頂峰時期的16世紀，而此時啟蒙運動也即將登上歷史舞台。唐宋變革期雖然具備現代性中的世俗性、合理性、平民性，但僅僅只能稱之為「亞近代」或 "pre-modern"，是介於中世紀與近代之間的一個形態。〔註26〕故而將唐宋變革視為中國現代性的開端，多少有些勉強。

對於明清之際論，近年來屢有創說。美國學界之清史研究，存在將1500～1800年之中國與歐洲相比較研究的現象。更有部分學者將清代統治政策與早期大英帝國進行比較，得出結論——清人從耶穌會士那裡獲取的知識並非膚淺。他們認為自康熙以來之清朝皇帝，通過來自歐洲之製圖學及其

〔註24〕王德威在《壓抑的現代性》一書序言導論〈沒有晚清，何來「五四」〉中，如此敘述晚清文學的重要性：「傳統解釋新文學起源之範式，多以『五四』（1919年文學革命的著名宣言）為中國文學現代時刻之依歸；胡適、魯迅、錢玄同等諸君子的努力，也被賦予開山宗師的地位。相對的，由晚清以迄民初的數十年文藝動蕩，則被視為傳統逝去的尾聲，或西學東漸的先兆，過度意義，大於一切。……我們應重識晚清時期的重要，及其先於甚至超過『五四』的開創性。我所謂的晚清文學，指的是太平天國前後，以至宣統遜位的六十年；而其流風遺緒，時至『五四』，仍體現不止」。〔美〕王德威著，宋偉傑譯，《被壓抑的現代性——晚清小說新論》（北京：北京大學出版社，2005年），頁1。

〔註25〕「救亡和啟蒙的雙重變奏」說出自李澤厚的判斷，他認為五四運動包含新文化運動與學生愛國反帝運動這兩種性質不相同的運動，即有啟蒙與革命的雙重意義。李澤厚，《中國現代思想史論》（北京：生活·讀書·三聯書店，2008年），頁1。

〔註26〕陳來，《中國近事思想史研究（增訂版）》（北京：生活·讀書·三聯書店，2010年），〈序〉，頁2～3。

他信息技術，發展了自己的管理能力。甚至，一些學者經過對清朝與歐洲政策進行分析，得出清代已具備帝國主義特徵的結論。孔飛力（Philip Alden Kuhn，1933～2016）研究 1768 年的妖術恐慌，以及有學者探索《四庫全書》之編纂，得出結論，這些舉措都證明了乾隆帝實施具體、嚴格而全面的審查監控制度。同時，部分學者研究清代之法律層面，認為此時中國人已經能夠運用法庭解決民事糾紛。〔註 27〕這些角度，無一不論證清代具備一定的現代性。

新近新清史學者馬士嘉（Matthew W. Mosca）之研究成果——2013 年出版的《破譯邊疆・破解帝國：印度問題與清代中國地緣政治的轉型》（*From Frontier Policy to Foreign Policy: The Question of India and the Transformation of Geopolitics in Qing China*），推翻了以法國學者阿朗・佩雷菲特（Alain Peyrefitte，1925～1999）《停滯的帝國》（*L'Empire immobile ou le choc des mondes*）為代表海外學者及中國學者傳統觀點中的「聾子」論——清代中國對英國之富強以及法國大革命一無所知，閉關自守，拒絕現代化的傳統刻板印象。〔註 28〕馬氏透過漢文、滿文、蒙古文及歐洲材料之探索，發現事實並非如此。真相早在 18 世紀末馬戛爾尼使團開始就被歐洲學者強勢話語述行下被掩蓋，中國的聲音早就開始缺席。

馬氏的研究，沖擊了自康熙朝後中國缺少世界觀的舊論，其處理了兩大問題：一，自 1750 至 1860 年間，清朝皇帝、官員與學者們如何看待大英帝

〔註 27〕〔美〕羅友枝（Evelyn S. Rawski）撰，張海惠譯，〈北美清史研究、教學及其文獻資料〉，收入張海惠主編，《北美中國學：研究概述與文獻資源》（北京：中華書局，2010 年），頁 199～200。

〔註 28〕法國學者佩雷菲特如此描述法國大革命發生的那一年：「同一年，這兩個強國以平安無事的方式造就後兩個世紀的歷史！從表面上看，聯合王國和中國什麼都沒有發生。英國人眼見成千上萬驚恐不安的流亡者源源而來，儘管對法國發生的事情迷惑不解，但多少還是置身事外。在中國，乾隆皇帝完成了他的第五十八年統治，然而他對國民公會和法蘭西共和國一無所知。當消息最終傳至北京時，除了像一則不熟悉的海洋上空出現了龍捲風這樣的無用新聞外，還會帶給他什麼？」他又如欷歔馬戛爾尼使團訪華的失敗：「這是歷史賦予遠東和遠西的機會。但是聾子——地球上最強大的聾子——之間的對話使這個機會付諸東流。……中國拒絕對世界開放」。曾替佩氏在第一歷史檔案館尋找資料的朱雍，依照這些史料撰寫論文，嚴厲批判乾隆的政策——「閉關自守和拒絕現代化」。〔法〕阿朗・佩雷菲特（Alain Peyrefitte）著，王國卿、毛鳳支、谷炘、夏春麗、鈕靜籟、薛建成譯，《停滯的帝國：一次高傲的相遇，兩百年世界霸權的消長》（新北：野人文化出版，2015 年），頁 43、38。

國在印度的崛起；二，對此一局勢的了解又如何影響清朝政策以便維護自身安全。〔註29〕並不斷發問，中國何以缺席「帝國主義之第一紀元」，中國何以在當時密集的戰火與縱橫捭闔（七年戰爭〔1756～1763〕後英國東印度公司在印度強勢崛起；法國大革命與拿破崙之世界性的鬥爭；英俄之「大博弈」〔the Great Game〕）之中脫隊？這些帝國主義間的爭鬥，不止涵蓋歐洲，甚至圍繞在清帝國周邊（從澳門至東南亞，印度，尼泊爾至阿富汗而北上至俄羅斯）都深陷領土鬥爭。〔註30〕他揭櫫兩大因子推動了清朝從邊疆政策到外交政策的調整：「盛行在外的世界概念——即基本實際形狀與清帝國和其他國家在世界中的配置，以及在此地緣政治下如何在最大程度上確保帝國的安全」；於是第二因素便是「資訊之獲取」——「關於外國發展的新資訊，顯然能引導帝國策略的再規劃」。〔註31〕真實情況是，根據檔案顯示，清廷至少通過國內及國外報導人，透過專門情蒐系統，獲取了泰半周遭所發生的重大軍事交戰狀況（包含印度）。馬氏指陳：「所有這些材料（指海外情報）皆交託予一體系，該體系集中處理情報蒐集、歸檔、檢索以及出版，以資指導萬一遭遇複雜的後勤與軍事行動之所需。乾隆一如同時期之歐洲君王們，乃一案牘勞形之皇帝官僚（royal bureaucrat），並有一批忠貞、聰智且勤勉的忠僕追隨」。〔註32〕清廷在資訊上未曾脫隊，然政治、軍事、外交上未有參與所謂「帝國主義第一紀元」，清廷之所以從多元邊疆政策轉向為一元外交政策，是出於18世紀中葉平定準格爾以後，認為自身安全得到一定程度保障，透過情報分析確保和平後，不希望陷入無謂的外國糾紛之中。〔註33〕總而言之，即使到了乾隆朝，依舊具備世界眼光以及具有現代特色的嚴密監控網絡。可以說，「部分清朝觀察家已由跨越諸多小邊疆的『高高在上的分離』

〔註29〕〔美〕馬世嘉（Matthew W. Mosca）著，羅盛吉譯，《破譯邊疆‧破解帝國：印度問題與清代中國地緣政治的轉型》（新北：臺灣商務印書館，2019年），頁30。

〔註30〕〔美〕馬世嘉著，羅盛吉譯，《破譯邊疆‧破解帝國：印度問題與清代中國地緣政治的轉型》，頁38～39。

〔註31〕〔美〕馬世嘉著，羅盛吉譯，《破譯邊疆‧破解帝國：印度問題與清代中國地緣政治的轉型》，頁33。

〔註32〕〔美〕馬世嘉著，羅盛吉譯，《破譯邊疆‧破解帝國：印度問題與清代中國地緣政治的轉型》，頁39。

〔註33〕〔美〕馬世嘉著，羅盛吉譯，《破譯邊疆‧破解帝國：印度問題與清代中國地緣政治的轉型》，頁39。

（masterful disengagement），轉而具有可與其主要對手相匹敵的『大戰略』
（grand strategy）」。〔註 34〕

以上之說，論證了清廷與歐洲間聯繫遠比想像或傳統之說要緊密得多，
中國未曾缺席對世界動態的了解，具備現代性中的全球視角並符合吉登斯所
謂的現代性的全球化四大維度的觀點。馬士嘉的研究，衝破了衝擊—回應傳
統範式的桎梏，得出中國並非沒有回應（雖為消極反應而非積極）的結論。
若從吉登斯四個維度來看，晚明資本主義萌芽說符合資本主義維度，明清江
南工業發展說與明清學術轉型代表了工業主義維度〔註 35〕，戰爭中紅衣大
炮、火銃等火器的運用及明清兩代欲創建科學院研究軍事為代表的軍事力量
維度〔註 36〕、以孔飛力與馬士嘉之研究成果代表監督、監控維度。可以得出
結論，現代性在明清之際，被耶穌會士裏挾入華後，便未曾缺席。清廷長期
具備世界眼光，監視國內與國外，只是時隱時顯，或壓抑或回歸，或是東方
傳統壓倒西方現代性，或是西方壓倒東方，或多數人具備，或少數人具備。
直到晚清，現代性再次藉助海外勢力，迅速滋長，得以徹底反撲與消解中國
固有之傳統，直到五四呈現明顯的新舊斷裂態勢。

二、重思「初次被壓抑的現代性」：作為新文學的漢語基督教文學與西學論著

（一）現代性的壓抑與回歸

上述論證明清之際具有現代性，出自社會學與歷史學的角度。本節則回
歸文學，從明清之際至晚清前的文學作品，來檢視其中的現代性，及如何界
定此一階段的現代性與文學性質。〔註 37〕今之學界，多持王德威晚清壓抑的

〔註 34〕〔美〕馬世嘉著，羅盛吉譯，《破譯邊疆‧破解帝國：印度問題與清代中國地
　　　　緣政治的轉型》，頁 40。

〔註 35〕李伯重指出，明清江南工業發展最主要的特點之一，便是重工業畸輕而輕工
　　　　業畸重，形成一種「超輕結構」。李伯重，《江南早期的工業化（1550～1850）》
　　　　（北京：社會科學文獻出版社，2000 年），頁 523。

〔註 36〕有明一代徐光啟集合西士，創建曆局，翻譯西書，並在〈條議曆法修正歲差
　　　　疏〉尋求撥款，第四款「度數旁通十事」中的其中三項為軍事學、物理與機
　　　　械工程、地理學與製圖學，雖未實現，已見雄心與西洋學術之影響。至於清
　　　　代，眾所周知，康熙帝重用洋人，命其供職欽天監，修改曆法，鑄造西洋火
　　　　炮。嵇文甫，《晚明思想史論》，頁 167～168。

〔註 37〕〈緒論〉業已說明，本文所謂之「文學」，持廣義文學角度。

現代性之說，本文欲將此說之時間延長，並借用王說，將明清之際至晚清前之部分蘊含現代性的作品，命名曰「初次被壓抑的現代性」。然而值的注意的是，本文所用之「被壓抑」一詞，與王德威之說略有區別。王說之「被壓抑」，指的是「一種更為廣泛的閾限空間（liminal space），在這一空間裡，若干人與社會力量將鐵板一塊的現代性定義，強加在當時各種喧嚷的聲音與實踐上」。〔註38〕而文本運用之「被壓抑」一詞，則化用自西格蒙德・佛洛伊德（Sigmund Freud，1856～1939）之「被壓抑者的回歸」（the return of the repressed）。

在佛洛依德看來，人的歷史就是人被壓抑的歷史。人的本能是不斷追求一種文化所不能給予的滿足，而文明則是以徹底拋棄這個目標為出發點的。〔註39〕換言之，在佛氏看來，並不存在非壓抑性的文明。他試圖以「俄狄浦斯情結」（Oedipus complex）解釋人類的歷史，即人類「弒父」的歷史。按佛氏之語，「宗教、道德、社會和藝術的起源都匯集在俄狄浦斯情結之中」。〔註40〕所殺之父，謂之「原父」，在精神分析領域，可以是性慾；在歷史領域，是原始社會中弒父獻祭；在社會學中，既可以是封建領域，大家長，也可以是專制王權之君主。於是，所謂「被壓抑者的回歸」，乃指壓抑之物，在歷史中呈現不斷回歸的狀況、而回歸之物，便是一度被壓抑或殺害的「原父」，在歸來的時候具有強迫性。例如，專制王權在革命之後反復復辟，如法國大革命後之波旁王朝（Dynastie des Bourbons），若中國辛亥革命後之袁世凱，都是「原父」在壓抑後不斷在更高層次的回歸。

將「被壓抑者的回歸」說放置在明清之際至晚清前之漢語文學的情境中，則可以看到西方文藝復興以來之現代性對中國傳統的弒殺。如此堅固的中國文化、文學、宗教、學術、生活、理念、語言、技術等「原父」，被一一衝擊與瓦解，漸為新的「父親」（現代性）所取代，成為新的被壓抑的對象。現代性這位有著進步與斷裂特徵並迅速擴散至地球各個角落的近現代社會「原父」，其第一次現代性浪潮在中國被暫時得以壓抑。隨著晚清第二次現代性的浪潮襲來，即王德威所謂之「被壓抑的現代性」出現，各種現代化與現代性觀念百花齊放。隨著晚清的現代被壓抑，20世紀第三次現代

〔註38〕〔美〕王德威著，宋偉傑譯，《被壓抑的現代性——晚清小說新論》，頁27。
〔註39〕〔美〕赫伯特・馬爾庫塞（Herbert Marcuse）著，黃勇、薛民譯，《愛慾與文明：對弗洛伊德思想的哲學探討》（上海：上海譯文出版社，2005年），頁7。
〔註40〕〔奧〕佛洛依德（Sigmund Freud）著，文良文化譯，《圖騰與禁忌》（北京：中央編譯出版社，2005年），頁107。

性襲來，以五四為代表的新的現代性再次回歸，現代化的過程擴及全世界，現代主義在文化、思想及藝術領域獲得驚人的成功。同時，現代公眾在擴展中破碎成大量碎片，訴說各種沒有尺度的私人語言。〔註41〕因為中國之現代性，較為倚重西方之刺激，並與西方相較，總表現出「遲到」的特點，故而現代性在中國的發展的階段，大致可劃分在晚明（1583，利瑪竇與羅明堅獲准進入中國內地）至鴉片戰爭（1840年）前後，而第二次現代性則要在劃分在 1840 年後至新文化運動前，第三階段則在「五四」之後。

（二）中國第一階段的現代性（1583～1839）及其代表文學：「譯介」與「歐化白話文」為例

晚清現代性論述，構成其重要一環的便是晚清在西學東漸中發揮的過渡性作用。若將視線放長遠一些，時間可劃定在 16 世紀之 19 世紀上半葉前，清朝社會不斷在為第二次現代性做準備。「西學」內容廣博，上至希臘羅馬的古典學問，中有中世紀經院哲學，下至文三大傳統／現代分界運動（文藝復興、宗教改革、科學革命）。〔註42〕雖然在此期間的西學大部分時間處於被壓抑的狀態，然第二次現代性的開啟，可謂是西學在壓抑後的更高層次且強迫性質的回歸。初次現代性中孕育的西學，可說是為晚清做足了準備。如前文所及，李奭學追溯「文學」的近現代概念，在明清之際便以譯介入中國，等待新教入華後，二者合力，遂改變了中國的「文學」概念。從譯介的現代

〔註41〕現代性三次浪潮不同之表現特徵，參考伯曼之說，詳見：〔美〕馬歇爾‧伯曼，《一切堅固的東西都煙消雲散了：現代性體驗》，頁 17。

〔註42〕「西學」在明清的語境中，常被用來表述「泰西之學」、「西來之學」、「西洋之學」、「西來天學」、「西賢之學」、「西人之學」、「泰西人之學」等等，鄒振環將晚明的「西學」定義為：「由外來傳教士和中國合作者編譯的經過天主教改造過的希臘羅馬時代的古典文化、中世紀的文化，以及文藝復興和宗教改革這兩次意義重大的思想文化解放運動以後出現的部分學問」。鄒振環，《晚明漢文西學經典：編譯、詮釋、流傳與影響》（上海：復旦大學出版社，2011 年），頁 5～6；荷蘭學者許理和（Erik Zürcher，1928～2008）將西學視為一種「複合」學問，包含西方起源的一切思想觀念——神學、道德、科學、技術和藝術思想。他們的中文著作，在內容上大致可以分為四類：（1）宗教文學，其中包含論辯性的文章；（2）實踐倫理學（如關於友誼和教育的論述和諺語言集）；（3）旨在「提高歐洲地位」的著作，在總體上讚美西方文明，尤其是她的優秀的基督教道德和制度；（4）關於科學技術的著作。〔荷〕許理和著，李岩譯，〈十七～十八耶穌會研究〉，《國際漢學》第 4 輯（鄭州：大學出版社，1999 年），頁 429～430、436。

性角度論之，明清之際及清初耶穌會士所翻譯及譯述〔註43〕之文學及其術語、理念等，迅速回歸，支撐第二階段的現代性，甚至一部分術語通過迂迴途徑重返晚清——東傳日本後回流至中國。

1. 被譯介的現代性

翻譯中生成的現代性，劉禾稱之為「被譯介的現代性」（translated modernity）。其考察之翻譯，非尋常所謂之技術上的「翻譯」，而是一種「跨語際實踐」：

> 我所要考察的是新詞語、新意思和新話語興起、代謝，並在本國語言中獲得合法性的過程，不論這過程是否與本國語言和外國語言的接觸與碰擊有因果關係。也就是說，當概念從一種語言進入另一種語言時，意義與其說發生了轉型，不如說在後者的地域性環境中得到了（再創造）。在這個意義上，翻譯已不是一種中性的、遠離政治及意識形態鬥爭和利益衝突的行為；相反，它形成了這類衝突的場所，在這裡被譯語言不得不與譯體語言對面遭逢，為它們之間不可簡約之差別決一雌雄，這裡有對權威的引用和對權威的挑戰，對曖昧性的消解或對曖昧的創造，直到新詞語或新意義在譯體語言中出現。〔註44〕

這種語言鬥爭的現象，在翻譯場域內，於清代屢見不鮮。最具代表性的，便是「Deus」（「陡斯」）一詞譯介為道教詞彙或是儒家擬人化神的「上帝」，而引發為羅馬教廷與清廷之鬥爭。隨著西方勢力不斷的介紹，傳統之「上帝」意義被擠出了中國語境，至晚清民國完成了「上帝」＝「Deus／God」的轉換。這就是劉氏所謂的思考詞語或話語從一種語言到另一語言的適應、翻譯、介紹，以及本土化的過程。〔註45〕

〔註43〕「譯述」概念，乃出自李奭學對耶穌會士翻譯文學論的界定。其觀點認為，從某種意義上說，前期耶穌會士之翻譯，是耶穌會士翻譯成中文後，明清儒生予以修飾。李教授認為，這種修飾，其實就是改寫，在某種意義上是雅各布森（Roman Jakobsom，1896～1982）所稱之「語內翻譯」（intralingual translation），乃以同一語種「詮釋」同一語種。「譯述」概念更清晰的論述，則可參看李奭續著《譯述：明末耶穌會翻譯文學論》。見：李奭學，《明清西學六論》，頁4～6；氏著，《譯述：明末耶穌會翻譯文學論》（香港：中文大學出版社，2012 年）。

〔註44〕〔美〕劉禾著，宋偉傑等譯，《跨語際實踐：文學，民族文化與被譯介的現代性：中國，1900～1937》（北京：生活‧讀書‧新知三聯書店，2002 年），頁 115。

〔註45〕〔美〕劉禾，《跨語際實踐》，頁 115。

劉禾主要考察的是 19 世紀至 20 世紀（1937 年止），通過漢語與歐洲文學（泰半部分以日語為中介）之間的接觸，她判定中國現代文學之興在此段時間內發生。〔註 46〕而本文之立論，是在此第二次現代性階段之前，還存有初次的現代性，乃是一種有實無名的現代性（相較於王德威晚清之現代性乃「若干人與社會力量將鐵板一塊的現代性定義，強加在當時各種喧嚷的聲音與實踐上」）。因之，若將視野拉長至初次現代性時期，大量被認為是具有現代性特徵的翻譯詞彙，通常被視為日文翻譯回流，而實際上是出自早期傳教士之翻譯。〔註 47〕與此同時，部分中國詞彙，流入歐洲：茶—cha（義大利語，1559〔括號內表示第一次使用之歐洲語言及時間〕）、茶（廈門話，ti）—the（法語，1565）、舢板—chiampanna（義大利語，1510〔另有 1516 年之葡萄牙語 champana，1540 年法語之 sampang，1620 年英語之 sampan〕）、荔枝—lechia / lichia（葡語，1513）等。〔註 48〕相較之下，中國引入的西方詞彙更多的是具備現代性的理念、科學詞彙，而西方從中國乃至東方援用之詞彙，多是具備傳統性的物質名詞。若從知識交換與跨語際實踐的角度，部分西詞暗含現代性理念的東傳，已經具備譯介之現代性。

從在華傳教士於處理國際外交及文書的翻譯方面發揮之功用角度看，無論在康熙朝對俄談判，還是馬戛爾尼使團訪華的過程中，傳教士始終都在努力除去中國天朝上國與懷柔夷人的高傲姿態，而代之以國際政治禮儀。從身份上說，在華傳教士嚴格來論非中國國籍，但多供職於中國朝廷，常以中國特使身份與歐人交際。故而，他們在國際會面中，代表之形象與利益乃是中國，而非歐洲母國。他們以國際禮儀與歐洲使者會面，以拉丁文為中介互通公文，或將漢／滿文譯為拉丁／歐洲諸國方言，或將西語譯為漢／清文。面

〔註 46〕〔美〕劉禾，《跨語際實踐》，頁 3。

〔註 47〕此類詞彙有：airplane—飛機、algebra—代數、battery—電池、bicycle—自行車、blue book—藍皮書、chemistry—化學、Congress—國會、court of law—法院、divorce—離婚、equator—赤道、globe—地球、geometry—幾何、law—法律、literary subject—文科、literature—文學、medicine—醫學、science—理科、news—新聞、North Pole—北極、physics—物理、school—學校……。詞彙（基本在 1840 年前）摘自劉禾（附錄 A：源自傳教士漢語文本的新詞及其流傳途徑）。見：〔美〕劉禾，《跨語際實踐》，頁 374～387。

〔註 48〕詞彙引自拉赫〈引入到歐洲詞彙表的亞洲詞彙（16 世紀）〉。見：〔美〕唐納德・F・拉赫（Donald F. Lach）著，何方昱、劉緋等譯，《歐洲形成中的亞洲・第二卷：奇跡的世紀・第三冊：學術研究》（北京：人民出版社，2013 年），頁 165～180。

對西人或清人以傲慢與偏見之姿，互通國書之時，傳教士秉著「譯者，逆者也」（"Traduttore，traditore"）之策略，修改文書，以達符合國際慣例之目的。如對尼布楚談判代表徐日昇（Tomás Pereira，1645～1708）神父勸說康熙與中國代表相信，俄國人是文明人而非野蠻人，按照國際法，應該相信他們。他在談判過程中的日記中多次提到國際法，並提到大量已成為國際法要素之原則：平等互惠、誠信等，注重外交禮儀如宣誓、全權代表的閣下稱呼、拉丁文作為外交語言、會談、簽字等等。〔註 49〕在這場會談標誌著，中國人首次接受了國家法（The Law of Nations）的原則。

又如馬戛爾尼使團訪華之際，雖然在那不勒斯中國學院（Complesso dei Cinesi; Chinese College）之中找到兩名中國人並謊稱外籍作為隨團翻譯。〔註 50〕由於李自標中文功底欠佳，故而公文之中西譯重任便交託於耶穌會傳教士賀清泰（Louis Antoine de Poirot，1735～1813）與羅廣祥（Nicolas Joseph Raux，1754～1801）。根據賀清泰自述，他和羅想盡辦法緩和乾隆國

〔註 49〕 〔義〕約瑟夫・塞比斯（Joseph Sebes）著，王立人譯，《耶穌會士徐日昇關於中俄尼布楚談判的日記》（北京：商務印書館，1973 年），頁 108、110。

〔註 50〕 「中國學院」的創始者是來華傳教士馬國賢（Matthieu Ripa，1682～1746），他於 1710 到 1724 年間住在中國，擔任北京宮廷的畫匠和雕刻師。該學院創建於 1732 年，1888 年關閉。總共培養了 106 名華籍司鐸，其中 23 名原籍湖廣。此一學院即今之那不勒斯東方學院（Università degli Studi di Napoli L'Orientale）之前身。1793 年，馬戛爾尼使團訪華，他們在歐洲找不到中文翻譯，結果有人推薦後在這所中國學院找到了兩個懂中文的中國人，充作隨團翻譯，帶往中國。當時的中國背景是，在乾隆二十四年（1759）發生之「洪任輝（James Flint）事件」中，乾隆帝便明確下令「內地人代寫呈詞者由應嚴其處分」。其結果便是，洪氏便判在澳門圈禁三年後驅逐回國，而代寫狀詞者劉亞區遭受處決。喬治・斯當東（George Leonard Staunton，1737～1801）在中國學院找到兩名神父——周保羅（Paolo Cho）與李雅各（Jacobus Li，1760～1828，漢名李自標）。因乾隆之禁令，二人謊稱外籍。而周保羅因此令產生替外國人工作之恐懼，於 1793 年 6 月使團到達澳門後便私自離開。沈艾娣在其論文〈馬戛爾尼的翻譯官〉一文講述了李自標的故事，強調他和馬戛爾尼的密切關係，以及他在為英國使團挑選禮品，翻譯國書和向使團成員介紹中國時的重要作用。李自標在出使之後到山西做神父度過餘生，他在那裡和身處南非的馬戛爾尼聯繫，與一個在埃及待過 20 年的義大利人緊密合作。沈艾娣認為，李自標就像馬戛爾尼及喬治・斯當東一樣，應該被看作剛出現的跨國團體的成員。〔法〕沙百里著，耿昇、鄭德弟譯，古偉瀛、潘玉玲增訂，《中國基督徒史》，頁 198；王德碩，《北美的中國基督教史研究論述》，頁 268；王宏志，〈馬戛爾尼使華的翻譯問題〉，《中央研究院近代史研究所集刊》第 63 期（2009 年 3 月），頁 100～104。

書中天朝上國的優越口吻。同時以個人身份致信馬戛爾尼，說明他們二人
將敕諭翻譯為拉丁文時，以盡力緩和其中高傲口氣，並偷偷塞入了對英王
的致敬詞語，以符合國際禮儀。〔註51〕而乾隆之反應，非是傳統觀點認為
之愚昧抑或自大自滿，固守天朝禮儀，而當是出於自身安全考量，感到軍事
防禦迫在眉睫。沈艾娣（Henrietta Harrison）指出：

> 當時乾隆對英使訪華的真正反應是：認為英國對於清朝是一種軍事
> 威脅。乾隆故意找理由，用這樣一封信回絕英使的各種對其有利的
> 要求，希望對方趕緊走。同時，乾隆也擔心他這封回信會觸怒英國，
> 導致對方開戰，於是緊急部署沿邊防禦。〔註52〕

馬世嘉的研究成果，更是為此說提供了新的證據。傳統觀點認為，清廷與英國
的第一次接觸是在馬戛爾尼使團訪華之時，期間乾隆以傲慢之姿，拒接英國通
商之許可，此後中國歷史遭遇「大分流」（the Great Divergence），致使中國出現
長達近二百年的落後。實際上，在馬氏使團之先，1788年尼泊爾郭爾喀（Gurkha）
入侵西藏。清廷在對其戰爭中，蒐集喜馬拉雅山外的情報中得知，英國已控制
印度地區，甚至懷疑郭爾喀背後的勢力亦是「噗咭唎国」，因而判斷英國勢力或
已與中國接壤的不安局面。此外，清廷從審訊捕獲的間諜處得出結論，更是認
定英人狼子野心，表面打著通商的幌子，實則意欲侵吞中國領土。此刻，英國
商人正雲集廣州，而馬氏使團恰巧到來，使人不得不疑心。〔註53〕乾隆帝持此
「偏見」，自認洞悉英人「奸心」，遂找尋藉口好讓英人速速離開。

再者，由於傳教士時常敬獻西洋、美洲新奇之物，英國使團準備之物什
對於清帝而言，並非稀奇玩意。乃至西學新知，明清之際已大量進入，中國
人亦非聞所未聞。根據鄒振環之考察，世界地圖與世界意識、西方「朋友
觀」、幾何學、代數學、工具性知識、西方學科知識、海外獵奇、西洋器物
解說、以「腦主記憶說」為代表的西方身體觀、火器知識皆已在明清之際傳
入中國。〔註54〕此外，還有熟知的天文曆法、邏輯學、西洋醫藥、乃至語

〔註51〕李奭學，《明清西學六論》，頁188～190。

〔註52〕引自2015年1月15沈艾娣教授在愛丁堡舉辦講座後，崔瑩與沈教授的問
答。見網路資料：崔瑩，〈牛津教授：乾隆已經意識到英國可能侵華〉，「騰訊
文化」（2015年1月19日），https://cul.qq.com/a/20150119/010032.htm。檢索
日期：2019年8月27日。

〔註53〕〔美〕馬世嘉，《破譯邊疆‧破解帝國：印度問題與清代中國地緣政治的轉型》，
頁206～238。

〔註54〕詳見：鄒振環，《晚明漢文西學經典：編譯、詮釋、流傳與影響》。

言文法、記憶術等，咸在禹域流傳。

試以腦主記憶及其相關西方解剖知識為例，證明馬若瑟確實引入了西學新知：

> 按格物真學，人饑而食，粟之入胃，猶薪之入火。火焚薪，胃化粟。
> 立於中，而為一家之釜。得肝以熱之，得肺以炊之，得脾以浸之，
> 得元濕以潤之。飲食化熟，別細分粗。粗者出胃入腸，出腸糞田。
> 細者先有嫻之白。稍變而成血。血行乎脈絡。絡居下而隱，脈在上
> 而顯。故《釋名》云：「脈，幕也」。脈絡並行，而不相離。脈柔似
> 肉，絡剛似筋。血之粗者在脈，血之細者在絡。血出脈入心，而得
> 鍊。出心入絡。出絡入腦而為氣。氣出腦入筋。出筋乃散。
>
> 蓋愚見子也，則子之尊容，顯於賤目，毫釐不差，是物在水面也。
> 頭內有一筋，自腦而出，分作兩枝，以之兩眼。有氣在筋，如水在
> 筧，故所受子之尊容，乃以斯氣達於腦而存焉。〔註55〕

前者道出西學解剖中人體循環（尤其是血液循環）知識。馬氏論述中的「脈」與「絡」，遵從鄒振環對晚明鄧玉函等所撰《泰西人身說》中的「絡部」即動脈、「脈部」即靜脈的剖析。〔註56〕馬若瑟所言脈與絡，實指靜脈與動脈，其「絡居下而隱，脈在上而顯」句，可為佐證。而後者，則言明記憶發揮功效之主體在腦，而非傳統中醫認為之心。在《六書實義》中，馬氏結合文字訓詁，向此觀點靠攏：

> 囟，訓「頭會墌也」。一作，腦，從囟从宰。猶言肉軀之宰居茲。心，
> 訓「土藏」，一曰「火藏」。神明之舍也。〔註57〕

馬氏更動與調和荀子（c.316～c.237 B. C.）為代表的傳統觀點——「心者，形之君也，而神明之主也，出令而無所受令。」〔註58〕，心雖依舊為神明的所在，卻從「君」的地位降到「舍」，而腦為身軀主宰。可見，馬若瑟也為譯介新知與

〔註55〕〔法〕馬若瑟，《三一三》（巴黎耶穌會檔案館藏，編號：Fonds Brotier vol. 120），
　　　　頁160、161；《三一三》的獲得，受到了國立清華大學呂夏禹同學的幫助，他
　　　　在巴黎參與學術研討會之際代我在巴黎查找資料。此外，上海大學肖清和教
　　　　授與上海大學王皓博士，也給予了相當的幫助，一併鳴謝。

〔註56〕鄒振環，《晚明漢文西學經典：編譯、詮釋、流傳與影響》，頁323。

〔註57〕〔法〕馬若瑟，《六書實義》，收入鐘鳴旦、杜鼎克、蒙曦主編，《法國國家圖
　　　　書館明清天主教文獻》，冊25，頁487。

〔註58〕〔清〕王先謙撰，沈嘯寰、王星賢點校，《荀子集解》（北京：中華書局，1988
　　　　年），頁397。

現代性的重要人物，參與消解心為身體主宰的舊有觀念與提升腦之地位的論述。

　　若從新舊二教教士譯介內容是否廣泛的總體面向來看，則天主教士實勝於新教教士。錢存訓（1910～2015）將1584～約1790年間耶穌會士譯述的作品，分為三大類，統計其比例：天主教一大類，佔比57%，計有聖經、神學、儀式、史傳、雜錄五小類；人文科學一大類，佔比13%，計有哲學和心理學、倫理、政府、教育、語言和字典、文學、音樂、地理和輿圖、雜錄九小類；科學一大類，佔比30%，計有數學、天文、物理、地質、生物和醫學、軍事科學、雜錄七小類。他又將1810～1867年間新教傳教士的譯述分作三大類：基督教一大類，佔比86%，計有翻譯聖經、注釋聖經、神學、使徒傳記、聖教問答、祈禱、聖詩七小類；人文科學一大類，佔比6%，計有政府、經濟、語文和課本、歷史、地理五小類；自然科學一大類，佔比6%，計有數學、天文學、曆書、物理學、植物學、醫學、雜錄七小類。〔註59〕

　　若今依照錢氏表格來分析，耶穌會士所譯介之作品宗教類的比重大幅度小於新教之翻譯，而人文社科類與科學大類中，無論是整體比重，還是小類豐富程度，明末至晚清前的西學譯述遠勝19世紀早期的新教徒的翻譯。如馬若瑟的《天學總論》中，便以出現荷馬（Homer，c.9th Century～c. 8th c. B.C.）、畢達哥拉斯、蘇格拉底（Socrates，496～399 B. C.）、柏拉圖的等人的身影：

> 昔有一賢曰「何默樂」（荷馬），作深奧之詩五十餘卷，詞富意祕，寓言甚多，終不得其解。反大不幸後世之愚民，將何默樂所謳之諸象，欣欣然雕鑄其形，不日攻成大廟以供之。邪神從而棲之，而左道始入西土矣。君子儒者，如畢達我（畢達哥拉斯）、索嘉德（蘇格拉底）、白臘多（柏拉圖）等，艴然怒而嫉其蔽，非徒不為之屈，又欲驅而滅之。〔註60〕

可以說，西學對中國學術之衝擊，第一階段現代性時段內譯介之西學，絲毫不遜色於晚清，甚至更為豐富。所謂現代性之「現代」，即有新穎、時髦、先進之意。從強弱易位的角度言之，17～18世紀間，中西實力不相上下，

〔註59〕內容皆摘錄自錢存訓之統計表格——〈表一　耶穌會士的譯述　1584～約1790〉、〈表二　基督教（或新教）傳教士的譯述　1810～1867〉。見錢存訓著，戴文伯譯，〈近世譯書對中國現代化的影響〉，《文獻》1986年第2期（1986年7月），頁178～179、183～184。

〔註60〕〔法〕馬若瑟，《天學總論》，收入鐘鳴旦、杜鼎克、王仁芳編，《徐家匯藏書樓明清天主教文獻續編》，冊26，頁491。

未有明顯的強弱對比，且中國人多有自負之心，睥睨夷狄之學。故而天主教傳教士比 19 世紀新教傳教士，更需要依託現代性之作，感染中國人，以達傳教之目的。而新教來華時，中國國力衰頹。鴉片戰爭後，更是主動向外求索，故譯介科學、文學、地理等作品，必然讓位於傳教之核心——神學之作。

　　甚至，譯介之載體——書寫及書籍印刷的現代方式（從左至右的橫書），也肇端於晚清之前。通常認為，第一部創用西方活字左至右的由橫向印刷中文的出版品〔註61〕，乃是馬禮遜（Robert Morrison，1782～1834）之《華英字典》（*A Dictionary of the Chinese Language in Three Parts. Part The First, Chinese and English, Arranged According to the Radicals*，1815～1823），（參看圖 3.1）：

圖 3.1　《華英字典》橫向印刷書影〔註62〕

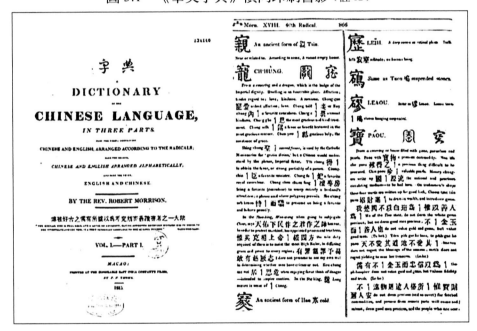

〔註61〕中西活字印刷之別，參見蘇精的介紹：「中國活字是逐一手工雕刻而成，同一頁文字內容出現幾個同一字，就要雕刻幾個同一字，每個字多少都有些不同；活字排版以手工左右水平刷印，並使用無法雙面印刷的水墨和薄紙。西式活字則先打造銅質字範（punch），再以字範在銅版上敲出字模（matrix），接著以字模鑄出鉛活字（type），同一頁不論出現幾個同一字，都自同一字模鑄出整齊劃一的活字，排版以後以機器上下垂直壓印，使用的是可以雙面印刷的油性墨和較厚的紙。」因此，西式印刷有助於中國語言文字之規範化。蘇精，《鑄以代刻：傳教士與中文印刷變局》（臺北：國立臺灣大學出版中心，2014 年），頁 5。

〔註62〕圖片資料來自中央研究院近代史研究所「英華字典資料庫」，已獲授權。

馬禮遜選擇橫排編列的原意，乃出於中英對照及印刷便利。但作為一種現代
印刷業，無疑對傳統中國刷體制的衝擊。隨後，馬禮遜又出版了馬若瑟塵封
數年的《漢語劄記》。

　　《漢語劄記》蒙塵多年，幸得雷慕沙發現，其後遂以抄本的形式流傳歐
洲。後由馬禮遜將儒蓮（Stanislas Aignan Julien，1797～1873）抄本（1825）
帶回馬六甲英華書院（Anglo-Chinese College）刊印（直至 1831 年才完成活
字字模製作付梓）。後又在 1893 年在香港再版，1847 年由裨雅各（James
Granger Bridgman，1820～1850）在廣州《中國叢報》譯作英文，二版皆以 31
年拉丁文版本為底本。31 年拉丁文版印刷依儒蓮按中國書寫習慣所修正之抄
本，大量漢文內容採用自右而左橫書者，47 年之英譯本採用橫書自左而右印
刷。若不從印刷角度觀之，反觀 18 世紀馬氏手稿，法國國家圖書館所藏之馬
氏稿本，中文皆為橫排向右書寫：

圖 3.2　《漢語劄記》手稿及印刷本書影〔註 63〕

1831 年依儒蓮抄本為底本，於　　1847 年裨雅各英譯本　　法國國家圖書館藏馬若瑟 1728 年稿本
馬六甲英華書院印刷出版本

〔註 63〕馬若瑟《漢語劄記》手稿書影來自法國國家圖書館所藏之 *Notitia linguae
　　　　sinicae（Bibliothèque nationale de France, département Manuscrits, CHINOIS-
　　　　9259, P. 166），已獲授權；英華書院印刷本書影來自法國國家圖書館所藏之
　　　　Notitia linguae sinicae（Bibliothèque nationale de France, département Littérature
　　　　et art, X-3003, P. 4），已獲授權；裨雅各英譯本書影來自美國史丹佛大學圖書
　　　　館所藏之 *The Notitia linguae sinicae of Premare*（Stanford East Asia Library,
　　　　PL1107 .P812, P. ii），已獲授權。

若非傅爾蒙橫生妒意，從中作梗，《漢語劄記》得以如願出版，或為中文印刷史上第二本將中文大量橫排自左向右印刷的出版品。

但馬氏並非自左向右橫書第一人（目前可見文獻），首創之功應為當時未出版之利瑪竇、羅明堅合著《葡華字典》稿本（1584～1586）：

圖 3.3　《葡華字典》書影〔註64〕

《葡華字典》（*Portuguese-Chinese dictioanry*）手稿

此後第一位將中文書籍橫排從左至右印刷，乃是殷鐸澤與郭納爵（Ignatius da Costa，1599～1666）翻譯的四書為拉丁文的《西文四書直解》（*Sapientia Sinica*，1662）。對此文獻之價值，前人多注意在該書的翻譯史意義，而忽略其在印刷史上的意義。在馬氏 1730 年 11 月 1 致信傅爾蒙尋求出版幫助之

〔註64〕又稱之《葡漢字典》手稿收入：〔美〕魏若望編，〔義〕利瑪竇、〔義〕羅明堅原著，《葡漢辭典》（澳門：葡萄牙國家圖書館、東方葡萄牙學會，舊金山：利瑪竇中西文化歷史研究所，2001 年）。書影之使用已獲利瑪竇，中西歷史研究所（波士頓學院），即 The Ricci Institute for Chinese-Western Cultural History（Boston College）之授權。

時，提及《漢語劄記》可以避免採用繁雜的字模活字印刷，相反可使用「殷鐸澤技術」進行印刷，在巴黎完成拉丁文雕版印刷後，再運送至中國印刷中文部分。〔註 65〕追述這本被多數學者譯為《中國智慧》的書籍，正是馬若瑟模仿的對象。該書於 1662 年於江西建昌經木雕印刷出版，採用拉丁—中文皆西式自左向右書寫的習慣付梓：

圖 3.4　第一部中文橫排從左向右印刷出版品
——《西文四書直解》書影〔註 66〕

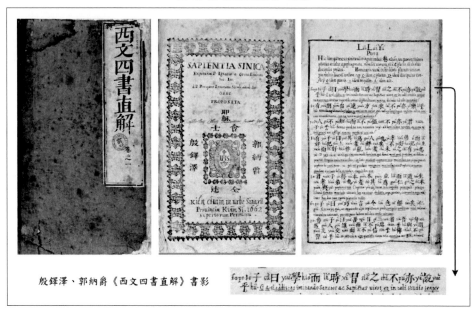

殷鐸澤、郭納爵《西文四書直解》書影

馬氏雖非使用自左而右橫書第一人，但其橫書中文字數之多，篇幅之大，收錄歷代典範文句，甚至出現數十行的大段落，絕非普通中—西字典（如《葡華字典》）二三字橫書者可比肩。意即，馬若瑟在漢字書寫順序易

〔註65〕信件譯文，收錄於：〔丹麥〕龍伯格著，李真、駱潔譯，《清代來華傳教士馬
　　　　若瑟研究》，頁 57～59。
〔註66〕〔義〕殷鐸澤（Prospero Intorcetta）、〔葡〕郭納爵（Ignatius da Costa）譯，
　　　　〔義〕聶伯多（Pierre Cunevari）、〔葡〕何大化（António de Gouvea）、〔義〕
　　　　潘國光（Francois Brancati）、〔比〕柏應理（Philippe Couplet）、〔比〕魯日
　　　　滿（François de Rougemont）訂，〔法〕劉迪我（Jacques le Favre）准，《西
　　　　文四書直解》（建昌，1662），義大利西西里大區中央圖書館（Biblioteca
　　　　centrale della Regione siciliana "Alberto Bombace ". Palermo）藏，編號：
　　　　PALE007376。書影使用已獲授權（Su concessione dell'Assessorato regionale
　　　　dei Beni Culturali e dell'Identità Siciliana, Dipartimento Beni Culturali e
　　　　dell'Identità Siciliana）。

變為自左向右橫書中，僅次於開創者利瑪竇、殷鐸澤——郭納爵後的第三人，並在時間上橫跨了18世紀的雕版印刷與19世紀的活字印刷，以及空間上跨越歐亞的印刷出版史。

　　總言之，19世紀前，中國印刷業雖然存在木活字與雕版印刷的狀況，但長期以雕版印刷為主流。直至基督教傳教士引入機械化的西方活字印刷術，方才逐漸取代傳統木刻印刷，並導致中國圖書文化在生產、傳播、閱讀、利用和保存等諸多面向的改變。〔註67〕半世紀後，橫排印刷便如雨後春筍之勢，迅速擴散至九州各地，西式圖書迅速成為主流，並對語言、文字之規範化作出深遠影響。但不可忽略，新教的成果乃是建立在耶穌會將中國書寫習慣轉化為橫書的基礎之上。

2. 歐化白話文學的肇端

　　伴隨著西方現代性詞彙與理念的譯入，歐化白話文亦在傳教士翻譯西學經典及文學創作嘗試中粉墨登場。白話文學，在唐代寺院俗講市人小說初見端倪。隨著宋代以後市民階級日漸興盛，白話小說逐日增多，遂於有明一代誕生了「四大奇書」、「三言二拍」，有清一代產生《紅樓夢》、《儒林外史》等典範之作。西人尤重小說，以為向底層民眾傳教之利器。故而參與漢語小說之創作者不鮮，上可追溯至馬若瑟撰寫的「傳教士小說」（missionary novels）《儒交信》（1730）——此乃傳教士小說中的第一篇白話文小說，同時亦是第一部非自翻譯的傳教士小說。而馬氏更早之〈夢美土記〉雖為文言文小說，卻意義非凡，實乃中國小說史上第一部中西合璧之作。〔註68〕

　　歐化白話文之功臣，今人多歸之於胡適及新文學運動中魯迅、老舍、林語堂、鄭振鐸諸君。然真正的歐化的白話文創作，卻始於前文所提及之乾隆朝賀清泰所翻譯自拉丁文七十三卷本武加大《聖經》（The Vulgate Bible，或譯作《通俗拉丁文本聖經》）的《古新聖經》三十六卷。〔註69〕國語之歐化，也

〔註67〕蘇精，《鑄以代刻：傳教士與中文印刷變局》，頁3～4。

〔註68〕〈夢美土記〉運用西方典型寓言（allegory）手法，遵循歐洲「夢境文學」（dream literature）傳統。馬若瑟曾在《漢語箚記》中明確提及，模仿之對象乃是西塞羅（Marcus Tullius Cicero，106～43 B. C.）的〈西比歐之夢〉（"Somnium Scipionis"），甚至還有未言明的但丁《神曲》（La Commedia）。李奭學，〈中西合璧的小說新體——清初耶穌會士馬若瑟著〈夢美土記〉初探〉，《漢學研究》第29卷第2期（2011年6月），頁83。

〔註69〕依據李奭學的考證，賀氏所用之「卷」，乃中國詞義，實際包含武加大本《聖經》總數之五十六或五十七「卷」（books），近乎全譯。具體譯經歷程，詳參

是語言現代性的特點，正如鄭振鐸所言：「中國的舊文體太陳舊而且成濫調了。
有許多很好的思想與情緒都為舊文體的程式所拘，不能盡量的精微的達出。
不為文言文如此，就是語體文也是如此。所以為求文學藝術的精進起見，我
極讚成語體文的歐化。」〔註70〕

王國維曾言：「周、秦之語言，至翻譯佛典之時代而苦其不足；近世之
語言至翻譯西籍時，而又苦其不足。」〔註71〕翻譯西籍時，無論是「新學語」
的輸入，還是漢語之歐化，都與《聖經》之翻譯密不可分。賀清泰在語體方
面，選用當時北京俗語來譯經，並存在歐化的現象，而非文言文或是明清小
說之白話文語體（即鄭氏所謂「語體文」）。歐化的白話文，通常表現為語序
歐化、長修飾語、長句、倒裝句的頻繁使用、「被」字句的出現等〔註72〕，
試徵引一段《古新聖經》觀其詞句之歐化狀況：

> 陡斯還降旨，命天下所有的水都歸一個地方，命乾的露出。本來這
> 樣了。陡斯將乾的叫作「地」，聚在一處的水叫作「海」。（《古新聖
> 經·化成之經·第一篇》）〔註73〕

如「乾的露出」一句，屬於「N 的 V」結構，在明清白話小說中出現頻率極
低。賀陽抽取了《水滸全傳》、《西遊記》、《儒林外史》、《紅樓夢》共 40 萬字
的樣本，僅見 7 例。故得出結論，「N 的 V」結構首先在翻譯文字中被大量使
用，是語言歐化的特點。〔註74〕恰如李奭學所分析的，賀清泰之語言充滿了
歐化特色，充滿者各種「現代性」，李教授稱之「白話現代性」（vernacular
modernity）、「洋涇浜現代性」（Pigeon modernity）、「聖經現代性」：

> 《古新聖經》的句法生硬，不是少了所有格，就是缺了個時間標
> 示；有時動詞倒裝得像日文，有時插入句連連如英語。不用想像力

全文。李奭學，〈近代白話文·宗教啟蒙·耶穌會傳統——試窺賀清泰及其所
譯《古新聖經》的語言問題〉，《明清西學六論》，頁 180。

〔註70〕鄭振鐸，〈語體文歐化之我觀〉，《鄭振鐸全集·第三卷》（石家莊：花山文藝
出版社，1998 年），頁 413。

〔註71〕王國維，〈論新學語之輸入〉，《王國維先生全集·初編·五》（臺北：大通書
局，1976 年），頁 1830。

〔註72〕漢語語法歐化，有動詞、形容詞、代詞、區別詞、數量詞、介詞、連詞、助
詞、共用格式、「被」字句、語序各有歐化的現象。詳細可參：賀陽，《現代
漢語歐化語法現象研究》（北京：商務印書館，2008 年）。

〔註73〕〔法〕賀清泰（Louis Antoine de Poirot）譯註，李奭學、鄭海娟主編，《古今
聖經殘稿》（北京：中華書局，2014 年），冊 1，頁 3。

〔註74〕賀陽，《現代漢語歐化語法現象研究》，頁 44～45。

予以增補或刪刈，能懂者十之八九而已。然而在這種種多數生冷的白話文首先的歐化體翻譯腔中，我們強烈感受到某種新句法正在中國史上如蛹之破繭而出，過程艱辛卻充滿熱誠。……如此語言既非通俗小說之語，也不是一般的官話，時而連北京俗語都難副之，《古新聖經》的文體故可稱幾乎在為現代中文預樹先聲，我們不妨就以洋涇浜現代性再度戲稱之。今天台海兩岸的通用口語，就是這種似中非中，似歐非歐的語言新種。《古新聖經》便因上述白話現代性和洋涇浜現代性（Pigeon modernity）的結合，使之變成某種語言混合（lingual franca）的產物，在歷史的長廊裡以百年孤寂的姿態前導了民國與——尤其是——共和國那即將出現的語言四不像。〔註75〕

這樣的歐化體白話文及其現代性，並非鳳毛麟角，而是大比例出現在《古新聖經》之中。

　　西儒傳教，既有向上層如官員、皇室宣教的路徑，亦不乏向下向普通群眾、販夫走卒傳播的途徑。對象之不同，文化修養與需求便相異，遂構成翻譯神學經典時不同的文辭類別。李奭學指陳西人文學翻譯中運用文言、淺近文言、白話，三種不同文體的西學之源：

聖奧思定（St. Augustine of Hippo，354～430）在寫《論天主教義》（On Christian Doctrine）時，定為此名，列入他的「文體三類」之一，今天通譯「雄偉文體」或「高級文體」（the grand style / the high style）。其他兩種分別為「中庸文體」或「中級文體」（the temperate style / the middle style），以及「平直文體」或「低級文體」（the plain style / the low style）。聖奧思定所定這些體調並無價值上的高低之別，只有使用上的效果之分。西賽羅華文雄辯，志在「感人」，而使用「平直文體」志在「教人」，至於「中庸文體」則設為「悅人」之用……或許在多明我會士萬濟國（Francisco Varo，1627～1687）《華語官話語法》（Arte de la lengua Mandarina）中所謂「言說三型」（tres modos... de hablar）的影響下，又把聖奧思定這文體三類合以當時文言、白話，以及介於二者間而類似馬禮遜所見《三國演

〔註75〕李奭學，《明清西學六論》，頁231～232。

義》裡的「淺文言」的文體觀念。〔註76〕

職是之故，我們可以從萬濟國《華語官話語法》（1703）中尋獲釋例，來觀其作為「戒律之二」的「言說三型」範例，如何論述淺近文言與白話之別：

（1）欲升天者，可行真善路，若不然，豈得到。（第二種語體）

（2）但凡人要升天，該當為善。若不為善，自然不會升天。

（第三種語體）

> 同一個句子分別以兩種語體來表達，其差異可以一目了然。第一個
> 句子用了「欲」和「者」這兩個詞，這是一種優雅明白的說法；凡
> 是具有中等理解能力的人，或者說話說得相當好的人，能夠理解。
> 在第二個句子中，用的是「但凡」和「要」這兩個較通俗的詞，任
> 何一個能說或者能懂一點官話的婦人和農夫，都能夠理解。第一個
> 句子用「可」、「真」和「路」，這是優美文雅的說法；第二個句子則
> 用該當表示必須的意思。〔註77〕

賀清泰因受「聖熱羅尼莫之夢」（The Dream of St. Jerome）神啟的緣故，選用白話文譯經；而新教則認識到《聖諭廣訓衍》（1726）之傳播功效，而選擇淺近文言譯經，二家立意難謂一致。類似「言說三型」的論述，馬若瑟在1724 年致信同會神父時，亦有所提及：「在中國人中可以區分三種層次的語言：老百姓的語言、體面人的語言和書面的語言」。〔註78〕馬氏的小說創作，也為因應不同的讀者，選用了不同的語體。而後也新教傳教士多稱之為「深文理」（High Wen li）、「淺文理」（Easy Wen li）、白話／官話，影響到新教《聖經》之翻譯。

當然，馬若瑟身為「好古」的溫古子，對白話文體議論不多。所鍾情者，自然是古典文體。他在《漢語劄記》中將文言文文風按等級分作四類，推崇程度依次遞減：古文——《易經》、《尚書》、《詩經》，其語莊重凝練卻內涵豐

〔註76〕此處，感謝李師爽學不吝賜稿，見：李爽學，〈白話文：賀清泰譯《古新聖經》及其北堂本今昔〉，中央研究院「五四運動 100 週年」國際學術研討會會議論文（2019 年 5 月 3 日，未出版），頁 5。

〔註77〕〔西班牙〕法蘭西斯科·瓦羅著（Francisco Varo，應作萬濟國）著，姚小平、馬又清譯，《華語官話語法》（北京：外語教學與研究出版社，2003 年），頁11、12。

〔註78〕〔法〕杜赫德編，鄭德弟、朱靜等譯，《耶穌會中國書簡集：中國回憶錄》，卷 3，頁 282。

富；略遜「經」——《中庸》、《大學》、《禮記》、《道德經》、《楚辭》、《山海經》；諸子——莊子、列子、關尹子、楊子、孟子、荀子、呂子、淮南子、左氏、司馬遷；唐宋八大家等——柳宗元、歐陽修、李白等。〔註79〕在論及中國文學風格時，馬氏常將之與古希臘、古羅馬之文學作對比而非純宗教文學，足見文藝復興之風的深刻影響。

　　歐化體白話文的出現，並非一蹴而就，而是尤其漫長的孕育過程。漢語之歐化，或可追溯至利瑪竇時期，但其歐化情況乃是出現在「第二種語體」。若拋開西洋人論之，明清亦有入教儒士受到西學影響——著述立論之中存在語言歐化的現象，亦不乏部分白話語句存在歐化現象。袁進揭櫫，徐光啟（1562～1633）之被世人忽略而未被納入文集之白話文——〈造物主垂像略說〉，便存在歐化現象。此文非西洋譯文，而是徐氏創作。其句如「一件是我們如今看不見的，叫做天堂，乃是天神及諸神聖見天主，享受無限無量的年，正福樂的居處」，運用定語達二十字，一改明代白話語體，大有歐化之風。〔註80〕既然文學語言是歐化體的白話文，因其表現出的與傳統文學的「斷裂性」，使得以此類語體為基礎創作之文學不免被冠上「新文學」的頭銜。雖然，在乾隆乃至道光、咸豐之後，歐化體白話文的霸主仍然為傳教士。〔註81〕但歐化體文學創作者，包含西儒與中儒。

3. 第一階段「現代」文學之歸類

　　哈佛大學韓南（Patrick Hanan，1927～2014）在其〈漢語基督教文獻：寫作的過程〉（"Chinese Christian Literature：the Writing Process"）一文中提出漢語基督教文獻／文學一詞（Chinese Christian Literature），用於指稱廣義基督宗教文獻。〔註82〕同時衍生出非中國籍作家書寫方塊字文獻，是否歸入中國文學的難題。有清一代，如題為「西洋利瑪竇譯」的《幾何原本》被《四庫全

〔註79〕Prémare, Joseph-Henri de, and tr. into English by Bridgman J. G. *Notitia Linguae Sinicae*. Canton: Printed at the office of Chinese repository, 1847. 224～226; Prémare, Joseph-Henri de. *Notitia Linguae Sinicae*. Malaccae: Academia Anglo-Sinensis, 1831. 188～190.

〔註80〕袁進主編，《新文學的先驅——歐化白話文在近代的發生、演變和影響》（上海：復旦大學出版社，2014年），頁51。

〔註81〕李爽學，〈白話文〉，收入王德威等編著，《五四@100：文化・思想・歷史》（新北：聯經出版事業股份有限公司，2019年），頁132。

〔註82〕〔美〕韓南（Patrick Hanan）撰，姚達兌譯，〈漢語基督教文獻：寫作的過程〉，《中國文學研究》2012年第1期（2012年1月），頁5～18。

書》歸入子部，欽天監監正南懷仁（Ferdinand Verbiest，1623～1688）的《坤輿圖說》歸入史部，艾儒畧（Giulio Aleni，1582～1649）的《職外方略》亦歸史部。

今之分類，較之清代，更為細緻，「中國文學」有了更加狹隘的定義。如宇文所安（Stephen Owen）在《劍橋中國文學史》為「中國文學」所下的定義：「即在漢族社群中生產、流通的文學，既包括現代中國邊界之內的漢族社群，也包括華人離散社群」。〔註83〕如此，歸部的矛盾顯得更為突出，非漢族作家書寫之方塊字文學將無處所歸。若拋開「西方中心論」或「華夏中心論」，將此漢語基督宗教文學及其他漢語書寫之外籍人士書寫之廣義文學，歸於一可調和中國文人與非中國人所書寫方塊字文學的框架概念之下，或可解決中國文學或中文一詞不能涵蓋上述文獻的範圍的謎思。

幸而在全球化與後殖民主義觀念的激蕩下，催生出華語系文學（Sinophone Literature）這一新興概念，或可解決漢語基督宗教文學不易歸類的問題。正如王德威指出的，華語系文學需包括漢族與非漢族的文學，並且由此形成對話。〔註84〕如此，耶穌會士盡心力所模仿之中國文學終有歸屬，華語系文學之「華」亦巧合耶穌會士喜用「中華」話語的文本背景。由是，解決了存有中國性之非漢族書寫的方塊字文學歸類的問題，又打開了明清之際華語文學具備現代性的新局面——華語文學中初次現代性，存在漢語基督教文學及西學論著之中，著者有西儒，亦不乏中士。

至於「壓抑」與「回歸」，若從知識生產的「場域」（field）來看，則可視為知識生產場域的強弱易位。〔註85〕「場」在知識創造的過程中，是思想交流、信息和知識的場所、知識轉換和提升的環境，是知識必不可少的知識、思想、信息和流動的平臺。日本學者野中郁次郎，提出四個場（Ba）解釋知

〔註83〕〔美〕宇文所安（Stephen Owen）、〔美〕孫康宜主編，《劍橋中國文學史》（北京：生活・讀書・新知三聯書店，2013年），頁13～14。
〔註84〕〔美〕王德威、高嘉謙、胡金倫編，《華夷風：華語語系文學讀本》（臺北：聯經出版公司，2016年），頁5。
〔註85〕「場域」（field）概念，因法國社會學家布迪厄（Pierre Bourdieu，1930～2002）而聞名，指的是「在高度分化的社會裡，社會世界是由大量具有相對自主性的社會小世界構成的，這些社會小世界就是具有自身邏輯和必然性的客觀關係的空間」。〔法〕布迪厄（Pierre Bourdieu）、〔美〕華康德（L. D. Wacquant）著，李猛、李康譯，《實踐與反思：反思社會學導引》（北京：中央編譯出版社，2004年），頁134。

識創造的過程，即 SECI：S（Socialiazation）共同化、E（Externalization）外化、C（Combination）聯結化、I（Internalization）內化，並對應四個場：創出場、對話場、系統場、實踐場。〔註86〕現代性知識來自歐洲這片肥沃的「創出場」——諸如英國皇家學會、耶穌會、神學院、科學院、教廷、巴黎等知識孕育、交流與產出之處；而「對話場」則是在華傳教士，他們將歐洲激蕩的現代性想法，轉化為可供清廷及文人、普通百姓使用的概念或知識，並作為中西知識交流與緩解衝突的中介場所；初次現代性的漢語基督教文學文本構成了「系統場」，他們將傳教士帶來的現代性新知聯結起來，成為知識整合、傳播和利用的場域；中士創作的西學論著，則構成了「實踐場」，它是中國文人消化、吸收和嘗試、創造現代性新知的學習與練習場域。通過創出場→對話場→系統場→實踐場不斷進行，便是一個知識生產的開端與結束。

　　依布迪厄的觀點，場域具有多樣性與複雜性，並相互影響。故知識場必然受到其他場域的影響，如傳教需求、禮儀之爭、教案等。當傳教遭遇困難時，必然影響到新知識的生產，形成新的「索隱主義」，形成以知識為核心的知識組織耶穌會索隱派。知識組織是佔有大量知識的組織，因知識勢差，在場強的作用下，較弱的知識組數受到影響，會吸引到強的知識組織周圍，自動參與到知識循環創造之中。〔註87〕中國天主教徒被強知識吸引，在現代性知識生產過程中發光發熱，故而現代性知識生產形成了更大的知識型組織。而當西方勢力與基督宗教會受到政治因素，被官方壓抑之時，現代性知識生產的場強衰弱，傳統原父再次戰勝新原父，現代性遭遇壓抑。直到知識場域再度強弱易位，現代性這位新原父便再度從更高層面回歸。創出場未曾改變，而對話場、系統場、實踐場因發生在中國，極易受到政治因素影響，而導致對話場被壓抑，從而致使整個知識生產遭受壓抑。一旦對話場藉助其他力量，再度興起，系統場與實踐場則可迅速回歸。此即，「現代性」知識生產的壓抑與回歸。

　　數十年來，晚清因為其在西學中漸中發揮的過渡性意義——「被壓抑的現代性」被受關注。然而，中西交通下的現代性早在晚清之前，業已準備就緒，蓄勢待發。文藝復興成熟的果實，被傳教士攜至赤縣，遂對中國文化產

〔註86〕吳春玉，蘇新寧，〈各種「場」及其在知識創造過程中的作用〉，《情報學報》2004 年第 23 卷第 2 期（2004 年 4 月），頁 247～249。
〔註87〕參考：劉希宋，喻登科，〈知識場與知識型組織的演化〉，《情報雜誌》2008 年第 3 期（2008 年 3 月），頁 47。

生深遠影響。恰如清初方中通（1634～1698）所擔憂的：西學之大量引入，竟導致中國學術風氣大變，傳統學問的出現裂痕，中學不彰，而西學大盛——「實學之失，患在才人不講，更患在博物君子，標其大綱陳迹，而不窮其所以然。令周公、商高之法，不盡傳於今，中學隱而西學彰。」〔註88〕又如，顧炎武（1613～1682）聲言：「臣乃獨好《五經》及宋人性理書，而臣祖乃更誨之，以為士當求實學，凡天文、地理、兵農、水土，及一代典章之故不可不熟究。」〔註89〕文藝復興及啟蒙運動中的種種論述與話語，為中國部分文人所吸收內化並發揚光大。如第二章中整理之西儒漢字諸論譜系，第五章中的實學之風，以及新理念、世界意識、歐化的語言以及文藝復興中形成之現代「文學」的觀念，無疑不經由傳教士作為中介，構築華語系新文學，並呈現出初次的現代性。

第二節　16～17 世紀「宗教改革」與《聖經》新詮鼓舞下的「科學革命」：科學滋養下的新神學、世界觀、語言學

康德（Immanuel Kant，1724～1804）在《純粹理性批判》（*Kritik der reinen Vernunft*，1781）一書第二版的序言中，敘述了科學史上兩場革命性的轉變：在第一場革命中，數學不再依託於人們所熟知的巴比倫與埃及的數學技術，而是轉向希臘之假設—證明模式；第二場革命則是實驗方法和實驗室的誕生。〔註90〕由是乎，第二次之革命，通常被命名為「科學革命」（scientific revolution），而康德在這裡賦予了它「革命」與「理性」的意涵。

從源頭來看，「科學」乃是一舶來品概念，可指系統化的看待世界之法。此法與中國傳統以整體、聯繫、圓融角度觀點看待世界頗為相異。人文社會學中

〔註88〕〔清〕方中通，《陪集·陪古》（康熙本〔1662～1722〕，哈佛大學圖書館藏，編號：990086069880203941），卷1，頁 17。

〔註89〕〔清〕顧炎武撰，劉永翔校點，〈三朝紀事闕文序〉，《顧炎武全集：亭林詩文集；詩律蒙告》（上海：上海古籍出版社，2012 年），頁 216。

〔註90〕〔德〕康德（Immanuel Kant）著，鄧曉芒譯，楊祖陶校，《純粹理性批判》（北京：人民出版社，2004 年），頁 13；〔加〕伊安·哈金（Ian Hacking），〈導讀〉，收入〔美〕托馬斯·庫恩（Thomas S. Kuhn）著，金吾倫、胡新和譯，《科學革命的結構》（北京：北京大學出版社，2012 年），頁 6。

常用兩個理論詞彙「範式」（paradigm）及其伴生詞「範式轉移」（paradigm shift）
的提倡者——美國科學哲學與科學史家托馬斯・庫恩（Thomas S. Kuhn，1922
～1996），最初是將之運用在科學史領域。他如此說明16～17 世紀這場科學革
命的結構：

> 這些促成危機的學科尚未在這個傳統認識範式之外提出一個可行
> 的替代方案，但他們確實已經開始暗示出新範式所具有的一些特
> 性。例如，我尖銳地意識到下述說法的困難：當亞里士多德和伽利
> 略注視著擺動的石頭時，前者看到的是受約束的落體，後者看到的
> 確實單擺。……雖然，這世界並沒有因範式的改變而改變，範式轉
> 換後的科學家卻在一個不同的世界裡工作。〔註 91〕

如上述引文所言，庫恩將範式與世界觀（world view）聯繫在了一起。範式
轉移不僅僅是新舊詮釋上的差異，更是隨著範式的轉移，世界觀亦隨之改變
——「範式一改變，這個世界本身也隨之改變了。科學家由一個新的範式指
引，去採用新工具，注意新領域……在革命之後，科學家們所面對的是一個
不同的世界。」〔註 92〕

　　自明清之際始，西方自然科學大興，諸多著作陸續通過傳教士譯介入中華。
科學雖隨後便開始在中國生根發芽，但伴隨著現代性的壓抑與回歸，呈現出興
盛與衰微的不同面貌。期間，科學理念逐步瓦解了中國數千年來之學術傳統，
衝擊舊有之經濟、政治、文化、社會生活乃至信仰等等面向，成為一種新的「範
式」／「世界觀」／「意識形態」／「原父」。科學因其異質性以及所具備之與
中國傳統「斷裂」的特性，可謂是具有重構了「近現代中國」的意義。

　　除此之外，西人除向中國傳授科學新知外，對中國科技的收集也是歐洲
國度持之以恆向華輸送傳教士的原因之一，故多少帶有殖民色彩。白晉曾坦
言，路易十四派遣「國王數學家」頭銜的法國耶穌會士赴華，並以搭載法國
大使出訪暹羅的船隻，運送一批耶穌會士至中國。究其原因之一，便是希望
獲得關於中國的科學數據並將其反饋至巴黎。〔註 93〕由是觀之，即使拋開科
學對中國產生的「現代性」不言，耶穌會索隱派赴華的初心之一，便與科學

〔註 91〕〔美〕托馬斯・庫恩著，金吾倫、胡新和譯，《科學革命的結構》，頁 102。
〔註 92〕〔美〕托馬斯・庫恩，《科學革命的結構》，頁 94。
〔註 93〕〔美〕魏若望著，吳莉葦譯，《耶穌會士傅聖澤神甫傳：索隱派思想在中國及
　　　　歐洲》，頁 27。

休戚相關。職是之故，「科學」議題是論述耶穌會索隱派時，難以迴避的切入角度。

一、科學嵌入中國

在論述 16、17 世紀科學與神學、語言學關係之前，先論辯明末至有清一代，在科學觀念影響下的西學著作，如何呈現範式轉移。嵇文甫嘗指出，徐光啟在討論西洋諸學時（如《泰西水法》），常說明科學的普遍性、必然性與精確性。他以「不用為用」的數理為基礎，發揮「確而細」的科學精神，一掃中國學者向來論事說理模糊影響之弊。〔註94〕如其〈處置宗祿查核邊餉議〉，可以看到近現代世界細密數據統計的縮影：

> 洪武中親郡王以下男女五十八位耳，至永樂而為位者百二十七，是三十年餘一倍矣。隆慶初麗屬籍者四萬五千，而見存者二萬八千；萬曆甲午麗屬籍者十萬三千，而見存者六萬二千，即又三十年餘一倍也。頃歲甲辰麗屬籍者十三萬，而見存者不下八萬，是十年而增三分之一，即又三十年餘一倍也。夫三十年為一世，一世之中人各有兩男子，此生人之大率也，則自今以後，百餘年而食祿者百萬人，此自然之勢，必不可減之數也，而國計民力足共乎？〔註95〕

這是中國最早基於科學統計而得出結論的「人口論」。其「三十年餘一倍之」數據計算與「此生人之大率也，則自今以後，百餘年而食祿者百萬人，此自然之勢，必不可減之數也」之論，較之托瑪斯·羅伯特·馬爾薩斯（Thomas Robert Malthus，1766～1834）《人口原理》（*An Essay on the Principle of Population*，1798）「人口若不受到抑制，便會以幾何比率增加，而生活資料卻以算數比率增加。懂得一點算數的人都知道，同後者相比，前者的力量多麼巨大」、「據計算，

〔註94〕嵇文甫，《晚明思想史論》，頁 163；傳統學者、官員如何處理與數字有關之問題，以同是明末時期的官員海瑞（1514～1587）為參照對象。1569 年，海瑞被任命為南直隸巡撫。在處理農民與富戶的高利貸爭端時，以傳統道德觀與洪武皇帝提倡的原則（其農村政策，以抽象道德取代法律。上自官僚，下至村民，判斷是非的標準是「善」與「惡」，而不是「合法」或「非法」），師心自用。沒有宣佈過法律準則，也沒有建立專門機構調查案情、聽取申辯以作出公正裁決，亦未進行數據統計。這是有明一代多數官員的通病，是整個明代自朱元璋以來建立的「烏托邦式」的官僚體系密不可分。〔美〕黃仁宇，《萬曆十五年》（北京：中華書局，2007 年），頁 124～148。

〔註95〕〔明〕徐光啟著，王重民編，《徐文定公（光啟）集（上）》（臺北：文海出版社，1987 年），頁 14。

我國的約 700 萬。我們假設現有產量剛好能養活這麼多人口。在第一個 25 年，人口將增加到 1400 萬，食物也將增加一倍，生活資料僅能養活 2100 萬人口。在第二個 25 年，人口增加到 2800 萬……在第三個 25 年，人口將增加 5600 萬……」之語何其相似，頗有近現代人口統計的色彩。〔註 96〕

　　至於清代，依白晉《中國現任皇帝傳》之記載，康熙皇帝遵照法國科學院的模式，在皇宮裡聚集畫家、版畫家、雕刻家、製造鐘錶和銅匠及製造天文儀器的其他匠人的科學院。非但如此，康熙皇帝甚至很早以前就制定了一項計劃——把歐洲的科學全部移植到中國，並使之在全國各地普及。他甚至希望把法國科學院發表的論文作為純粹和傑出的科學資料來源，編纂關於西洋各種科學和藝術的漢文書籍，並使其在國內流傳。〔註 97〕上述歷史，可作為「脫域」概念的典型案例。「脫域」是文化全球化的動力之一，它通過科學院的「專家系統」使得時—空得以虛化與延伸，並將歐洲的社會關係打破了時空限制，從歐洲「脫離」出來，並進行重構與「再嵌入」（re-embedding）中國社會。〔註 98〕從而使中國社會，在「科學」方面，獲得了歐洲現代性的時—空延伸。總言之，在明清之際以來，科學這一現代性元素，曾透過脫域的方式，悄悄嵌入中國社會。為 19 世紀第二次現代性襲來，做了一場預演。

二、科學影響下的「新」詮釋學——字面主義復興

　　視野轉回 16、17 世紀的歐洲科學革命，大部分學者之觀點認為此二世紀的科學之所以能夠獲得成功並大幅度領先於東方，與資產階級興起及宗教權力的旁落與世俗化有莫大的關聯。此一觀念之核心，在於科學與宗教具有難以調和的矛盾性。當科學一旦掙脫宗教的壓抑之時，科學革命便難以阻擋，有如脫韁野馬之勢，衝破舊有網羅。此說，將科學與宗教放置在二元對立架構中，似乎科學與宗教之間沒有中間地帶，不可調和。實則不然，彼得·哈里森（Peter Harrison）之研究指出，那些為科學做出重要貢獻的科學家，都

〔註 96〕〔英〕托瑪斯·羅伯特·馬爾薩斯（Thomas Robert Malthus）著，朱泱、胡企林、朱中和譯，《人口原理（附：人口原理概觀）》（北京：商務印書館，1992年），頁 7、12。

〔註 97〕〔法〕白晉著，楊保筠譯，《中國現任皇帝傳》，收入〔德〕萊布尼茨著，〔法〕梅謙立、楊保筠譯，《中國近事：為了照亮我們這個時代的歷史》，頁 80、90、97。

〔註 98〕〔英〕安東尼·吉登斯著，田禾譯，《現代性的後果》，頁 19～26、69。

懷有傳統意義的宗教虔誠。〔註 99〕意即，16、17 的科學與神學存有不可分割性，神學乃科學之基柱。〔註 100〕正如白晉所言：「根據一個多世紀以來的經驗，傳教士體會到要把天主教傳入中國並使之在那裡發展，最好的辦法就是宣傳科學，這也是上帝的旨意。今後，上帝為從中國剷除異教，還必須更好地利用科學。」〔註 101〕

英國宗教學者凱倫・阿姆斯壯以公元 1500 年為分界線（哥倫布［Cristóbal Colón，1451～1506］發現美洲大陸［1492]），將神（God）劃分為「不知之神」（The Unknown God，30,000 B. C.～1500）與「近現代之神」（The Modern God，1500～至今）。在她看來，在前現代時期的文化中，思考、宣說與知識的獲得，所依靠的方式有二：「神話」（mythos）與「理性」（logos）。而當近現代世界來臨，科學與理性呈鋪天蓋地之勢主宰近現代社會，理性獨佔上風，而神話則遭受貶斥。宗教理性化的結果，便是衍生出兩條新的路徑：「基本教義派」（fundamentalism）與「無神論」（atheism）。〔註 102〕前者從新的路線進行護教，後者則排斥乃至視如敝屣。在「基本教義派」影響下的新教，主張理性，拋卻神話，企圖建立符合理性與科學的信仰。在美國，新教基本教義派甚至發展出名為「創世科學」（creation science）的意識形態：「將聖經神話當成科學般精確的史實。」〔註 103〕如此看來，約翰・韋伯與耶穌會索隱派的研究，無疑受到了「創世科學」觀念的影響。

如此看來，科學的發展，無疑是受到自新教催生出的近現代基本教義派與無神論這兩大新意識形態之催化。按哈里森之語，即「新教對現代科學的

〔註 99〕〔澳〕彼得・哈里森（Peter Harrison）著，張卜天譯，《聖經、新教與自然科學的興起》（北京：商務印書館，2019 年），頁 V。

〔註 100〕甚至有學者認為，神學與自然科學一樣，亦是一種科學的學問，與自然科學之關係有如盟友。如托倫斯言：「因此很顯然，神學的科學與自然科學有著相同的基本問題……一旦認識到這點，神學與科學的對話就會呈現一種不同的面貌，因為這時它們被看作共同戰線上的盟友，都面臨著那個狡猾的共同敵人，即僭越上帝角色的人自己」〔英〕托馬斯・托倫斯（Thomas F. Torrance）著，阮煒譯，《神學的科學》（香港：漢語基督教文化研究所，1997 年），頁 XVI。

〔註 101〕〔法〕白晉著，楊保筠譯，《中國現任皇帝傳》，收入〔德〕萊布尼茨著，〔法〕梅謙立、楊保筠譯，《中國近事：為了照亮我們這個時代的歷史》，頁 98。

〔註 102〕〔英〕凱倫・阿姆斯壯著，朱怡康譯，《為神而辯：一部科學改寫宗教走向的歷史》，頁 18～25。

〔註 103〕〔英〕凱倫・阿姆斯壯著，朱怡康譯，《為神而辯：一部科學改寫宗教走向的歷史》，頁 25。

發展有一種間接的甚至是彌散的（diffuse）影響」。〔註104〕在這個過程中，新教對文本詮釋方法，充當了主要的催化劑。〔註105〕「理性」又在宗教改革中，發揮了至關重要的作用。宗教改革之初衷，在於澄清教義，並為打破教會對《聖經》詮釋的壟斷而提出「唯獨聖經」（Sola scriptura）。與之相應的新的文本詮釋方法——字面主義（literalism），開始大行其道。

在17世紀之前的舊約象徵論，經過奧利金（Origenes Adamantius，185～254）與奧古斯丁（或作「聖奧思定」）的推波助瀾之下，在歐洲形成了隱喻的傳統：世間萬物，存有上帝創世之隱喻，這些要素都是具有神聖意義的「符象」（figures）。〔註106〕在前文所提《羅馬書》中，各種隱喻已初見端倪。創世科學與受造之物的隱喻，即使是在科學革命之初，科學家依舊把造物與創世隱喻聯繫在了一起。如有「現代科學之父」美稱的伽利略·伽利萊（Galileo Galilei，1564～1642），其在《試金者》（*The Assayer*，1623）一書中的敘述之語，與神秘主義者（如薔薇十字會）之語相差無幾：

> 哲學被寫在宇宙這部永遠展現在我們眼前的大書上，但只有在學會並熟悉書寫它的語言和字符之後，我們才能讀懂這本書。它是用語言寫成的，它是三角形、圓以及其他幾何圖形，沒有這些，人類連一個字也讀不懂；沒有這些，我們就像在黑暗的迷宮中摸索。〔註107〕

伽氏所認為的世界的本質便是數學，萊布尼茨之論亦深肖此說。而字面主義的意義，在於消亡這種將《聖經》與自然物聯繫起來，並認為它們普遍存在寓意（allegorical）詮釋的做法。宗教改革者試圖瓦解舊有中世紀神學的寓意詮釋，否認自然物能夠作為「自然記號」（natural signs），堅持《聖經》只能從其字面的、歷史的意義上加以詮釋。〔註108〕由此開始，《聖經》之詮釋自16世紀始，呈現了新、舊二教間閱讀與詮釋間的差異——字面主義與象徵主義。而對之產生核心影響的，乃是科學革命。

字面主義其實早在教父時期便已肇端，字面主義可謂有如文藝復興一

〔註104〕〔澳〕彼得·哈里森著，張卜天譯，《聖經、新教與自然科學的興起》，頁13。
〔註105〕〔澳〕彼得·哈里森著，張卜天譯，《聖經、新教與自然科學的興起》，頁13。
〔註106〕下一小節將詳細討論歐洲的寓意解經傳統。
〔註107〕轉引自〔荷〕愛德華·揚·戴克斯特豪斯（Eduard Jan Dijksterhuis）著，張卜天譯，《世界圖景的機械化》（北京：商務印書館，2015年），頁506～507。
〔註108〕〔澳〕彼得·哈里森著，張卜天譯，《聖經、新教與自然科學的興起》，頁7。

般，被宗教改革家將之從古典「文藝」中復興出來。若依照較為簡易之法劃分，寓意解經與字面解經二者之源頭，可以追尋至教父時期的兩種教派：「亞歷山太學派」（Alexandrian）與「安提阿學派」（Antiochene）。前者，在公元1世紀便已開始萌芽。寓意式解釋（allegorical interpretation）之目的，在於將異國文化及其概念架構下的文本（當時主要針對希臘文本）賦予基督宗教的神學意涵。對於猶太人與天主教徒而言，若他們向亞歷山太的希臘學者傳教時，使用寓意式讀法更為便利。如公元1世紀的希臘化猶太哲學家與基督宗教神學家斐洛・尤迪厄斯（Philo Judaeus，亦稱 Philo of Alexandria，15 to 10 B.C.～A.D. 45 to 50），他便將猶太教思想進行了希臘哲學化的改造，並對基督宗教神學思想產生影響，且為隨後大興的「新柏拉圖主義」（Neo-Platonism）奠定了基礎。以斐洛《論〈創世記〉》（De Opificio Mundi）為例，說明《聖經》思想的如何被希臘化，及如何運用象徵主義釋經：

> 在第四日，此時大地已經造就，神就給美麗多彩的天空定位。……但後來天時按照一個完美的數字來適當地裝飾的，這就是四。把4稱作10這個完全數的基礎和源泉是不會錯的，因為10實際上就是潛在的4；也就是說，把數目1至4加在一起，就產生10。……4也包含音樂中和聲的比例。……我們還可以說說4這個數字具有其它奇妙的性質，也可以在心靈中思考。……此處，指需再指出4是創造天和創造世界的點就夠了。……如上述這個數的本性如此高尚，令人尊崇，難怪造物主在第四天用完美的、最神聖的裝飾物，亦即發光的天體，照射天空。
>
> 如我前述，在那以後他告訴我們，人按照神的形象和樣式被創造出來（創1：26）。……在仿造中，人就看自己理智如神明並把它當做敬畏的對象來供奉，因為理智的在人身所占的地位就有如那個偉大君主在宇宙中所佔的地位一樣。〔註109〕

前者顯然化用了畢達哥拉斯的數學理論與音樂哲學，賦予創世第四日之「四」以「象徵」意涵。而後者之論說為柏拉圖靈魂三分說（精神、理性與慾望）以及靈魂如何與身體結合的論述。該學派之理論，又有針對聖經裡名字者：「亞

〔註109〕〔古羅馬〕斐洛（Philo Judaeus）著，王曉朝、戴偉清譯，《論〈創世記〉：寓意的解釋》（北京：商務印書館，2017年），分別見：頁32～34、40。

當代表理性，夏娃代表感官，埃及代表肉體，以色列代表靈魂等等。透過同樣的方法，基督徒聲稱可以在舊約裡找到基督。」〔註110〕總言之，寓意解經法作為一種強而有力的詮釋手段，為如何闡釋與利用非基督教的古老經文提供了方法，使之可適應時代之傳教需求，說服異教徒皈依。

安提阿學派（Antiochene）則是與亞歷山太學派對立的神學教派，它興起於4～5世紀敘利亞安提阿地區，主要採用字面主義作為解經之法。字面主義者批評象徵主義者沉迷寓言，忽視聖經舊約中的歷史性，將一種更為屬靈的意義置於歷史之上，將經文視為任意解讀的玩物。故而，字面主義者更關注聖經舊約的歷史意義而非哲學意義。當然，在寓意派眼中，字面主義顯然是不專業的，他們無法看到聖經經文中隱藏的、超越歷史的多層次的哲學與奧秘意涵。當然，字面主義除了從字面與歷史的角度檢視聖經外，亦必須處理聖經中的象徵問題。字面主義者為與象徵主義者的象徵理論作出區別，遂提出了所謂的「預表論」（typology）——字面主義者視舊約中的主要人物、行動和事件為「象徵」（figures）或「類型」（types），雖然這些人事物是真的在歷史裡出現，但同時又是新約人物、行動和事件的預表。〔註111〕然而，這一解經法並未成為中世紀解經的主流，長期佔統治地位的，依舊是寓意派的象徵主義手法。

隨著宗教改革的出現，字面主義重新收復失地，成為新教改革者的主要解經方式。新教徒貶斥寓意派玩弄經文，愚弄平民百姓。正如馬丁·路德（Martin Luther，1483～1546）大聲疾呼的：

> 那麼，何時我們才會擁有一段直接明白的經文，不需借喻與推論……任何經文都不容許推論或借喻的存在……看看修辭大師奧利金在聖經解說中幹的好事吧！……並且我們主張，上帝所說的話必須以簡單的方式按其字面意義進行理解。〔註112〕

〔註110〕〔美〕范浩沙（Kevin J. Vanhoozer）著，左心泰譯，《神學詮釋學》（新北：校園書房出版社，2007年），頁165。

〔註111〕〔美〕范浩沙（Kevin J. Vanhoozer）著，左心泰譯，《神學詮釋學》，頁172。

〔註112〕〔德〕馬丁·路德（Martin Luther）著，黃宗儀譯，廖元威校，〈論意志的捆綁〉，收入路德文集中文版編輯委員會編，《路德文集·第二卷》（上海：上海三聯書店，2002年），頁439～443。譯文「任何經文都容許推論或借喻的存在」有誤，引文根據英譯本修訂。英譯本見：Rupp, E G, Philip S. Watson, Desiderius Erasmus, and Martin Luther. *Luther and Erasmus: Free Will and Salvation*. Philadelphia: Westminster Press, 1969. 221.

所幸文藝復興中的語言學與歷史學的研究，為字面主義提供了充足的思想源泉，使得通過字面主義可將唯獨聖經的理想成為可能。如此，文化水準較低的販夫走卒，都有機會通過翻譯成本國語言的聖經，從字面上理解經文，大大促進了基督宗教的世俗化，亦加快了教會權力的裂解。

　　由字面主義出發，《聖經》的研究範式發生了轉移，人類的墮落、大洪水、語言變亂之研究，從《聖經》的寓言，變成了的聖經的歷史考證，即所謂的「新年代學」，約翰·韋伯等人的研究便是其中的典範。在馬若瑟的論述中，亦可見字面主義之影響，只是此影響是負面影響。他曾在《天學總論》中如此評說歷史典籍中的歷史與寓言：

> 即西史以斯奇跡冒己紀，將歐羅巴之事，長之於幾萬年者，何難有耶？由此論之，凡讀史而求真者，自今以上三四千年間，或可得以據而信，倘再上稽，則恐各國之書所載，皆止取象而歸一揆矣。是故西史及理學諸儒，二千年前，咸視天道夢夢然，而師之無大益也。〔註113〕

在馬氏看來，三四千年前的歷史，如舊約與中國上古史之所述，更多的是寓言意義，而非真實歷史事件。由此觀之，馬氏當屬寓意派而非字面主義派。然而，馬若瑟雖不直接支持字面主義，但字面主義所產生之後續影響極其成果，卻悄悄影響了馬氏，他卻不自知。此外，「長之於幾萬年者」，雖為誇張之論，但多少帶有新年代學的影子——突破了宗教年代學之創世乃最早至公元前6000年的上限，「自今以上三四千年間」，便是認可了耶穌會內部中國上古史自伏羲開始的為信史的研究成果。〔註114〕

〔註113〕　〔法〕馬若瑟，《天學總論》，收入鐘鳴旦、杜鼎、王仁芳編，《徐家匯藏書樓明清天主教文獻續編》，冊26，頁493～494。

〔註114〕　在新年代學中，人類起源與譜系、墮落、大洪水、語言變亂等的時間考證，形成了一門嚴密的聖經年代學。而埃及學與中國學的興起，一再打破創世的時間線。在17世紀及之前，歐洲多採用《通俗拉丁文本聖經》認為人類被創造的時間在公元前約4000年左右之說，此外還有從希臘文《七十子譯本》（Septuagint）推測之亞當是在前5199年左右被創造的看法。隨著耶穌會士不斷研究中國上古史，兩種編年史開始調和，並使羅馬傾向採用《七十子譯本》的推論，即於1637年啟用1583年教宗額我略十三世（Gregorius PP. XIII，1572～1585）許可之《羅馬殉教史》（Roman Martyrology）認可之人類於前5199被創造的判斷。而調和過程中的各種論述，如沃西俄斯等，都是韋伯的參考資料，而韋伯又影響了索隱派。期間，傳教士漢學與

　　當然，此處馬若瑟亦調侃了中國部分上古史的觀點，動輒將創世時間拉至數萬乃是百千萬年前。馬若瑟 1728 年 10 月 16 日致傅爾蒙書信中，便曾以開玩笑的口吻提及羅泌《路史》中的觀點：孔子死於 2276000 或 2259860 年，即盤古後 96061740 年。〔註 115〕「或可得以據而信」句，又回歸了索隱派認為上古史不可從字面主義解釋，而是需從象徵論角度理解，方可合於聖經編年。同時，須知馬若瑟在涉及天主教相關內容時，遣詞用字皆極為小心。如《漢語劄記》之中，基於天主教的基本立場，凡徵引漢文，涉及佛教思想者，皆做了修訂或隱匿（前後手稿對比），如刪掉包含「前世」與「孽障」的例句。〔註 116〕更深一層看，耶穌會內部針對出版物的審查政策——「共訂」政策，即「出版准許」（Imprimatur）。神父相關出版物，需送至教會，經由兩人共「訂」（nihil obstat）後，「方准印行」（imprimi potest）。〔註 117〕甚至曾經一度存在所有信件須用拉丁文或葡萄牙文而非法文書寫，以確保信件接受檢查，所有的著述和報告必經澳門投送的狀況。〔註 118〕故而，在現實壓力下，使得馬若瑟行文用字必須字斟句酌。

　　進一步觀之，甚至能察覺作為索隱派一員的馬若瑟之思想的弔詭之處——字面主義與象徵主義的雙重影響。尼古拉·弗雷萊在 1735 年致馬若瑟的書信中，表達了馬氏思想矛盾之處的疑惑：

> 請原諒我再次補充說明，我對您有關中國古代史的想法依然一無所知。您認為大家只勉強把握將他們的蒙昧狀態上述到戰國或內戰的時代。但您向我提及堯、舜、禹和少昊、伯夷和后稷列王，並且把他們作為歷史人物和中國的英雄人物加以引證，認為他們的道德是

門多薩等遊記漢學提供的數據，也使歐洲確信中國的信史自公元前 2500 年左右，衛匡國更是提出中國信史字前 2952 年伏羲開始（挪亞大洪水則發生在前 3000 年），馬若瑟「自今以上三四千年間，或可得以據而信」的觀點也符合這一論斷。但萬年之說，顯然超越了年代學中地球上限不超過前 6000 年的底線，雖為誇張之言，但不可否認，馬氏曾思考世界歷史或許不止千年，而是可達萬年。〔美〕安德魯·迪克斯·懷特著，魯旭東譯，《基督教世界科學與神學論戰史》，頁 250～227；吳莉葦，《當諾亞方舟遭遇伏羲神農：啟蒙時代歐洲的中國上古史論爭》（北京：中國人民大學出版社，2004 年），頁 393～434。

〔註 115〕書信轉引自：〔丹麥〕龍伯格，《清代來華傳教士馬若瑟研究》，頁 39。

〔註 116〕李真，《馬若瑟〈漢語劄記〉研究》，頁 131～132。

〔註 117〕李奭學，《譯述：明末耶穌會翻譯文學論》，頁 13。

〔註 118〕〔美〕魏若望，《耶穌會士傅聖澤神甫傳》，頁 48～49。

　　無可爭辯的。怎樣把這些事實調和統一起來呢？這並不是一種我企
　　圖責備您的矛盾。〔註119〕

若從純粹索隱派的角度觀之，中國上古史應充滿了各種象徵的文本，而非是
從字面主義觀之的突破聖經編年的真實歷史。以傅聖澤之說為例，可了解二
者之間的壁壘分明：「由於無知，人們把一部成為《經》的古書當做經書了。
此書事實上卻是一部劇本集，其中的象徵性人物在會晤時，出現彼此間如同
充滿神秘問題的場面，它們都與宗教有關」，「至於我本人，我堅信中國在秦
始皇之前絕對沒有任何皇帝」。〔註120〕馬氏「倘再上稽，則恐各國之書所載，
皆止取象而歸一揆矣」句，即有傅氏的意味，即標準的象徵論。然弔詭之處
又在，馬若瑟從未寫過中國上古三代並不存在的文章。〔註121〕同樣是在馬若
瑟1724年致同會某神父的信件中，向其說明中國歷史長達3878年，要從耶
穌誕生前2155年算起，遠超出了象徵論的基本立場。〔註122〕上述觀點，足
見馬氏踟躕於字面主義與象徵論，中國上古史究竟是寓言還是真實歷史，馬
氏難下定論，其思想時刻處於變動之中，或者，馬氏依照言說的對象中西之
別，給與不同的論點。

　　「長之於幾萬年者」之論調，常見於字面主義催生下的「不信教」色
彩學者的論述。須知，聖奧斯定認定那些宣稱地球歷史超過6000年的信念
必屬異端。〔註123〕但隨著現代性的影響，即使如此堅固的思想，也遭到質
疑，即使是《聖經》及其記述的歷史也遭到了質疑。17世紀，一位名喚拉
佩雷爾（Isaac La Peyrère，1596～1676）之帶有「無神論」色彩的神學家，
徵引中國歷史及其他民族歷史，提出了「亞當之前人類說」的假設——即
亞當並非第一個人類。在他看來，《創世紀》只能適用於猶太民族，而非其
他民族，由是《聖經》成為了地區歷史而非普遍歷史。〔註124〕其後繼者，

〔註119〕見畢諾專書收錄之第二卷〈有關法國認識中國的未刊文獻〉。〔法〕維吉爾·
　　　　畢諾著，耿昇譯，《中國對法國哲學思想形成的影響》，頁613。
〔註120〕分別見傅聖澤1738年8月28日、同年11月3日，致德·羅特蘭修道院院
　　　　長（Rothelin〔abbé De〕）的信函。〔法〕維吉爾·畢諾著，耿昇譯，《中國對
　　　　法國哲學思想形成的影響》，頁531、532。
〔註121〕〔丹麥〕龍伯格，《清代來華傳教士馬若瑟研究》，頁154。
〔註122〕〔法〕杜赫德編，鄭德弟、朱靜等譯，《耶穌會中國書簡集：中國回憶錄》，
　　　　卷3，頁279。
〔註123〕〔美〕安德魯·迪克斯·懷特，《基督教世界科學與神學論戰史》，頁222。
〔註124〕由於聖經編年與中國、埃及等歷史扞格，以及美洲人種不見《聖經》等諸多

一路發展出了沃西攸斯（韋伯參考其書）挪亞大洪水非全世界性洪水之說，他雖批評「亞當之前人類說」，但也附和拉佩雷爾認為大洪水、巴別塔和人類分散的歷史都是地區性歷史，《聖經》被貶斥成了地方志。〔註 125〕另一條路，則延長了世界的歷史，如蒂索・德・帕托（Tyssot de Patot，1655～1738），他也堅持「亞當之前人類說」，借中國史訴說中國人聲稱第一名人類是盤古和盤瓠而非亞當和夏娃，且其後代存在了 1000 萬年，藉此懷疑《聖經》記載的史前史之可靠性。〔註 126〕馬若瑟的「萬年」之語，似乎兼具有關中國上古歷史編年各種爭論，呈現出索隱主義與字面主義／不信教多重的影響。

　　總言之，雖然直到 18 世紀，巴別塔論述長期佔據神學及人類學、語言學、歷史學等諸多學科的核心正統。但字面主義催生了各種不同的觀點，促進了語言研究、科學研究、社會研究向近代之轉型及長足的進步。不和諧的聲音已然出現，聖經的權威開始旁落，宗教開始世俗化，無信仰的問題已經展現，由此產生的新知獲得了前所未有的崇高地位。可以言，在宗教改革後，在字面主義的影響下，《聖經》經文的意義，由道德意涵、寓意意涵、奧秘意涵，讓位於歷史意涵。而下一小節，即從字面主義所促進之科學成果，進一步說明馬氏與字面主義間的間接影響。

三、字面主義與科學的相互促進

　　字面主義從字面上理解《聖經》，其研究範式迅速轉移入科學研究領域。自然之物，不再需要藉助道德寓言理解萬物，轉入自然科學實驗研究的角度重新審視萬物，大大促進科學的發展。表現在語言領域，乃是代表寓意解經的「語言自然論」（language naturalism）開始逐漸淘汰。

　　依照歐洲的傳統，研究自然生物，與象徵法解經一樣，賦予自然萬物以道德乃至神學的象徵意義。如 17 世紀初的自然志學家沃爾夫岡・弗朗齊烏斯

　　　　問題，在 17 世紀集中出現，致使質疑《聖經》普遍性的聲音越來也多。於是出現一批將《聖經》視為地區、猶太民族史書的神學家。這些神學家，在後世多被冠上不信教的帽子。

〔註 125〕本章所涉時代及論述學者涵蓋新舊二教，考慮新教譯名流傳度較為廣泛，故本章取新教譯名，如「諾厄」-「挪亞」。

〔註 126〕以上之論引自：〔法〕維吉爾・畢諾，《中國對法國哲學思想形成的影響》，頁 219、231、266。

（Wolfgangus Franzius，1564～1628）在其《動物志》（*The History of Brutes*，1670）中描述，亞里士多德撰寫《動物志》的原因，是為從中獲得動物的本質，而這種本質是一種可為上帝帶來榮耀的神聖解釋。〔註 127〕足見，為動物賦予道德品質的源頭，是在亞里士多德。〔註 128〕若動物蘊含道德象徵，則師法自然的結果定然是道德與神學寓意，而非科學與技術上的意義。如魚（Nun）在基督教早期被賦予特別的意涵：Nun 的最初意涵為魚與長大，但之後被轉化成耶和華與耶穌的別名，至今 Nun 仍然意指基督宗教中的女性。這樣的現象不僅發生在動物身上，植物亦不例外，如橡樹在教會早期有時會被用以象徵基督，早期的神父認為基督最終會像巨大的橡樹一樣，遮蓋人類的所有信仰。〔註 129〕但字面主義發揮之影響，顯然將詮釋自然之目的與方法，從寓言與道德論中解放出來，而轉換成現代動物學、自然科學、生物學等學科的雛形。若用進行粗糙地概括，即「動物」變成了「生物」。

　　另外還可舉出一例，證明馬若瑟經學作品中，存有字面主義影響下的科學論述。馬若瑟在《經傳議論・春秋論》中，曾討論《春秋》經文中的寓言問題。他批評了字面主義的解經模式，並從天文學的角度予以否定，認為這不合乎他的科學認知，故而須得從寓言角度予以解釋：

> 《春秋》寓言「星隕如雨」，不得以直言取之。邵伯溫謂：在天成象，星也；在地成形，石也。星隕而為石，石與星本乎一體也。真為可笑。夫恆星極小者，其於地毬乃大數倍也。安得變而為石乎！且恆星為火，與日同體。火炎而上，星有焉得隕而下哉！使漢成帝時，

〔註 127〕 Franz, Wolfgang, and rendred into English by William Nicholson. *The History of Brutes, or, A Description of Living Creatures : Wherein The Nature and Properties of Four-Footed Beasts are at Large Described*. London: Printed by E. Okes, for Francis Haley, at the Corner of Chancery-Lane in Holborn, 1670. 2.

〔註 128〕 亞氏在其《動物志》（*Historia Animālium*）如此言道：「大多數的動物具有精神（心理）性質的跡象，比較起來，這一性質於人這種品種特為顯著。……一個人可於這一素質（品德）上說，較少於動物，而在那一素質（品德）上說，一隻動物較多或較少於人類；另些品德則動物不能與人並論，卻也可加以比擬：譬如，人具有知識（技術）、智慧與機敏……所以說『人與動物於精神上某些相同，另些相似，又另些可以比擬』，這種論斷並無錯誤」。〔古希臘〕亞里士多德（Aristotle）著，吳壽彭譯，《動物志》（北京：商務印書館，2017 年），頁 337～338。

〔註 129〕〔美〕曼利 P.哈爾著，薛妍譯，《古往今來的秘密・第二輯・失落的符號》，頁 24、70。

　　果有隕星之異，則不但中國被隕星之火焚盡，即天下萬國，皆猶草
　　芥入火海，靡有孑遺矣。〔註130〕

此為馬若瑟針對《春秋・莊公十七年》歷代各家說法的評判。他尤其是針對
邵雍（1011～1077）之子邵伯溫（1055～1134）缺乏最基本的科學觀，而出現
的荒謬論說，嗤之以鼻並表達不滿。

　　檢視馬氏反駁之詞，如「恆星為火」之論，恆星數倍大於地球並與太陽
同等之說，都是西方天文學知識。同時，馬若瑟在文中提出恆星如何下落的
質疑，亦值得玩味。其所執疑竇，或出於堅持教會立場，反對當時最為時髦
的牛頓（Sir Isaac Newton，1642～1727）「萬有引力」（1687）之說。然而，馬
氏所描繪的恆星介紹，鮮有摩西宇宙觀（創世論）的色彩，反而純粹以科學
角度反駁中國舊儒諸說。足可見這些帶有進化論特點的新天文學理論，影響
力之深廣。若從懷特的觀點看來，這正好呈現了自16世紀下半葉焦爾達諾・
布魯諾（Giordano Bruno，1548～1600）去世後的兩個世紀間，神學宇宙觀退
場，宇宙進化論迅速發展的過度狀態。在歷經自尼古拉・哥白尼（Nicolaus
Copernicus，1473～1543）、約翰尼斯・克卜勒（Johannes Kepler，1571～1630）、
伽利略、勒內・笛卡兒（René Descartes，1596～1650）而至牛頓學說的建立，
便是古老神學宇宙觀退去的時刻的標誌：

　　「廣闊的天空高高在上」，萬能的上帝把那些「水晶球」安置「在天
　　空的軌道之上」，並且用祂自己的雙手或者讓天使做祂的代理，使太
　　陽、月亮和眾行星為了地球而運動……「讓朕兆和奇跡」顯現；拋
　　擲彗星，「投射閃電」，以便嚇走那些邪惡之徒，並且在他憤怒時使
　　大地顫慄：所有這一切都已經銷聲匿跡了。〔註131〕

在馬若瑟筆下，星星不再是「水晶球」，而是一種恆星，一顆燃燒著熊熊烈焰
的大火球。如此便意味著，馬氏的宇宙觀並非是古老的神學宇宙觀，而是17
世紀以來的新興宇宙進化論。

　　此些新知，不僅傳教士立言時有所涉及，甚至在為康熙皇帝授課時，亦
有觸及。如傅聖澤曾透露，1712年他與陽秉義（Francois Tillisch，1667～1716）

〔註130〕〔法〕馬若瑟，《經傳議論・春秋論》（法國國家圖書館藏，編號：Chinois7164），
　　　　頁21～22。
〔註131〕〔美〕安德魯・迪克斯・懷特著，魯旭東譯，《基督教世界科學與神學論戰
　　　　史》，頁20～21。

一道向皇帝解釋天文法則。因陽氏堅持擁戴第谷・布拉赫（Tycho Brahe，1549～1601）「地心說」體系，傅聖澤轉而獨立撰寫論文。其準備的教材是以克卜勒與哥白尼天文學概述為基礎的一篇對話——《哥白尼天文學通則問答述要》，以及基於法國科學院喬凡尼・多美尼科・卡西尼（Giovanni Domenico Cassini，1625～1712）與菲利普・德・拉・海爾（Philippe de La Hire，1640～1718）的研究報告（白晉早年曾為康熙宣講過二人觀察月食的方法）為基礎，撰寫介紹月球經緯度的《天文曆法》。〔註132〕足見在16～17世紀的各種新興科學學說，幾乎在平行時段被傳教士譯介入華。

再者，馬氏「果有隕星之異，則不但中國被隕星之火焚盡，即天下萬國，皆猶草芥入火海，靡有孑遺矣」一句，頗有17世紀末期在歐洲極為流行的那種結合科學觀的基督宗教末世新論味道。所謂末日審判中的地獄火湖，或許是地球被隕石撞擊的結果。如牛頓在劍橋大學的後繼者威廉・惠斯頓（William Whiston，1667～1752），在其《地球新論》（*A New Theory of the Earth*，1696）中，拋出了彗星撞擊地球之說。他提出，上帝預見及影響了彗星的運行軌道，並通過精確的計算，設計了彗星的運行軌跡。舊約時代，彗星準確劃過地球，引發恰到好處的大洪水以作為懲罰。接下來的末日審判，上帝依舊會用同樣的手段展現，以類似彗星撞擊地球的方式，產生波及全世界的大火。〔註133〕馬若瑟將《春秋》經文視為寓言，雖未有明確陳述寓言內涵，但他同意胡安國（1074～1138）所云「天之示人，顯矣」的言論。某種意義上論之，威廉・惠斯頓之說，或許是馬氏未曾明言的上帝警示的末日景象：「不但中國被隕星之火焚盡，即天下萬國，皆猶草芥入火海，靡有孑遺矣。」

四、科學影響下的語言研究與漢字收編

隨著研究自然之物的範式發生了轉移，語言研究亦勢必隨之轉變。在此之前，歐洲學者論語言產生之源，多持語言自然論。職是，勢必追溯至柏拉

〔註132〕〔美〕魏若望，《耶穌會士傅聖澤神甫傳：索隱派思想在中國及歐洲》，頁169。
〔註133〕Whiston, William. *A New Theory of the Earth, from Its Original to the Consummation of All Things Wherein the Creation of the World in Six Days, the Universal Deluge, and the General Conflagration, as Laid Down in the Holy Scriptures, Are Shewn to Be Perfectly Agreeable to Reason and Philosophy: with a Large Introductory Discourse Concerning the Genuine Nature, Stile, and Extent of the Mosaick History of the Creation.* London: Printed by R. Roberts, for Benj. Tooke at the Middle-Temple-Gate in Fleet-street. MDCXCVI., 1696. 358～359。

圖的「模仿論」學說，以及在柏氏之論其影響下的奧古斯丁「指涉決定意義」觀。柏拉圖在《克拉梯樓斯篇》（*Kratylos*）中，以對話的方式，討論所謂「名詞的正確性」。全文主要持兩種不同的主張：合於本性的，還是合於設定或律法的。以今之語言學視之，則即為「語言自然論」與「語言約定論」（language conventionalism）。前者主張語言的正確性源於語言能表達萬有的本質；後者主張語言的正確性源於語言的創造及使用約定俗成，然後形成規律。〔註134〕前者以拉梯樓斯（Kratylos）為代表，而後者則以赫摩給內斯（Hermogenes）為代表。柏拉圖的觀點更靠近前者，提出了所謂的語言「模仿」論，即語言文字是對世界的模仿。但在他看來，文字雖然能夠反映世界或者事物，但不是完美的，只能微弱表達永恆概念。〔註135〕17～18 世紀初的漢字收編者之論，幾乎都是這種語言模仿論的後繼者，他們無一不認為通過研究文字可以掌握永恆的神學真理。〔註136〕

　　哈里森切中肯綮地指明了語言研究與科學研究之間的關聯，即「從事科學活動是重回伊甸園不可或缺的組成部分。因為努力可以重新發現失去的知識，從而賦予人以統治權。」〔註137〕前文提及，語言自然論者，認為透過語

〔註134〕拉梯樓斯主張：「若語言代表萬有而傳達思想，語言描述萬有的相及本質，則認識語言即能認識萬有，因為語言的創造者將依萬有之相及本質來形容萬有而創造語言；或者語言創造者將語言創造地類似於萬有的相及本質，進而因為語言中包含萬有的相及種種性質，吾人可以通過語言的學習及了解，獲得萬有的知識。」；赫摩給內斯則主張：「語言創造者藉著語言的與萬有聯結起來，然後以語言來指涉萬有，兩者之間的聯結隨著設定與使用的改變而改變，萬有的相及本質並非語言的模型，而語言也非萬有的仿本，而吾人能隨時更換不同的語音來描述萬有，並且只時時承認現有的描述為真，而過去所共認為真者現在已揚棄，並且為假，不能用以代表萬有。」彭文林，〈論證內容〉，收入〔古希臘〕柏拉圖（Plato）著，彭文林譯注，《柏拉圖〈克拉梯樓斯篇〉》（臺北：聯經，2002 年），頁 ix；氏著，〈導論〉，收入〔古希臘〕柏拉圖著，彭文林譯注，《柏拉圖〈克拉梯樓斯篇〉》，頁 ix-x。

〔註135〕「對柏拉圖而言，符號（sign）之所以有意義，因為它們連接於實體，可是這種連接是間接的；符號（sign）只能仿造、模擬及象徵短暫的事物或人類思想，間接表達永恆理念（eternal ideas）。所以，語言之於柏拉圖，只不過是事物本身的替代。柏拉圖並不看重語言，只把它看作次等的；語言不是最原初的，乃是衍生出來的。語言是事物存在的符號，離事物存在的本身還差一截。」〔美〕范浩沙著，左心泰譯，《神學詮釋學》，頁 84。

〔註136〕即使是門采爾、萊布尼茨等人認為漢字為人工文字，有一定語言約定論的色彩，但他們研究之動機還在於透過語言研究，揭示世界的真實面貌。

〔註137〕〔澳〕彼得・哈里森著，張卜天譯，《聖經、新教與自然科學的興起》，頁 338。

言可以了解其指涉的事物或世界。故而，亞當便是人類的典範，他掌握自然語言（language of nanture），一誕生便能知曉萬物的本質，並賦予它們名稱。故而，17 世紀尋找亞當之語，可以被視作對自然萬物真正本質探索與征服的工具。〔註138〕約翰・韋伯認為，漢字便是這種工具，萊布尼茨最初也持類似觀點，就連馬若瑟之說，也可以看到這種色彩。哈里森將之歸於文藝復興時期「徵象」（signatures）學說之下——自然物種帶有某種標記表明其用途——是重建自然語言的一種早期嘗試。〔註139〕

然而隨著時間的推移，學者們發現這種徵象學說，最終都無法重新發現亞當之語／普遍語言。甚至還會被認為帶上神秘主義色彩，此為新教徒難以忍受的。在此轉變期間，字母文字因其模仿自然之色彩遠不及象形文字而首先被排除。於是，普遍語言的候選人，集中在了所謂的真實字符上，即漢字與埃及文字。由是，開啟了對埃及文字與漢字收編的過程。到了 17 世紀 80年代，英國皇家學會因現實困難與研究成果多帶有喀巴拉神秘主義的色彩備受質疑。〔註140〕於是，學者們停止了對古老語言作為普遍語言的探索，轉而研究自行研究發明一種普遍文字。至此，漢字收編跨入了「中文鑰匙」與萊布尼茨的研究階段。

換言之，漢字收編之流變即歐洲 17～18 世紀初整體的語言研究思維變化的呈現：從尋找亞當之語／普遍語言，到自行設計真實字符以作為普遍語言的範式轉移。究其原因，乃是 17 世紀的學者遭受科學革命導致的世界觀遭變動——認為科學可以幫助人類重建伊甸園，以扭轉人類墮落、大洪水、語言便以來上帝詛咒，「摧毀巴別塔」（萊布尼茨語），終結數千年來人類語言混亂的局面，征服自然，獲得真理。所以說，漢字研究，不僅僅是普遍語言搜尋中的一環，而是征服自然的信號。故而可以說，漢字是西方世界為收編自然世界，而進行普遍語言研究的再收編。如此，便解釋了第二章中歐洲諸儒收編漢字的學說的演進。換言之，基歇爾至韋伯，韋伯至米勒、門采爾、萊布尼茨的典範轉移的根本原因——人類從向自然取經到意圖掌控與改造自然的縮影。

〔註138〕 〔澳〕彼得・哈里森著，張卜天譯，《聖經、新教與自然科學的興起》，頁 338。
〔註139〕 〔澳〕彼得・哈里森著，張卜天譯，《聖經、新教與自然科學的興起》，頁 340。
〔註140〕 〔澳〕彼得・哈里森著，張卜天譯，《聖經、新教與自然科學的興起》，頁 352；
　　　　　皇家學會轉變之因，在本章第三節之第三小節會再次提及。

綜上，自明清之際始，伴隨西學中譯，科學專著或是夾雜科學思想的專著被譯介入華。當傳教士著書立說，廣為宣講天主教教義時，文藝復興與科學革命之思想學說有意或無意地被夾帶其中，並持續影響中國知識分子。由是，科學通過脫域與再嵌入的手段，在中國開始扎根發芽。凡對西學有所涉獵者，其作品之中，多少可以挖掘出文藝復興與科學觀念的影子。本小節論述之中心，其一，在於神學、科學與語言學的互相砥礪，並透過傳教士植入中國，使得明清之際以後，中國具有科學這一現代性的顯著特徵；其二，歐儒對漢字收編的理論變化，呈現出受到科學鼓舞下的範式轉移——掌握自然語言以達永恆到藉助科學創造語言以征服自然。而下一小節，則是討論文藝復興中的神秘主義思潮，如何體現在漢字研究及耶穌會索隱派的論說之中，並與現代性密切糾葛。

第三節　集大成的「索隱派」：神秘主義與護教傳統

庫恩曾指出，在 17 世紀以前，用神秘的性質來解釋世間現象，乃是正常科學研究中不可或缺的部分。〔註 141〕由是道出了，即使是科學研究，在 17 世紀以前，還與神秘主義有著緊密的聯繫。直至 17 世紀科學革命大興，現代性於焉誕生，科學才與神秘主義徹底分道揚鑣。追索神秘主義興盛之因，在於 16 世紀時，面對教會的不斷世俗化與改革者帶來的種種危機，教會對神學的定義越來越嚴格，有如同壓抑者的反撲。而這時，神秘主義無疑是一種甘霖，學者們可以透過各種神秘思想，充作新的武器，與現代性要求他們摧毀舊原父的要求而鬥爭。

雖然在 17 世紀，科學研究上的神秘主義色彩開始退場，但精神文化層面上的神秘主義，依舊具備龐大影響力。直到 18 世紀宗教—迷信之辯催生出哲學領域的現代性後，神秘主義才開始被壓抑而掃出現代思想體系。這一轉型時間段，正是馬若瑟撰寫《六書實義》之時。本節論述之重點，在於討論耶穌會索隱派思想之源，即文藝復興中再度興起之教父時代的寓意解經／傳統索隱主義，以及神秘主義諸學說。並思考除上一節的科學元素外，神秘主義與現代性之間的關聯。

〔註 141〕〔美〕托馬斯・庫恩，《科學革命的結構》，頁 89。

一、索隱之源：寓意解經與預表論

「索隱」中文一詞，係出《周易·繫辭上》：「探賾索隱，鉤深致遠，以定天下之吉凶，成天下之亹亹者，莫大乎蓍龜。」，其意乃指探求隱微奧秘的道理，即孔穎達之正義：「索，謂求索；隱，謂隱藏」。〔註142〕此外，針對古籍的注釋及考證，亦可稱之為「索隱」，亦即司馬貞〈史記索隱序〉中所言：「今止探求異聞，采撫典故，解其所未解，申其所未申者，釋文演注，又重為述贊。凡三十卷。號曰史記索隱」。〔註143〕因耶穌會傳教士在儒家經典中尋求基督宗教的奧秘，以儒家意涵比附基督宗教中的意涵，具有獨特性，故自成一派，故可稱為「索隱派」。其原文「Figurists」一詞，則出自1730年代弗雷萊與宋君榮（Antoine Gaubil，1689～1759）神父通信時，被弗氏用於諷刺耶穌會白晉、馬若瑟、傅聖澤、郭中傳諸人的研究，並為通信對象宋氏所接受。〔註144〕索隱派兼用採中西學術傳統，在翻譯上呈現了「雙重脈絡化」（dual contextualization）的色彩。

柯蘭霓在說明索隱思想時，引用《大拉魯斯百科詞典》（*Grande Larousse Encyclopédie*）中的「Figurisme」詞條下的解釋：「索隱派思想是天主教對《舊約》的一種索隱式的注釋方法，此方法研究的是聖經《舊約》中記錄的具體事件所蘊含的象徵意義，並以此揭示其中所隱藏的未來信仰秘密的發展和教會發展的情況」。她認為此方法的出發點來自《格林多前書》10章6節、11章中出現的「Figura」一詞，「Figura」就是對希臘文「Typos」的翻譯。而產生這種索隱方式，是為了回應猶太教徒和其他異教徒責難基督宗教是一種全新的沒有歷史的宗教。他們希望通過索隱的方式證明基督宗教信仰從一開始便是存在的，並非什麼「新」的信仰，而只是迄今為止尚未被認知和理解的「古

〔註142〕〔魏〕王弼注，〔晉〕韓康伯注，〔唐〕孔穎達正義，《周易正義》，收入〔清〕阮元校勘，《十三經注疏》（臺北：藝文印書館，2001年），冊1，頁157。

〔註143〕〔日〕瀧川龜太郎，《史記會注考證》，頁9。

〔註144〕該詞之中譯，常有「舊約象徵論」、「符象論」等，最為常用之「索隱派」一詞，據李真之考據，最早見於許明龍在《歐洲十八世紀的中國熱》和《黃嘉略與早期法國漢學》中的翻譯。經查攷，「索隱派」使用時間還可以更早，至少在93年許明龍編纂《中西文化交流先驅》時，便已使用「索隱派」。Lackner, Michael. "Jesuit Figrism." *China and Europe: Images and Influences in Sixteenth to Eighteenth Centuries*. Thomas H. C. Lee. Hong Kong: The Chinese University Press, 1991. 132～133；李真，《馬若瑟與〈中國箚記〉》，頁19；許明龍主編，《中西文化交流先驅：從利瑪竇到郎世寧》（北京：東方出版社，1993年）。

老」信仰而已。〔註145〕其說正是要通過此學術手段證明「中學西源」——中國語言文化，尤其是先秦文化與基督宗教文化相同，其內容可以包括經典、文字、歷史等。

索隱派希望依託索隱主義研究成果傳教，一是彌合耶儒的差異，二是承認中國的文化地位。希望通過此種方式使得中國人更容易接受基督宗教，從而更容易達到傳播福音的效果。此說可參見范禮安（Alessandro Valignano，1539～1606）神父之論：中國是一個獨特的東方國度，而在中國傳教不能使用以往歷史上所有的傳教方法，應該以中國的方式進入中國，只有先中國化，才能使中國基督化。〔註146〕但是，這種被冠以「偷換概念」式的索隱主義，最終沒有沒中國學者所接受，也沒有獲得其它教派、梵蒂岡甚至耶穌會自身的認可，因而在明末清初短暫地散發光芒之後，便湮沒了。

然而，耶穌會索隱派所用之索隱法／索隱主義是一種複雜的詮釋學，不僅僅包納舊約象徵論，還包含諸多文藝復興、科學革命、宗教改革以來諸多學說的混雜體。本節討論之中心，主要接續上文的寓意解經與字面主義，來討論舊約象徵這一作為索隱法主義核心方法的釋經方法的發展歷程，以及與預表論的區別。由此，索隱主義／索隱派／索隱法之「索隱」產生了兩種含義，其一可稱作「傳統索隱」，即歐洲古已有之的寓意解經；其二為「新索隱」，耶穌會索隱派使用之包含文藝復興以來諸多學說的。〔註147〕本節所討論的，乃傳統索隱派的形成，此為耶穌會索隱派的直接思想來源。

前文所及，新柏拉圖主義的先行者亞歷山太學派，率先發展出了一套寓意解經法——這是一種可用於包納異教思想（希臘哲學）的詮釋法。先前介紹的第一位重要人物便是斐洛，他率先將古希臘人原本用於詮釋荷馬與海希奧德（Hesiod）的作品時所用的寓意法，引入了猶太神學，認為聖經除字面意義之下，還存有更深層次的真正意涵。緊隨其後的是亞歷山太的提圖斯・弗

〔註145〕〔德〕柯蘭霓著，李岩譯，〈緒論〉，《耶穌會士白晉的生平與著作》，頁 1～11；黃保羅也給予了類似的解釋：「所謂『索隱法』（Figurism，索隱派），則是拉丁文『Figura』的譯法，乃希臘文『Typos』一詞翻譯；是對《舊約》索隱式的注釋方法，研究《舊約聖經》中具體事件蘊含的象徵含義，並以此揭示其中暗藏的信仰秘密和教會發展的線索」。〔芬蘭〕黃保羅，〈漢語索隱神學——對法國耶穌會士續講利瑪竇之後文明對話的研究〉，《深圳大學學報（人文社會科學版）》第 28 卷第 2 期，頁 6。
〔註146〕周寧，《中西最初的遭遇與衝突》，頁 225～226。
〔註147〕此為本研究之分類，非學界共識。

拉維烏斯・革利免（Titus Flavius Clemens，150～c.215，或作「克萊門」），他揭示一段聖經可能有五種含義：

(1) 歷史意義：把《舊約》的故事當做是歷史上的實際事件。

(2) 教義意義：聖經中明顯的道德、宗教和神學教訓。

(3) 預言寓意：包括預言性的預言和預表。

(4) 哲學意義：希臘斯多亞派（Stoics）的宇宙和精神意義（即從自然物和歷史人物上找出其意義）。

(5) 奧秘意義：事件或人物所象徵的更深一層之道德的、靈性的、宗教的真理。〔註148〕

嗣後，革利免的弟子奧利金，發展並完善了這一詮釋學，他提出：「神智慧的寶藏藏在粗俗未拋光的詞語器皿裏。」〔註149〕其神學思想雖在中世紀備受質疑，然其釋經方法卻大大影響了中世紀及其後。在新教改革之前，學者們處理文本多採用奧利金的詮釋學方法。在奧氏是看來，字面主義所研究的字面含義，僅僅是入門知識：「拋開基督話語中的字面成分，那只是智慧的入門知識。」〔註150〕於是乎，他將《聖經》的含義分作三重——「體」（body）、「魂」（soul）、靈「sprite」。〔註151〕簡言之，三者即為：「體」——字面意義/歷史意義，這是普通人可追求的最高層次；「魂」——道德意義，教導層次更高的人如何生活；「靈」——最高意義，永恆的神學真理。〔註152〕

當時，安提阿學派尚未興盛，預表論未作為其字面主義的核心，被劃作兩大陣營，並與寓意釋經相對。故而，預表論也是奧利金象徵論的方法之一，他言：

〔註148〕〔芬蘭〕黃保羅編，《大國視野中的漢語學術聖經學》（北京：民族出版社，2012年），頁310。

〔註149〕「所以，各人都應該從內心裡以一種三重的方式來描述對神之話語的理解，好叫一切比較單純的人因《聖經》的體而受啟示——這裡的「體」，我們指的是通常的和歷史的意義；也叫那已經開始取得相當大的進步，能夠看見更多東西的人，因《聖經》的魂而得啟示。而那些完全的人⋯⋯因為正如經上說的，人是由體、魂和靈組成的，照樣，神為要救贖人而慷慨恩賜的《聖經》也是由這三部分構成的。」〔古羅馬〕奧利金（Origen）著，石敏敏譯，《論首要原理》（香港：道風書社，2002年），頁265。

〔註150〕〔古羅馬〕奧利金著，石敏敏譯，《論首要原理》，頁266。

〔註151〕〔古羅馬〕奧利金著，石敏敏譯，《論首要原理》，頁270。

〔註152〕〔澳〕彼得・哈里森著，張卜天譯，《聖經、新教與自然科學的興起》，頁27～28。

> 我們已經簡單地證明了基督的神性，並引用了關於他的各種預言，
> 然後我們還要證明，論到他的語言的那些作品乃是受到神啟示而作
> 的，也要證明那些宣告他到來的話，和他的教義的著作……我們必
> 須還必須說，先知預言書的神性和摩西律法書的神性，在基督降世
> 之後才得以彰顯。〔註153〕

《新約》作為《舊約》的預表，可謂是標準的預表論。其後，安提阿學派興起，倡導字面解經。針對寓意的部分，為與靈性的寓意釋經相對，只用預表論。即聖經除了字面／歷史意義外，《舊約》還存有預言意義，此外無靈性解經一派的道德寓言或更深層的真理。另外，二者還有一明顯的區分，即寓意解經涉及聖經中的各個年代〔註154〕，而預表論則是認為《舊約》乃《新約》之預言。此時，出現了奧古斯丁統合了二家說法。

奧古斯丁在《論基督教要義》（*De doctrina Christiana*，379～426）中，討論如何了解《聖經》中的真實意義。他認為，發現真正含義，既需要了解歷史／事物意義，也需要關注符號，但認識事物／教導／歷史／符號需要藉助符號。〔註155〕為了區別符號與事物，他將符號界定為「除了它在感覺上留下印象外，還導致另外的東西進入心靈。」〔註156〕其後，符號又被分作「自然」（「沒有任何動機或意願把它們用作符號，但仍指向另外的知識，比如，煙就是指向火」）與「約定俗成」（「那些生命存在為了盡其所能表現自己心裡的情感、感知或思想而相互交換的符號。」）兩大類。〔註157〕奧氏指陳，人們需要關注、討論、思考、研究後一種符號，因為《聖經》中的符號雖由神授予，卻經由人轉述編寫而成。〔註158〕

諸多約定俗成的符號中，又以語言佔據主要位置——它是通過符號轉化

〔註153〕〔古羅馬〕奧利金著，石敏敏譯，《論首要原理》，頁289～290。
〔註154〕多集中於《舊約》，但也涉及《新約》，故學界舊約象徵論一術語，並不精確。
〔註155〕〔古羅馬〕奧古斯丁（Augustinus Hipponensis）著，《論基督教教義》，收入〔古羅馬〕奧古斯丁著，石敏敏譯，《論靈魂及其起源》（北京：中國社會科學出版社，2004年），頁16。
〔註156〕〔古羅馬〕奧古斯丁著，《論基督教教義》，收入〔古羅馬〕奧古斯丁著，石敏敏譯，《論靈魂及其起源》，頁45。
〔註157〕〔古羅馬〕奧古斯丁著，《論基督教教義》，收入〔古羅馬〕奧古斯丁著，石敏敏譯，《論靈魂及其起源》，頁45。
〔註158〕〔古羅馬〕奧古斯丁著，《論基督教教義》，收入〔古羅馬〕奧古斯丁著，石敏敏譯，《論靈魂及其起源》，頁46。

為話語而成。而語言無法持續，故又將語言重新轉換為書寫符號。〔註159〕這一論述持續影響到了 17 世紀的漢語收編者們，基歇爾、韋伯、索隱派、中文鑰匙論者、萊布尼茨皆持此一角度研究漢字。以萊氏為例，認為漢語是人工語言，模仿上帝創世景象。若以奧古斯丁觀念看，則漢字乃一約定俗成符號，乃是伏羲模仿上帝創世所設計的符號或是亞當之語的符號化轉換，用於表達情感、認知與思想交換。

奧古斯丁指出，《聖經》的理解之所以困難，是因為它的比喻語言所產生的模糊性。那些未知或模糊的符號，又因兩個原因導致行文不能理解，即使用未知符號或模棱兩可的符號。前者，可以通過學習語言知識——希伯來文與希臘文，以及比對各個版本，分析上下語境來消除。如果是比喻性的詞語時，則既需要了解事物，也需要理解詞語。由此，可以通過語言和事物之知識的幫助，理解寓意表達。同時，他提醒，來自異教思想的幫助不可輕視，可以藉助他們的技藝消除對符號的無知。雖然。他是拒絕占卜、占星的等迷信或習俗活動，斥之曰愚拙，但又認為異教科學與哲學部分知識乃沿襲了對神考察的結果，有助於《聖經》研究。〔註160〕而後者——模棱兩可的符號，可分為「直接的」與「象徵的」。「直接的」模棱兩可符號帶來的模糊性，可能來自標點／斷句、發音及專有詞語本身的歧義，這時需要運用上下文考察作者意圖，比較各種譯本，並且對原文本進行參照。如果是象徵性的符號，則需要注意：其一，把《聖經》中的比喻理解為字面意思，這是可悲的；其二，不可把字面表達的句子按寓意來解釋。〔註161〕由此，奧氏制定了判定《聖經》文句是屬於字面意義，還是比喻含義的準則：「看似描述神和聖徒嚴屬的句子的解釋原則」（「凡是字面意思看起來與純潔生命不一致」）與「認定為屬於神和聖徒的、但在不熟悉的人看來是邪惡的那些言行的解釋原則」（「與教義的準確性相違背的」），皆需要從比喻意義上來理解；「詮釋命令和禁令的規則」（「如果句子是一個命令，不論是禁止犯罪、作惡，還是要求謹慎、仁慈之事的」，與之相對，便需要寓意解釋）、「可享受或允許之事的時間性」（考據《舊

〔註159〕〔古羅馬〕奧古斯丁著，《論基督教教義》，收入〔古羅馬〕奧古斯丁著，石敏敏譯，《論靈魂及其起源》，頁 46～48。

〔註160〕〔古羅馬〕奧古斯丁著，《論基督教教義》，收入〔古羅馬〕奧古斯丁著，石敏敏譯，《論靈魂及其起源》，頁 45～74。

〔註161〕〔古羅馬〕奧古斯丁著，《論基督教教義》，收入〔古羅馬〕奧古斯丁著，石敏敏譯，《論靈魂及其起源》，頁 90～102。

約》記載事件，可從字面主義進行理解），則需要從字面主義進行解釋。〔註162〕奧古斯丁認為，通過上述條件，可以確定《聖經》某一詞句，究竟是寓意的，還是字面意義的。最後，他提出《聖經》「一個段落可能有多種解釋」的論述，來統合字面主義與寓意解經的對立。〔註163〕

　　如果結合中國經學的傳統論之，〈詩大序〉的詮釋法，頗似西方的寓意解經，即近似奧利金所謂「魂」（道德意義）的層面。試以〈關雎〉為例，觀《毛詩正義》之注疏：

　　〈關雎〉，后妃之德也，風之始也，所以風天下而正夫婦也，故用之鄉人焉，用之邦國焉，風，風也，教也，風以動之，教以化之。〔註164〕

〈關雎〉並不僅是情詩，抒情乃其次要之意。其中心旨意，在頌后妃美德，教化天下端正夫婦之道。「詩之六義」——風、賦、比、興、雅、頌，在詩歌表面意涵之外，更是賦予詩歌以國政諷喻、道德教化的深層儒家內涵，即所謂「先王以是經夫婦，成孝敬，厚人倫，美教化，移風俗」是也。〔註165〕故可以言，中國注經傳統中，自有其「寓意解經」的歷史，並曾作為官方之正統詮釋。耶穌會索隱派索隱之法，有貼合中國注經傳統相似的一面，可成為該派傳教士解說中國經典的中國學統之源，以作為立足之基，也不會由於過於異化而難以為中國儒生接受。

　　進入中世紀後，寓意解經法成為了最佔優勢的釋經方法，尤其是自教宗聖額我略一世（Sanctus Gregorius PP. I，c.540～604）讚同教父們的聖經詮釋方法，支持寓意解經。〔註166〕至此，寓意釋經獲得了額外的權威，聖經詮釋愈加教條化。直至宗教改革，字面主義的地位驟然拔高，給予了天主教會深沉的打擊。而耶穌會索隱派所使用的索隱法，便是這種奧利金（包含預表論）與奧古斯丁式的寓意解經法。下一小節，即剖析這種充滿新柏拉圖主義色彩

〔註162〕〔古羅馬〕奧古斯丁著，《論基督教教義》，收入〔古羅馬〕奧古斯丁著，石敏敏譯，《論靈魂及其起源》，頁 90、102、403、106、107。

〔註163〕〔古羅馬〕奧古斯丁著，《論基督教教義》，收入〔古羅馬〕奧古斯丁著，石敏敏譯，《論靈魂及其起源》，頁 115。

〔註164〕〔漢〕毛亨傳，〔漢〕鄭玄箋，〔唐〕孔穎達疏，《毛詩正義》，收入〔清〕阮元校勘，《十三經注疏》，冊 2，頁 12。

〔註165〕〔漢〕毛亨傳，〔漢〕鄭玄箋，〔唐〕孔穎達疏，《毛詩正義》，收入〔清〕阮元校勘，《十三經注疏》，冊 2，頁 15。

〔註166〕〔芬蘭〕黃保羅，《大國視野中的漢語學術聖經學》，頁 312。

的索隱主義是如何復興，並與耶穌會產生關聯。

二、文藝復興中的三種神秘主義：喀巴拉、赫爾墨斯與新柏拉圖

但在討論索隱派是否受神秘主義影響之先，需指出整個耶穌會創立之背景，便與神秘主義糾纏不清。阿姆斯壯曾一針見血地指明現代性、神秘主義與耶穌會誕生的關聯——當現代性的浪潮愈演愈烈，新時代的密契者需要處理如何有效節約靈性能量。耶穌會創立者依納爵・羅耀拉（Ignatius Loyola，1491~1556）完美體現了西方近代早期現代性對效率與務實的需求。他設計之《神操》（*Spiritual Exercises*，1548），系統完整，按表操課只需三十天，時間安排如此緊湊，有如神秘主義的速成班。〔註 167〕如此，便意味著，耶穌會無疑是在現代性的催生之下得以創立。隨後，16~17 乃至 18 世紀初盛行歐洲的神秘主義之風，與現代性緊密相連。作為歐洲學者的耶穌會索隱派，當然不能置身於外。本節即一一介紹 16~17 世紀風靡歐洲的三種神秘主義。

（一）新柏拉圖主義與耶穌會索隱派

寓意解經／索隱法從斐洛—革利免—奧利金—奧古斯丁一路走來，寓意解經一派即傳統索隱派从一開始，便帶有新柏拉圖主義的色彩，又可以說新柏拉圖主義哲學本身就充滿了神秘主義。新柏拉圖主義，乃一場哲學向宗教神秘色彩復興、修正柏拉圖哲學傳統的思想演變。公元 3 世紀後的羅馬，宗教神秘主義諸如巫術、星象術等、占卜盛行。在東方宗教的影響下，新畢達哥拉斯學派將畢達哥拉斯學派的奧菲斯（Orphism）教義、柏拉圖和斯多葛主義（Stoicism）的世界靈魂說融合起來，宣揚神秘精靈崇拜與禁慾主義。〔註 168〕可以說，新柏拉圖主義是一種宗教化的哲學，它是以柏拉圖思想為主，輔之以希臘、羅馬哲學與神秘主義來創立宗教學說的哲學思想。表現在基督宗教領域，便是亞歷山太學派神學家們試圖以寓意解經法，包納希臘哲學。

新柏拉圖主義的神學觀認為，世界雖然來自上帝，卻非上帝所創。因創造一詞具有主觀意志或限定之意，是故言上帝沒有決定創造一個世界。宇宙

〔註 167〕〔英〕凱倫・阿姆斯壯著，朱怡康譯，《為神而辯：一部科學改寫宗教走向的歷史》，頁 239。

〔註 168〕姚介厚著，葉秀山、王樹人總主編，《西方哲學史（學術版）・第二卷・古代希臘與羅馬哲學（下）》（北京：人民出版社，2011 年），頁 1104。

之源，乃出自上帝的「流溢」（emanation）。〔註169〕這種流溢說，最終會演變成一種泛神論，而亞歷山太學派的貢獻正在於透過寓意解經法收編異教，並不重視流溢說，故而新柏拉圖主義可被帶向基督宗教化。

上述希臘哲學家，在馬若瑟《天學總論》中便被提及，而且是從象徵論角度予以說明的：

> 昔有一賢曰「何默樂」（荷馬），作深奧之詩五十餘卷，詞富意秘，寓言甚多，終不得其解。反大不幸後世之愚民，將何默樂所謳之諸象，欣欣然雕鑄其形，不日攻成大廟以供之。邪神從而棲之，而左道始入西土矣。君子儒者，如畢達我（畢達哥拉斯）、索嘉德（蘇格拉底）、白臘多（柏拉圖）等，艴然怒而嫉其蔽，非徒不為之屈，又欲驅而滅之。嗟乎！其道紛然不一，各門是我而非彼，故名不從。有云上帝眷佑萬方者，白蠟多是也。……然其文厚而詞質薄，其詞彩而道無本，是以不足宗而師也。〔註170〕

首先，其所論荷馬之「詞富意秘」、「寓言甚多」，即寓意釋經之源。因未採索隱主義，發掘荷馬文本中更深層次的天學意涵，以致偶像崇拜盛行，此景與中國何其相似。馬氏對希臘哲學家思想，定性為非根本之學，但仍有所溢美，可見其對希臘、羅馬哲學與文學思想之喜好。〔註171〕

進入 15 世紀中後期，文藝復興進入高潮期，人文主義大興，新柏拉圖主義重新進入歐洲人的視野。此前半個世紀，拜占庭學者格彌斯托士·卜列東（Georgius Gemistos Plethon，c.1355～1452）反感當時的亞里士多德經院哲學，遂轉攻柏拉圖主義。他在翡冷翠時，被引見給了梅迪奇家族（Medici）的科西莫·迪·喬凡尼·德·梅迪奇（Cosimo di Giovanni de' Medici，1389～1464），並在柯西莫的庇護下，建立了柏拉圖學院（Platonic Academy）。卜列東遂成為文藝復興新思想的領袖，柏拉圖哲學也在翡冷翠迅速流行。同時，

〔註169〕流溢具有階段性：第一階段——純粹思想，上帝分成為思想和觀念；第二階段——靈魂（可二分：一者趨向純粹思想，即世界靈魂；一者趨向感官世界，即自然），它是純粹思想的產物、影像或摹本（因是摹本，故不及前一階段完滿）；第三階段，物質的創造與形成（離上帝最遠，最不完滿）。〔美〕弗蘭克·梯利，《西方哲學史》，頁 134～140。

〔註170〕〔法〕馬若瑟，《天學總論》，頁 491～492。

〔註171〕李奭學指出，馬氏的此段引文中，乃是中國史上首先以「賢」稱呼荷馬，這與他精通希臘羅馬史詩及畢生以文學為志有關。李奭學，《明清西學六論》，頁 189。

柯西莫收集了大量柏拉圖及普洛替諾（Plotinus，204～270）等新柏拉圖主義
思想家的大量抄本，資助柏拉圖學院中的領導者馬爾西利奧·費奇諾
（Marsilio Ficino，1433～1499）這位新柏拉圖主義的捍衛者，將柏拉圖及新
柏拉圖主義者的著作翻譯為拉丁文。當世時，柏拉圖學院名人輩出，學術活
動絡繹不絕，甚至提供文學、占星學等學問的指導，促使了新柏拉圖主義及
其他神秘主義在歐洲的復興。

　　15 世紀末、16 世紀初，新柏拉圖主義又與科學革命相結合，開創了新的
局面：其一，在自然哲學研究領域，尤重數學（即畢達哥拉學派之影響）；其
二，神秘主義思想興起，赫爾墨斯主義的下的占星、煉金等等推動了科學的
發展。如此便意味著，新柏拉圖主義發展出兩種面向：一是將數學尊奉為科
學上的典範，另一種是裹挾著各種魔法、奧秘的、象徵的神秘主義。〔註 172〕
上文提到的新科學（天文學）的奠定者們（如哥白尼、克卜勒、伽利略諸君），
無一不受到新柏拉圖主義者的影響。〔註 173〕概而言之，此時的新柏拉圖主義
由四個主要原則構成：一，數學特徵準則，即相信表象背後有一通向自然之
數學準則（操作時，除希臘思想外，還借用了喀巴拉主義的解讀數字方式）；
其二，流溢說及其變體，事物由物質和精神／靈魂構成，前者骯髒、低劣、後
者則美好、強大；其三，占星術，天體投射出不同類型的精神力量與投射物，
地球上不同物質有不同的星象起源；其四，人體各部分反映著宏觀宇宙中的
各種關係，即「大宇宙」和「小宇宙」，如火星這種紅色行星聯繫著相應的器
官（心臟與血液）、地球上的事物（礦石、武器等），代表勇敢與力量。〔註 174〕
在 17 世紀新柏拉圖主義的高峰中，機械論（Mechanism）哲學應運而生，意
圖與新柏拉圖主義相抗衡。

　　試據馬若瑟靈魂論一例，以見其論述中的新柏拉圖主義色彩〔註 175〕：

〔註 172〕羅興波，《17 世紀英國科學研究方法的發展：以倫敦皇家學會為中心》（北京：
　　　　中國科學技術出版社，2012 年），頁 61；〔荷〕H·弗洛里斯·科恩（H. Floris
　　　　Cohen）著，張卜天譯，《科學革命的編史學研究》（長沙：湖南科學技術出版
　　　　社，2012 年），頁 373。

〔註 173〕詳細影響參見：羅興波，《17 世紀英國科學研究方法的發展：以倫敦皇家學
　　　　會為中心》，頁 61～69。

〔註 174〕〔澳〕約翰·A·舒斯特（John A. Schuste）著，安維復譯，《科學史與科學
　　　　哲學導論》（上海：上海科技教育出版社，2013 年），頁 376～380。

〔註 175〕從人的靈魂與上帝之關係角度論，人之靈魂是世界靈魂的一部分。上帝以
　　　　羅各斯創造人，人的靈魂中就被賦予了永恆的神性，故而人靈魂能以上帝

天地理氣四字之意未定，而欲達此說，必不可得也。今使理即性也。
而氣即體也。又使天指無幾何之體，而地為有幾何之物。名既定如
此，則天氣即是靈魂，而地氣即是肉軀。兩體合而有人（仁）之全
氣者也。有斯氣即有斯理。故靈魂得天之理，能明真，能好德，而
神之性成矣。肉軀稟地之理，能方員，能運動，而身之性成矣。思
與不思合，而有人之全理者也。若果如此，則無病矣。喫緊在定辭
意而已。夫所謂氣也，本是形而下之器。如欲假借以形容形而上之
神，則當明知，夫形可分，而神不可分；形可散，而神不可散；形
可聚，而神不可聚。是故人既死焉，形氣歸土，暫落而化。神氣覆
命，常在不滅。夫形氣下賤之器也。猶不知沒。而靈氣夫至貴之寶
也。謂之泯泯而亡。〔註176〕

最顯而易見者，乃上段所陳第二準則，靈魂與肉體二分。前者為貴，具有神
性——「故靈魂得天之理，能明真，能好德，而神之性成矣」；後者為賤，無
法長存——「我實有個形骸，必是二五凝聚之所成。二五消散之所損，下而
賤之物耳」。〔註177〕次者，「是故人既死焉，形氣歸土，暫落而化。神氣覆命，
常在不滅」句，乃柏拉圖的靈魂不朽觀。

雷慕沙曾言：「然同時又有人承認此種教義及主張馬若瑟神甫視為古教
教義遺存之殘跡者，蓋為東方神學之古說，而希臘哲學家畢達哥拉斯、柏拉
圖、整個新柏拉圖派已然採用者也」，足見馬氏深受新柏拉圖主義的影響。
除馬氏之外，前文亦曾言及，萊布尼茨諸君亦持此派觀點。〔註178〕此外，
當 1716 年，欽天監兼視察員及索隱派的反對者紀理安（Bernard-Kilian

為目標，通過神秘體驗與上帝溝通（斐洛之論）。並以柏拉圖的靈魂三分（理
性、精神、慾望）理論出發，提出靈魂在依附肉體之前，以神秘直覺沉思
「努斯」（Nous），而趨向上帝；當趨向／墮入肉體時，被感官慾望所牽引，
隨即墮落。〔澳〕約翰・A・舒斯特（John A. Schuste）著，安維復譯，《科
學史與科學哲學導論》，頁 140～141；姚介厚著，葉秀山、王樹人總主編，
《西方哲學史（學術版）・第二卷・古代希臘與羅馬哲學（下）》，頁 1117～
1118；〔美〕撒穆爾・伊諾克・斯通普夫（Samuel Enoch Stumpf）、〔美〕詹
姆斯・菲澤（James Fieser）著，匡宏、鄧曉芒譯，《西方哲學史：從蘇格拉
底到薩特及其後（修訂第 8 版）》（北京：世界圖書出版公司北京公司，2009
年），頁 51～52。

〔註176〕〔法〕馬若瑟，《三一三》，頁 157～158。
〔註177〕〔法〕馬若瑟，《三一三》，頁 168。
〔註178〕〔法〕費賴之著，馮承均譯，《在華耶穌會士列傳及書目》，頁 528。

Stumpf，1655～1720）要求傅聖澤翻譯白晉上呈康熙帝有關《易經》索隱觀點的文章（康熙賜還紀理安，命諸傳教士研究）時，傅所要求提供的參考書中，便有奧利金與革利免的著作。〔註179〕由此觀之，漢字收編的過程中，新柏拉圖主義作成為了一種極為重要的思想源泉。

追溯索隱派思想的源頭，從新柏拉圖學派一路延續下來，複雜而多元。雖然自然科學在字面主義的促發的聖經新詮下大大發展，但與此同時，新教排斥的新柏拉圖主義，卻為科學提供了大量思想淵源與數學工具。意即，如同馬若瑟／索隱派／耶穌會，雖然使用寓意解經，卻並不排斥為宗教改革後為新教所重的預表論。不可否認，一些思想體系雖然排斥另一思想體系，但不可用簡單的二元對立觀之，而忽視了其中的交互影響的、互有滲透的部分。

（二）赫爾墨斯主義

前文提及，梅迪奇家族的柯西莫在柏拉圖主義復興過程中發揮了重大作用。同樣的，他在赫爾墨斯主義的興起中亦扮演了關鍵角色。費奇諾不僅僅翻譯了柏拉圖的著作，更是翻譯了赫爾墨斯密教的作品，《赫爾墨斯教文集》便是費奇諾第一部從古希臘語翻譯成拉丁文的譯作。〔註180〕於是，赫爾墨斯主義在義大利興起。這些被翻譯的重要文獻，主要創作於公元前 3 世紀至公元後 3 世紀之間，乃是一種受柏拉圖主義的，以托勒密克勞狄烏斯·托勒密（Claudius Ptolemaeus，c.100～170）與羅馬帝國的埃及學知識為基礎的一種融合猶太—埃及宗教的文獻。〔註181〕所以，赫爾墨斯主義與新柏拉圖主義一樣，都是猶太教徒用於收編異教徒的思想，即赫爾墨斯主義最初用於收編埃及，而新柏拉圖主義用於說服希臘。

費奇諾提出，可從「埃及象形文字中解讀出世界和神的深奧真理。」〔註182〕其後繼者為基歇爾、于埃與伯里耶（Paul Beurrier，1608～1696）。于埃為駁斥那些的不信教思想，昭示聖經學說的普遍性，提出古老民族都應了解摩西而將之神話，隨後將其形象演變成為了各自民族神話中的神祇。由此，他

〔註179〕〔德〕柯蘭霓著，李岩譯，《耶穌會士白晉的生平與著作》，頁 83～84。

〔註180〕〔美〕米爾恰·伊利亞德（Mircea Eliade）著，晏可佳、吳曉群、姚蓓琴譯，《宗教思想史》（上海：上海社會科學院出版社，2004 年），頁 1153。

〔註181〕〔美〕米爾恰·伊利亞德著，晏可佳、吳曉群、姚蓓琴譯，《宗教思想史》，頁 675。

〔註182〕〔美〕孟德衛著，陳怡譯，《奇異的國度：耶穌會適應政策及漢學的起源》，頁 135。

證明世界文化源自猶太文明。在他的論述下，摩西便是托特，是腓尼基人的塔奧圖斯（Taautus），是希臘人的赫爾墨斯，是羅馬人的墨丘利、是高盧人的特烏塔特（Teutates），是酒神巴克斯（Bacchus），是瑣羅亞德斯。〔註183〕于埃雖非涉及伏羲，但在該理論迅速發展之下，伏羲不久被增補進了這一行列。第二位關鍵人物伯里耶，則被畢諾評判為第一位利用中國事例證明猶太—基督宗教神學的普遍真實性的學者。他極力證明中國的原始宗教包含了基督宗教所有基本教義的信仰，並將伏羲考證為閃之子或子孫。〔註184〕此論可謂影響了漢字收編的兩大陣營：基歇爾開創了含之後裔論，以及伯里耶（及同時代的韋伯）開創的閃之後裔後論，成為眾多漢字收編者的先行者及思想來源。

　　基歇爾與韋伯／伯里耶之中國人起源觀點——含／閃之後，索隱派之核心理論亦沿用此脈絡。但這一收編中國之理論，不僅僅局限在歐洲或索隱派，在耶穌會中也是主流之說。類似的韋伯／伯里耶之說者，有徐家匯藏書樓中所藏之一本康熙年間無名氏所著的《人類源流》〔註185〕，表達了類似的觀點：

> 自亞當至諾厄生時，約一千零五十六年。諾厄六百歲，始降洪水。
> 開闢至降洪水，計共一千六百五十六年。洪水後，十一世生（即閃），
> 諾厄長子……天主生人至此，世人雖多，咸出一祖。洪水後百年，
> 散居普世，其時言語相同。至花憬（即法勒）時，生息繁衍，於時
> 有林巫（即寧錄）者，乃諾厄次子岡（即含）之子孫。有智勇力，
> 能宰制天下，乃誘眾曰：「我輩當作一塔，高可接天……」……名曰
> 「罷伯爾塔」……天主……語音各不通，人心力各異……語音不變
> 者，為厄然（即希伯）之子孫，不與造塔之後者。……由此觀之，
> 則大西洋於未造塔時，實未有人。生之子孫，居地之東北，則中洲

〔註183〕〔法〕維吉爾‧畢諾著，耿昇譯，《中國對法國哲學思想形成的影響》，頁337～338。

〔註184〕〔法〕維吉爾‧畢諾著，耿昇譯，《中國對法國哲學思想形成的影響》，頁333～334。

〔註185〕全書附有〈教宗歷數〉，註有中國年號紀年與對應的公元紀年（間隔數位教宗註明一次），以及在位時長。全書最後一位乃是依諾增爵十二世（又譯作諾森／英諾森十二世，Innocentius PP. XII，1615～1700，在位期間：1691～1700）：「十二依諾增爵，於康熙三十年辛未在位」，未列離職時間。故推斷，全書創作於1691～1700，即康熙三十年至三十九年之間。〔清〕無名氏，《人類源流》，收入鐘鳴旦、杜鼎克、王仁芳編，《徐家匯藏書樓明清天主教文獻續編》，冊26，頁575。

之人，定為生之苗裔矣。亞西亞等地，皆長子生之後；歐羅把等地，
皆季子雅弗德之後。〔註 186〕

雖然，無名氏依舊將原初語言歸於希伯來文之下，但關於中國人之起源，卻
如韋伯一般，歸於與猶太人同一支脈的閃之後裔，而非與埃及人同出一脈。
李明更是指明了挪亞後代進入中國的路徑——「挪亞的子孫的足跡曾踏上亞
洲的土地，並最終進入中國的最西部，即現在稱之為陝西和山西的這塊地方」。
〔註 187〕李明與索隱派一樣，也提出了基督信仰在中國一開始便存在的論斷：

> 草創之初，中國並不比世界其他民族高明多少，他們幾乎是從人類
> 起源中尋覓到了神靈和宗教的最初事跡。挪亞的兒女散佈到了東亞
> 大地，很可能建立了這個王國；大洪水時期，他們領教了造物主的
> 威力，從而也認識了造物主，連其子孫都對他有莫名的畏懼。時至
> 今日，從中國人的歷史中還可以找到那些雪泥鴻爪，所以這一點幾
> 乎是不容置疑的。

> 伏羲是中國傳說中的三皇之首，他在家中精心餵養了七種動物，用
> 來祭祀從天和大地，所以也有人叫他「庖犧」，即犧牲的意思，這是
> 新舊約全書裡那些大聖人樂於接受的名號，且只有為聖人和罪人犧
> 牲的人才能享有這樣的名字。

> 黃帝是第三個皇帝，他為天帝修建了一座廟。如果說猶太人更勝一
> 籌，把供奉救世主的祀廟建得更富麗堂皇，甚至也很莊嚴神聖，中
> 國人卻在舉世最古老的祀廟裡祭祀造物主，這不能不說是一個小小
> 的榮譽。〔註 188〕

李明是與白晉同批次至中國傳教的耶穌會士，他的《中國近事報道》（*Nouveaux
mémoires sur l'état présent de la Chine*）在法國巴黎大學曾引起軒然大波——
如同索隱派一般，在巴黎大學的神學辯論中備受批評。觀其言論，中國祭祀
上帝的傳統甚至早於猶太人，這番言論與索隱派之論何其相似。可見，無論

〔註 186〕〔清〕無名氏，《人類源流》，收入鐘鳴旦、杜鼎克、王仁芳編，《徐家匯藏
書樓明清天主教文獻續編》，冊 26，頁 501～504。
〔註 187〕譯文原作「諾亞」，為求上下文一致，改作「挪亞」，下一段引文亦從此例。
〔法〕李明（Louis Lecomte）著，郭強、龍雲、李偉譯，《中國近事報道（1687
～1692）》（鄭州：大象出版社，2004 年），頁 120
〔註 188〕〔法〕李明著，郭強、龍雲、李偉譯，《中國近事報道（1687～1692）》，頁
256。

在在華耶穌會傳教士身上，還是歐洲學者（如基歇爾、韋伯、萊布尼茨等人）的論證之中，亦可發現索隱主義的影子。而與索隱派的主要區別在於，索隱派通篇幾乎從中國經籍出發或以中國學說論證其中的天學思想，而耶穌會士與基歇爾諸人，使用中國文獻較為零星，甚至來源都是二手的——轉引耶穌會的報告。

赫爾墨斯主義乘著新柏拉圖主義的東風，迅速風靡歐洲。文藝復興中，人文主義當道，人的地位被大大提高，甚至出現了神化的現象。由是，便愈來愈需要從超越了基督宗教框架束縛的神秘主義（新柏拉圖主義、赫爾墨斯主義）那裡獲取靈感。科學亦是如此，作為一種神秘主義潮流的赫爾墨斯主義，與新柏拉圖主義一樣，同樣促進了科學新知的發展。

赫爾墨斯，乃是希臘神話中神的使者。而赫爾墨斯密教最顯著的手段便是煉金術，信徒們堅信此種秘術的源自赫爾墨斯，甚至認為赫爾墨斯便是摩西或瑣羅亞斯德或是埃及的托特神。而煉金的目的，除了轉換黃金之外，便是探索重回伊甸園的方法。〔註189〕煉金術對物質孜孜不倦地探索，使得神秘主義與科學緊密結合。根據英國歷史學家弗朗西絲·葉芝（Frances Amelia Yates，1899～1981）對布魯諾的觀察，得出科學革命與赫爾墨斯傳統（結合喀巴拉主義）有著密切關聯的結論，並呈現出 5 大特點：從數到數學、普遍和諧（類似新柏拉圖主義的大小宇宙）、以太陽為中心、人作為操作者、兩個階段的科學革命。在葉芝看來，赫爾墨斯主義方才是數學應用於科學的真正功臣，而象徵主義、新柏拉圖主義（新畢達哥拉斯主義）、喀巴拉等神秘主義的數字觀／魔法，不會將數學導向科學研究的實際應用層面；文藝復興時的魔法師們，藉助新柏拉圖主義和赫爾墨斯主義，將宇宙視為一種魔法力量的

〔註189〕通過煉金術重歸伊甸園方法之理論：「煉金術教授說萬物中皆有上帝他是個唯一普遍的精神，通過無數種形式表現。因此上帝是種在黑土（物質宇宙）中的精神種子。這顆種子通過技藝可以成長並擴大，整個物質宇宙都發生了反應，變成了和種子一樣的物質——純金。在人的精神本性中這叫再生；在元素肉體中叫轉換。……通過技藝（學習的過程）整個基礎金屬（無知的思想）被轉化成了純金（智慧），因此他經過了理解力的反應。如果通過信仰和接近上帝，人的意識可以從基礎的動物慾望（由大量行星和金屬代表）轉化成純粹的，像黃金一樣的上帝意識，經過啟蒙和救贖，一個人的內心的上帝從一個小火花變成了偉大而榮耀的存在。」〔美〕曼利 P.哈爾著，薛妍譯，《古往今來的秘密·第三輯·失落的秘笈》（長春：吉林出版集團股份有限公司，2017 年），頁 26、30、51。

網絡，而人可以從中進行操作時（人不再是上帝奇跡的旁觀者或崇拜者，而是操作者，尋求中自然秩序中汲取權力），改變了人對宇宙的觀念，為科學興起做了預先思想準備。概而論之，以 17 世紀前幾十年為過渡期分為兩階段科學革命，第一階段是赫爾墨斯主義直接影響下的，魔法世界與萬物有靈論的宇宙，第二階段是力學操作下的力學宇宙。〔註 190〕而力學之父牛頓，在不少學者（如貝蒂・喬・泰特・多布斯［Betty Jo Teeter Dobbs，1930〜1994］與理查德・威斯特法爾［Richard S. Westfall，1963〜1989］）看來，其「力」的概念，充斥著文藝復興中神秘主義所言的神秘交感與排斥，是一種赫爾墨斯教傳統與機械論哲學聯姻的結果。〔註 191〕

可以言，所謂科學新知或科學革命，完成了赫爾墨斯主義的煉金術引文中所言，通過技術的學習，獲得上帝的智慧，可以改造、救贖自然與人類的企圖。當煉金術成為一種重返伊甸園的秘術時，它便不僅僅是一種收編自然的技術，而是具有了基督宗教的意義，故而成為了一種基督宗教化的神秘主義。漢字收編的層層遞進，漢字原初論，至模仿漢字設計普遍語言，到自行建構普遍語言，潛藏著煉金目標及其促進下的科學觀念。

16 世紀乃是赫爾墨斯主義的頂峰，以至於 17 世紀的歐洲學者群體中間充斥著赫爾墨斯主義，漢字收編者們亦是。這些群體既包含前文所及的基歇爾、韋伯、伯里耶等人，也包納本研究之核心——耶穌會索隱派。而他們所運用之希臘—猶太色彩的神學理論（赫爾墨斯主義也位列其中），即基督宗教的護教學（apologetics）傳統，又可被稱作古代神學（prisca theologia）。大量的亞歷山太的學者們如革利免、奧利金被在後世被冠以護教者的榮譽。〔註 192〕相較早期的護教者們，文藝復興中的古代神學（包含新柏拉圖主義與赫爾墨斯主義），主張非基督宗教的作品中包含基督宗教信仰時，對異教存有更多好感。〔註 193〕赫爾墨斯主義應用於護教學，可謂是大大推動了奧利金的普救論（universal salvation）。於天主教而言，面對來勢洶洶的宗教改

〔註 190〕 Yates, Frances Amelia. *Giordano Bruno and the Hermetic Tradition*. London: Routledge and Kegan Paul, 1964. 144，147，452；〔荷〕H・弗洛里斯・科恩著，張卜天譯，《科學革命的編史學研究》，頁 377〜386。

〔註 191〕 〔美〕米爾恰・伊利亞德著，晏可佳、吳曉群、姚蓓琴亦，《宗教思想史》，頁 1161。

〔註 192〕 〔美〕弗蘭克・梯利著，葛力譯，《西方哲學史》，頁 254。

〔註 193〕 〔美〕孟德衛著，陳怡譯，《奇異的國度：耶穌會適應政策及漢學的起源》，頁 338。

革，這種普救論可以作為一種解套的方法。

至於耶穌會，葉芝發現了極容易被忽視的關鍵人物，即柏拉圖主義捍衛者弗朗西斯科·帕特里烏斯（Franciscus Patricius，1529～1597），曾向教宗額我略十四世（Gregorius PP. XIV，1535～1591）諫言，將赫爾墨斯主義作為基礎哲學講學各地，以贏得德國新教徒皈依（繼任者克肋孟八世 [Clemens PP. VIII，1536～1605，又稱克勉八世] 於該年 [1592 年] 將帕氏召至羅馬並給予大學教席）。此外，他建議耶穌會接受赫爾墨斯主義並在耶穌會學校中傳授此科。由於這項建議，直到 17 世紀中葉，赫爾墨斯主義一直深植於虔誠的耶穌會士之中。〔註194〕嗣後，17 世紀中葉，耶穌會士基歇爾將埃及學與中國漢字引入這一領域，漢學隨即與埃及學相結合。不單如此，新教徒亦不乏赫爾墨斯主義的支持者，如胡格諾派（Huguenot）的莫爾奈的菲力浦（Du Plessis Mornay，1549～1623），亦將赫爾墨斯主義當做彌合宗教差異的緩和劑。

實際上，不僅僅是耶穌會的學校，整個歐洲大學體系與赫爾墨斯主義難以割裂。綜觀 16、17 世紀之歐洲大學史，新柏拉圖主義與赫爾墨斯主義始終與神學學科保持著密切的聯繫，並在當時的大學中普遍流行。〔註195〕作為耶穌會索隱派的創始人，白晉曾自述言明他對新柏拉圖主義、赫爾墨斯主義乃是喀巴拉主義有著深入研究。他於年輕時代，便對基歇爾、衛匡國、韋伯等人的理論頗感興趣，閱覽書籍包括基歇爾、于埃、伯里耶等人的著作，這些學者都是白晉赫爾墨斯主義的引路人。〔註196〕白氏依據前輩理論與思路，分別從名字、別名、相同時代、與天主的關係、以諾書與《易經》、同樣之壽命、所著書籍數目一樣、文字之發明、相同之預言、占星學、形象一致 12 條證據論證伏羲便是赫爾墨斯／以諾。〔註197〕此說發表的同一時間，馬若瑟於 1716

〔註194〕 Yates, Frances Amelia. *Giordano Bruno and the Hermetic Tradition*. 230，345，422.

〔註195〕〔德〕威廉·施密特·比格曼（Wilhelm Schmidt-Biggemann），〈知識的新結構〉，收入〔瑞士〕瓦爾特·呂埃格（Walter Rüegg）總主編，〔比〕希爾德·德·里德—西蒙斯（Hilde de Ridder-Symoens）分冊主編，賀國慶等譯，《歐洲大學史·第二卷·近代早期的歐洲大學（1500～1800）》（保定：河北大學出版社，2007 年），頁 530。

〔註196〕〔德〕柯蘭霓，《耶穌會士白晉的生平與著作》，頁 126、193。

〔註197〕以諾＝赫爾墨斯是基歇爾的觀點，白氏在論文中徵引大量基歇爾的著作。〔德〕柯蘭霓，《耶穌會士白晉的生平與著作》，頁 197；具體的 12 條證據，參閱柯蘭霓的論述。氏著，《耶穌會士白晉的生平與著作》，196～204。

年（短暫變節，脫離索隱派的前一年［17～18］）致本會某位神父的書簡中，
對他的導師白晉展開了尖銳的批評——認為他的理論「過頭」了。其中一條，
便是太過強烈的赫爾墨斯主義：

> 由於白晉神父某些荒謬的聯想，埃及的墨丘利神和所有類似名號的
> 神靈，如三皇、五帝、伏羲、神農、黃帝和堯和舜都成了以諾的化
> 身由此引發了不少同仁的嘲笑。

> 白晉神父認為挪亞搜集了以諾書，並帶上了挪亞方舟，洪水退去後
> 他用這些書來使眾人皈依。猶太人的所有著作都是由這些書衍生出
> 來的。

> 白晉神父認為以諾書恰恰就是中國的「五經」和編年史。〔註198〕

白晉過度運用赫爾墨斯主義及喀巴拉主義，將中國經典之地位擢升至猶太經
典的地位，招致其他修會、羅馬乃至同會傳教士的不滿，甚至同會馬若瑟在
接下來的一年也灰心放棄索隱主義。

綜上而言，耶穌會索隱派可謂是赫爾墨斯主義的直接繼承者，基歇爾、
伯里耶、韋伯等人是他們的前輩。前人的研究中，有涉及新柏拉圖主義者或
赫爾墨斯者，但僅略述二思想為索隱派之源，卻未明言其中的關聯。而本研
究試圖述明赫爾墨斯主義與新柏拉圖主義的關聯——赫爾墨斯主義脫胎自新
柏拉圖主義，以期補全耶穌會索隱派思想存有新柏拉圖主義與赫爾墨斯主義
的必然性。依照本節的思路觀之，赫爾墨斯主義盛行歐洲，甚至盛行於大學，
神秘主義又因在大航海時代發現大量異文化與宗教改革而迅速成為護教學，
而赫爾墨斯主義本就以異教古代經典為詮釋文本以實現普遍救贖。從這一角
度觀之，實際上，舉凡當時代的歐洲學者，收編異教文明（如收編漢字）者，
多少受赫爾墨斯主義影響或直接為其信徒。故可言，索隱派一詞運用在索隱
派四傑身上非常勉強，或者說極不嚴謹。〔註199〕從歷史發展的脈絡觀之，從
教父時代的奧利金、革利免諸君，都是索隱派的同志。最後可以說，17 / 18
世紀的歐洲，在新柏拉圖主義與赫爾墨斯主義的影響下，亞當、以諾、亞伯
拉罕、挪亞、閃、含、摩西、該隱等《舊約》人物，與瑣羅亞斯德、赫爾墨斯、
墨丘利、柏拉圖、畢達哥拉斯、所羅門、俄狄浦斯、塔奧圖斯、巴克斯、特烏

〔註198〕原文「諾亞」改作「挪亞」，信件收錄於：〔丹麥〕龍伯格，《清代來華傳教
　　　　士馬若瑟研究》，頁 152。
〔註199〕後文詳述。

塔特、托特、伏羲、黃帝、后稷等異教人物／神祇有了一一對應，而被包納進了基督宗教的文明體系之中，展示了某種基督宗教的沙文主義傳教策略。

（三）喀巴拉主義

先前第二章論及萊布尼茨的思想時，亦曾提及神秘主義，並針對猶太喀巴拉主義做了簡要的介紹。中世紀以來，喀巴拉理論與赫爾墨斯主義、煉金術、秘密社團（如薔薇十字會、共濟會）、神學、象徵主義緊密聯結，錯綜複雜。

對於猶太教而言，希伯來神學可分作三部分，一為法則，二為法則之靈魂，三為法則靈魂之靈魂。三即為喀巴拉，唯有猶太教最高祭祀方能知曉。〔註200〕而一神秘知識的源頭，來自上帝。一說是，喀巴拉最初由上帝授予一群被選定的天使，天使又將它傳授給了亞當，並告訴亞當通過理解喀巴拉可以獲得真理，墮落者可重歸伊甸園。隨後，亞當傳給了亞伯拉罕，亞伯拉罕又將之帶去了埃及，部分神秘教義向外流傳。嗣後，東方國度將之引入自己的哲學體系。而摩西熟知埃及所有的智慧，他花費四十年，並接受一位天使的教誨，方才精通。隨後，摩西在《摩西五經》前四經中暗示了這一神秘教義的原理。他還將這些秘密傳予七十位長老，使之代代相傳，綿綿不絕。其中，大衛與所羅門是最知名的教徒。〔註201〕另有一說是認為，摩西在西奈山接受了喀巴拉神秘教義，並傳予約書亞，約書亞將之傳給了以色列的長老們。由是喀巴拉意指摩西從上帝處獲得的神聖真理。〔註202〕通常認為，喀巴拉教中最偉大之作品有三——《創造之書》（ *Sephira Yetzirah* ）、《光輝之書》（ *Sepher ha Zohar* ）、《啟示錄》（ *Apocalypse* ）。〔註203〕教徒認為《創造之書》乃亞伯拉罕所撰，第二章論及的生命樹便是其討論的要點之一。喀巴拉主義對《創世紀》前幾章進行隨心所欲的解釋，以寓意方式將其轉化為神內在生命的秘傳記述。〔註204〕無疑為索隱派乃至耶穌會大部分會士結合中國經典說明《創世

〔註200〕〔美〕曼利・P.哈爾，《古往今來的秘密・第二輯・失落的符號》，頁 164。

〔註201〕Ginsburg, Christian D. *The Kabbalah: Its Doctrines, Development and Literature*. Mokelumne Hill，California: Health Research, 1963. 2～3.

〔註202〕Dan, Joseph. *Kabbalah: A Very Short Introduction*. New York: Oxford University Press, 2006. 1～3.

〔註203〕〔美〕曼利 P.哈爾，《古往今來的秘密・第二輯・失落的符號》，頁 165。

〔註204〕〔英〕凱倫・阿姆斯壯，《為神而辯：一部科學改寫宗教走向的歷史》，頁 226。

紀》中存有中國聲影，提供了思路。

12 世紀時，喀巴拉主義在猶太教中開始興起。至第二章提及的盧爾，他將猶太喀巴拉學說基督化的關鍵人物，隨後喀巴拉主義在文藝復興的教士中大行其道，成為一種了解上帝的方式。文藝復興期間的重要角色，便是翡冷翠的柏拉圖學院中的皮科‧德拉‧米蘭多拉（Pico della Mirandola，1463～1494），他是第一位掌握喀巴拉主義的基督宗教學者。至 15 世紀中，喀巴拉學說在歐洲幾乎成為學者的必修課，並有利於勸說猶太人改歸天主教。〔註205〕甚至從宗教思想史上論之，喀巴拉主義之影響從 14 世紀持續影響到了 19世紀。〔註206〕另外需要提醒的是，當猶太喀巴拉主義在文藝復興中轉化為基督宗教化的喀巴拉學說時，便與神學、哲學、科學與魔法相結合了，並難以在各自語境中區分出二種喀巴拉學說明顯的不同之處（實際上是不同的，但難以區分）。〔註207〕

文藝復興的時代，是魔法盛行的時代，與赫爾墨斯主義的煉金術不同，喀巴拉主義並非自然魔法，而是一種精神魔法。它試圖超越宇宙的自然力量，來挖掘更高的精神力量，如召喚天使或藉助上帝的力量。〔註208〕同時，要解釋喀巴拉的奧秘，必須使用象徵主義、預表論、喀巴拉的神秘數學方法方才可行。喀巴拉主義將字詞、字母與數字與《舊約》結合所給出的神秘解說之法，有助於闡釋赫爾墨斯主義下的異教經典。葉芝指出，米蘭多拉的貢獻正在於將喀巴拉學說與赫爾墨斯主義進行融合，形成了喀巴拉—赫爾墨斯主義。〔註209〕由是，原本就混雜在一起的神秘主義及原先涇渭分明的字面主義與寓意解經被糅雜在了一起，殊難區分。喀巴拉的「語言神秘學」為詮釋異教經籍提供了研究方法，在寓意解經的基礎上，挖掘出更多的語言中潛藏的真理與奧秘。簡言之，赫爾墨斯主義在於說明異教徒古經中存在基督宗教的啟示、亞當／以諾／摩西的遺跡或是彌賽亞的預表。運用喀巴拉學說的學者多是基於赫爾墨斯主義學說進行深入闡發，故而使用此法的學者多是處於交集之中，如布魯諾、基歇爾、白晉、萊布尼茨諸人。

索隱派之中，白晉理論中的喀巴拉主義色彩最為濃郁。前文也曾提及，

〔註205〕〔德〕柯蘭霓著，李岩譯，《耶穌會士白晉的生平與著作》，頁 7。
〔註206〕〔美〕米爾恰‧伊利亞德，《宗教思想史》，頁 168。
〔註207〕Dan, Joseph. Kabbalah: *A Very Short Introduction*. 61.
〔註208〕Yates, Frances Amelia. *Giordano Bruno and the Hermetic Tradition*. 84.
〔註209〕Yates, Frances Amelia. *Giordano Bruno and the Hermetic Tradition*. 86.

白氏自述曾受喀巴拉主義及其信奉者基歇爾的影響。而針對白氏喀巴拉主義思想之研究，數柯蘭霓最為細緻與詳盡。依照上文，喀巴拉神秘學說是出自亞當離開伊甸園時，天使／上帝所賜予的回歸伊甸園的方法。白晉依照這一原理，再綜合伯里耶、基歇爾等人的觀點，認為亞當將喀巴拉傳予後代，至以諾時又增添了神秘星象的知識。此外，以諾還針對數學、力學、神學等有關創世的學問予以細緻研究。依照上文所述，伏羲的形象與以諾形象重合。於是，白晉推測，中國的古經即以諾書，被以諾的子孫帶至中國，保存於一個名叫「天府」（即《聖經》中的基列西弗〔Kiriath-Sephe〕）的地方。〔註210〕職是之故，中國古經中的基督宗教啟示便是神秘的喀巴拉。

　　從整體耶穌會索隱派之喀巴拉理論，與中國經典／哲學的關聯的視域來看，主要涉及《易經》、《道德經》、《河圖》與《洛書》，核心觀點乃「太極」與「道」。對於索隱派而言，喀巴拉教義在以諾之後，由挪亞繼承，並在大洪水後，由閃攜帶至中國，隨後開始生根發芽。這些古經在經喀巴拉主義闡發，《易經》成為了以諾遺失的《啟示書》，喀巴拉的秘密咸藏於六十四卦之中。而《河圖》、《洛書》之來源，孔安國（c.156～c.74 B.C）曰：

> 河圖者，伏羲氏王天下，龍馬出河，遂則其文，以畫八卦。洛書者，禹治水時，神龜負文，而列於背，有數至九，禹遂因而第之，以成九類。〔註211〕

顯然白晉將之與《聖經·若望默示錄》（新教作《啟示錄》）以喀巴拉主義的方式進行了詮釋：

> 隨著天上又出現了另一個異兆：有一條火紅的大龍，有七個頭，十隻角，頭上戴著七個王冠。牠的尾巴將天上的星辰勾下了三分之一，投在地上。……於是那大龍被摔了下來，牠就是那遠古的蛇，號稱魔鬼或撒殫的。……那蛇遂在女人後面，從自己的口中吐出一道像河的水，為使那女人被河水沖去。（〈若望默示錄〉12：3、4、9、15）

白晉結合《聖經》，將以孔安國為代表的《河圖》起源論，闡釋為伏羲在銀河出現的一條龍的背上獲得了《河圖》。龍被判定為撒旦的影像，銀河便象徵撒

〔註210〕〔德〕柯蘭霓著，《耶穌會士白晉的生平與著作》，頁137～138。

〔註211〕〔清〕李光地等奉敕撰，《御纂周易折中》，收入〔清〕紀昀等總纂，《景印文淵閣四庫全書》（臺北：臺灣商務印書館，1983年），冊38，頁469。

旦及其同夥通過墮落而引發洪水毀滅人類。《洛書》則是大禹從洛河的大龜上
獲取的，這洛河便是「晨星」路西法（Lucifer）／大龍與其同夥（墮天使）一
起建造的湖畔，象徵「這場洪水吞沒的敗壞的人類本質」〔註212〕：

> 伏羲和大禹都由（好的）天使指引，以正確的方式解釋了這些圖形
> 並隨即發現了《易經》中的象徵性圖像，救贖和彌賽亞的玄義就藏
> 在其中。〔註213〕

由此，整個索隱派研究《易經》的基礎便是建立在喀巴拉學說之上，包括與
白晉進行通信的萊布尼茨的漢字創世圖景說與單子論〔註214〕，皆具有喀巴拉
主義的色彩。隨著易學與《道德經》之衍生出的道、陰陽、太極、無等概念有
類生命之樹，因與創世密切相連，故被增添了神秘的智慧，可以依靠喀巴拉
主義進行解碼。

上述類似的思想，可在馬若瑟《三一三》中尋獲。如《河圖》乃罪惡的象
徵，馬氏亦言：「伏羲八卦方位者，先天也。文王八卦方位者，後天也。河圖
者，罪亂也。」〔註215〕更具體又類似《河圖》、《洛書》類似的《聖經》故事，
有后羿射日象徵米迦勒擊敗路西法者：

> 十日並出者，乃象露祭拂爾引九品之眾，欲似主而篡聖子之位者
> 也。羿之射日者，乃彌厄爾之象也。日中九烏者，形容傲神輕急
> 如飛。身黑如烏，墮其翼而死者，髣髴惡神被上主之罰，而無可
> 複登之望。傲烏皆死，乃化為毒蛇。此以下所列諸象，不過是如
> 此云耳。〔註216〕

這些內容都是寓言，需要借助新柏拉圖主義（畢達哥拉斯主義）與喀巴拉主
義的字母、數字詮釋法來實現，即：

> 然凡不明大小演算法，不達天文、曆法、幾何、律呂等學，而求《易
> 經》所基諸圖之意，不可得也。凡不知古文，以取象、寓言、假借
> 為常法，而欲解象象所繫之辭，又不可得也。凡未聞天主真道而思

〔註212〕〔德〕柯蘭霓，吳莉葦譯，〈喀巴拉在中國〉，收入國家清史編纂會員會編譯
　　　　組編，《清史譯叢‧第三輯》（北京：中國人民出版社，2005 年），頁 32～33。

〔註213〕〔德〕柯蘭霓，吳莉葦譯，〈喀巴拉在中國〉，收入國家清史編纂會員會編譯
　　　　組編，《清史譯叢‧第三輯》，頁 33。

〔註214〕前文曾徵引過萊氏之語，說明其解釋易學運用的喀巴拉思想：「古代象形文
　　　　字及希伯來卡巴拉的真正意圖，同樣包含了伏羲的符號。」

〔註215〕〔法〕馬若瑟，《三一三》，頁 155。

〔註216〕〔法〕馬若瑟，《三一三》，頁 149。

通《河》、《洛》之奧，員方之弘，象象之玄。嗚呼！尤不可得也。
〔註 217〕

最明顯的例子，乃是馬若瑟運用喀巴拉主義詮釋老子之「道」，得出了《道德經》第 14 章所描繪的道暗含天主「雅赫維」（Yahweh，耶和華）之名——「老子『取希微夷』以寓言而擬『道』」〔註 218〕：

視之不見名曰夷（Yi）

聽之不聞名曰希（Hsi）

搏之不得名曰微（Wei）

所以，Yihsiwei（雅赫維）就等於「夷希微」。〔註 219〕

足見作為白晉的高足，馬氏的研究之中，尤其涉及易學、術數等領域，便會採用喀巴拉主義，以此作為挖掘深奧古經的方法之一。

　　總言之，喀巴拉主義在耶穌會索隱派中佔據了重要地位。可以說，新柏拉圖主義與赫爾墨斯主義提供了中國古經存在基督宗教遺跡的方向以及部分寓意釋經方法；喀巴拉主義則更多提供了一種方法論，一種挖掘道家思想及易學、術數思想、中國神秘主義思想、人物名稱對應《聖經》人物解讀、創世神話及神祇、古籍中存有基督宗教啟示的學術方法。三種思想相輔相成，共同構成耶穌會索隱派挖掘中國經典存在上帝啟示證據的思想源泉、研究方向與研究方法。

第四節　從推手到被壓抑：現代性興起過程中的神秘主義

　　「祛魅」（Entzauberung，英文作 disenchantment），意指現代社會的進程中去除或削弱了傳統社會中有關超自然力量的崇拜、神秘主義的信仰或是宗教迷信的追求，而呈現出世俗化、官僚化、機械化、理性化的特點。「祛魅」

〔註 217〕〔法〕馬若瑟，《三一三》，頁 147。

〔註 218〕〔法〕馬若瑟，《三一三》，頁 134。

〔註 219〕榮振華僅說明馬若瑟如此闡釋「道」與天學的關聯，未指陳其與喀巴拉主義的關聯。依從本節對喀巴拉的說明，馬氏的此番論述，多有喀巴拉主義運用名詞發掘上帝之名的傳統。〔法〕榮振華，〈入華耶穌會士中的道教史學家〉，收入〔法〕安田樸、〔法〕謝和耐等著，耿昇譯，《明清間入華耶穌會士和中西文化交流》（成都：巴蜀書社，1993 年），頁 150～151。

源自馬克斯・韋伯（Max Weber，1864～1920），在其著名的演講《以學術為業》（*Wissenschaft als Beruf*，1919）中借用詩人弗里德里希・席勒（Johann Christoph Friedrich von Schiller，1759～1805）的祛魅一詞，提出的「世界祛魅／解咒」（the disenchantment of the world）概念。〔註 220〕從韋伯的話語可知，解咒／祛魅的過程藉助的是科學與理性下的宗教世俗化，以重新確立現代社會新的價值體系，即產生新的原父。種種諸如喀巴拉主義、赫爾墨斯主義、煉金術、占星術、魔法等神秘學（esotericism）知識，被勒內・笛卡爾（René Descartes，1596～1650）為的代表理性主義甚至擴大而言的啟蒙運動排除在現代主流知識架構與學科建制之外，不斷壓抑並逐步邊緣化，並貼上了「迷信」的標籤。當然，被壓抑自然會有另一種形態回歸，如於 20 世紀 50 年代興起之新異教主義（Neopaganism）等等。〔註 221〕

自然科學、知識解皆應立足於理性而非神學或神秘理論，由是，理性成為了現代性的重要要素之一。按韋伯的觀點，現代性源自於 17 世紀科學革命帶來的「工具理性」（instrumental rationality），而非單純的理性，因為理性精神早在古希臘、古羅馬時代便以出現。〔註 222〕而科學革命的誕生，按照前文的推演，可以與神學有著難以割裂的聯繫。「科學」與「工具理性」

〔註 220〕「科學的進步是理智化過程的一部分，當然也是它最重要的一部分……可見理智化和理性化的增進，並不意味著人對生存條件的一般知識也隨之增加。但這裡含有另一層意義，即這樣的知識或信念：只要人們想知道，他任何時候都能夠知道；從原則上說，再也沒有什麼神秘莫測、無法計算的力量在起作用，人們可以通過計算掌握一切。而這就意味著為世界除魅。人們不必再像相信這種神秘力量存在的野蠻人那樣，為了控制或祈求神靈而求助於魔法。」〔德〕馬克斯・韋伯（Max Weber）著，馮克利譯，《學術與政治》（北京：生活・讀書・新知三聯書店，2016 年），頁 28～29。

〔註 221〕因不在本研究的設定時域，故不展開說明。

〔註 222〕金觀濤，《探索現代社會的起源》（北京：社會科學文獻出版社，2010 年），頁 7～8；韋伯雖然認為工具理性為現代性的起源，但他也提到工具理性源自宗教的世俗化，即祛魅的結果。如：「西方在經驗科學的理性化上所投注的興趣（即『科學的』理性本身『固有的權利』），起初仍舊僅限於宗教的理性框架內，並且與二元論的神中心主義有著密切聯繫。一直到這種束縛『解脫』之後，科學的理性方有自律自主發展的可能，理性經驗的知識也才有機會完成其『解除世界的魔咒，並將世界蛻變為一個因果機器的任務』」。由是，工具理性之論，再向前推論，亦可追溯到宗教世俗化。〔德〕沃爾夫岡・施路赫特（Wolfgang Schluchter）著，顧忠華、錢永祥譯，《超越韋伯百年智慧：理性化、官僚化與責任理論》（臺北：開學文化，2013 年），頁 48。

幫助人類改造世界觀──人從某種程度上被放置在了上帝的位置，可以操控與改造自然，而非藉助上帝或神秘魔法，由是產生了「進步」觀念。職是之故，從深層次的根源來說，現代性正是在神學內部的種種鬥爭中，發展出來的。然又一點是相當明確的，無論從何種現代性要素（文藝復興、科學革命、理性、時間、譯介、民族國家、宗教世俗化等）來衡量，現代性於 17 世紀確已肇端，並隨著傳教士及其他中西交流活動，逐步移植至中國。本節便從神學相關內容出發，解析現代性起源中，神學／宗教扮演的關鍵性角色。若是證明神學與現代性關聯緊密，乃至有促發之功。不言而喻，赴華傳教士自然與現代性有著密切關係，是現代性的無意識或有意識的傳播媒介。故而，本節從以吉登斯為代表的斷裂論的對立面出發──動態且長期的「世俗化」出發，挖掘現代社會與前現代社會的繼承關係，現代性在前現代社會中汲取的何種力量，是本節之重心。

一、現代性隱微的根本起源：神學論爭中「唯名論」的興起

　　美國哲學家米歇爾‧艾倫‧吉萊斯皮（Michael Allen Gillespie）在其極具開創價值的專著《神學的現代性起源》（*The Theological Origins of Modernity*，2008）中，指出了探索現代性起源中被掩蓋的一面：

> 現代性的起源不在於人的自我肯定或理性，而在於那場重大形而上學和神學的鬥爭，這場鬥爭標誌著中世紀的結束，在中世紀與現代世界之間的 300 年裡改變了歐洲。〔註 223〕

吉萊斯皮切中肯綮地指明，所謂的個人主義（individualism）、工具理性、宗教世俗化等現代性要素，盡皆得益於這場神學鬥爭。〔註 224〕相較於其他現代起源之說，吉氏將現代性的起源看作是一個動態、長期的過程，神學論爭是本源，其餘的各種要素則是鬥爭中結出的累累碩果，又各自發展與完善。金觀濤亦指出，中世紀唯名論與唯實論的爭論在西方早就受到重視，卻一直未與

〔註 223〕 Gillespie, Michael Allen. *The Theological Origins of Modernity*. 12；中文翻譯參考：〔美〕米歇爾‧艾倫‧吉萊斯皮（Michael Allen Gillespie）著，張步天譯，《現代性的神學起源》（長沙：湖南科學技術出版社，2011 年），頁 20。

〔註 224〕 金觀濤針對歐洲諸儒現代性概念論述，系統總結出兩大要素──「工具理性」和「個人權利」，「工具理性和個人權利這兩個現代性的核心價值互相結合，形成了現代社會的組織原則，這就是社會契約論。」金觀濤，《探索現代社會的起源》，頁 12。

現代性聯結起來思考。〔註 225〕

　　「現代」概念出現了在 12 世紀教會改革的背景下，通常作為新舊的劃分，其意義與今天之意涵不同。本章第一節曾從語源學上討論現代的起源與演變，及 17 世紀著名之法國思想界的「古今之爭」（querelle des anciens et des modernes）——笛卡爾主義者基於自由、進步、革命的理念以及認為科學進步的現實表明，現代文學、藝術優於古代文學、藝術，人文主義者則持相反意見。〔註 226〕吉萊斯皮洞然殖民主義的新舊之辨與現代性帶來之危機的本質，這些問題的源頭來自基督宗教內部關於神之本性與存在本性之形上學／神學的危機。〔註 227〕

　　論爭中最明顯的特徵，即掀起柏拉圖式的唯名論（Nominalism）革命，反對經院哲學中的亞里士多德式的唯實論（Realism）。唯名論認為，概念是先於事物並且實在的東西；唯實論傾向，概念是在事物中存在的東西，並先於事物。唯實論相信世界上存在真實的共相，而唯名論則認為真實存在的事物都是個體的或特殊的，共相是感官虛構推論而出的，故沒有普遍本質。於是，神不能再經由理性所理解，而是需要透過神秘啟示或神秘體驗來理解。〔註 228〕一方面，從柏拉圖學院的創立背景看，正是在這種爭論下，支持柏拉圖主義的學者反對亞里士多德主義的經院哲學，催生出新柏拉圖主義、赫爾墨斯主義與喀巴拉主義的再興，成為唯名論神秘體驗的養料。另一方面，當理性的功能在神學上，越來越無力，神秘主義的思潮尤為風靡，更助於神秘主義的興起。科學亦是如此，自然科學需要針對個體原則進行研究，且概念不能為實在的東西或先於事物而存在，唯名論自然更貼合自然科學的原理

〔註 225〕金觀濤，《探索現代社會的起源》，42～43。
〔註 226〕Gillespie, Michael Allen. *The Theological Origins of Modernity*. 5～6；這一爭論乃是藝術與科學領域內最初關於進步問題的討論。在一個世紀以後，整個歐洲，諸如貝爾納‧勒‧布耶‧德‧豐特奈爾（Bernard Le Bouyer de Fontenelle，1657～1757）、詹巴蒂斯塔‧維柯（Giambattista Vico，1668～1744）、強納森‧史威夫特（Jonathan Swift，1667～1745）、戈特霍爾德‧埃弗拉伊姆‧萊辛（Gotthold Ephraim Lessing，1729～1781）都在討論這個問題。這時期的現代與古代之分，主要涉及現代經典是否對古代經典具有優越性問題，其現代之進步還未涉及到是否超越了基督宗教的問題。其核心在於，異教之古代與基督宗教之間、理性與啟示的差別。Löwith, Karl. *Meaning in History*. Chicago: University of Chicago Press, 1949. 60～61。
〔註 227〕Gillespie, Michael Allen. The Theological Origins of Modernity. 14.
〔註 228〕Ibid，22；〔美〕弗蘭克‧梯利著，葛力譯，《西方哲學史》，頁 183。

而成為科學發展的源頭動力。故而可以說，神秘主義、科學的興起都是緣起自經院哲學的反對，即對唯實論的反對而催生的。

隨後，經院哲學發展出唯理論，有提出依靠「智慧」來理解上帝。可惜，他們的唯理論，並未應用在科學研究領域。神秘主義者反對唯理論，則顯而易見。至十四世紀，唯名論結合神秘主義，分裂不再局限於教會內會，進而擴及到了政權與教權。由是，國家主義思想興起，國家教會主義、帝國主義國家論、塵世統治權、契約論層出不窮，相互鬥爭。〔註229〕順此思路擴展，馬基雅維利的思想，承其餘緒，而成為了施特勞斯所謂第一次的現代性浪潮思想革命的開端。總言之，民族主義的發展、異端思想的流行皆是對經學哲學的反對，成為了文藝復興、人文主義（接受個體主義）與宗教改革的先驅與動力。〔註230〕在如此思潮下，新舊的分辨變得急迫，舊的人與神的秩序開始瓦解，遂現代／傳統之辨有如百家爭鳴。

在唯名論中，上帝變得難以理解，甚至超出了理解的範圍，走向了不可知論（Agnosticism）。在不可知論下的上帝是更加令人畏懼，無法被人用理性把握，只能透過未知的神秘體驗來實現。換言之，上帝開始「不可信」。吉萊斯皮指明，現代性的開端正是源自於此——神不可知，與無法用語詞把握而必須藉由神秘體驗而非神的愛或理性，這一切都令人難安。而這樣不可知又不可預測的神，依靠世界的巨變——教會分裂、百年戰爭、黑死病、大航海、小冰期帶來的可怕經濟、城市發展、十字架東征帶來的混亂的等等，帶來的焦躁與不安，都使得唯名論變得可信。〔註231〕

金觀濤總認為，唯名論在三方面對西方思想形成的影響：一，真理不再由共相推出個別，故研究重心不應放在修辭和與三段論的語言分析，需轉向自然界；二，唯有個體才是真實觀念，經由文藝復興中人文主義者的發揮，與自然法結合，形成個人權利和 privacy 等近代概念；三，直接促成 16 世紀宗教改革。〔註232〕當第二點進一步發展，即個人權利與國家權利觀迅速形塑，構成了施特勞斯所謂的現代性的第一波浪潮。

〔註229〕〔美〕弗蘭克・梯利著，葛力譯，《西方哲學史》，頁 246～247。
〔註230〕〔美〕弗蘭克・梯利著，葛力譯，《西方哲學史》，頁 252。
〔註231〕Gillespie, Michael Allen. *The Theological Origins of Modernity*. 15.
〔註232〕金觀濤，《探索現代社會的起源》，頁 44。

二、現代性的推手：作為無神論兩大基礎的神秘主義與科學

　　法國年鑑學派（École des Annales）創始人呂西安・費弗爾（Lucien Febvre，1878～1956）曾以討論 16 世紀精神和意識問題──無信仰現象。進一步言之，即 16 世紀是否是一個啟蒙的世紀，他得出結論：「但 16 世紀，人是沒有選擇的。人在事實上就是基督徒。你可以在思想史上遠離基督教去漫遊，但那是想像中的遊戲，沒有現實作為有力的支持。」〔註 233〕即使 16 世紀有啟蒙思想的先驅者，但無疑是披在神學思想的外衣之下的無力吶喊。同時，在《十六世紀的無信仰問題》（*Le Probleme De L'incroyance Au XVIe Siecle: La Religion De Rabelais*）第二卷中，他討論了無宗教信仰可達到的極限的問題。他認為在 16 世紀中，私領域（生、死、吃、婚姻、疾病、遺囑）、職業（大學還是基督教機構／學府、行會包納的宗教善會）、公眾生活（僧侶政治、教堂是重大事件乃至生活的中心），依舊在教會的陰影之下。〔註 234〕可以得出結論，16 世紀尚達到可不信教的條件，但確是一個先驅者的時代，一個摸索的年代。

　　16 世紀的科學，在費弗爾看來只有印刷術與編纂是徒勞無力的，學者們想要了解世界的秘密，逼迫大自然後退，手中卻一無所有：既沒有武器，也沒有工具。科學工具（諸如天文望遠鏡、顯微鏡等）與科學語言（如「＝」號到 17 世紀才變成常用符號）的大量運用要到 17 世紀才開始。〔註 235〕至 17 世紀，不信教的兩大基礎要件──科學、神秘主義皆已成熟。故而可以言，17 世紀始在宗教領域的現代性已然出現。17 世紀 20 年代開始，法國國內便出現啟蒙運動，至 18 世紀初的時候，信不信教，逐漸變為人自由之選擇。傅聖澤正要返回歐洲（1720～21）之前，也正是馬若瑟創作《六書實義》的那段時間，耶穌會法國省會長致信傅聖澤說明法國宗教情況的變化以及巴黎風向不變──哲學家運用古典知識脫離教會思想、教會影響力衰頹的狀況：「如果你知道我們現在的形勢，保證你不再想返回法國。時代變了，我親愛的神甫。耶穌會士被禁止在巴黎開口佈道或主持時聽懺悔。」〔註 236〕查爾斯・泰勒（Charles Talyor）

〔註 233〕〔法〕呂西安・費弗爾（Lucien Febvre）著，閻素偉譯，《十六世紀的無信仰問題：拉伯雷的宗教》（北京：商務印書館，2012 年），頁 460。

〔註 234〕〔法〕呂西安・費弗爾著，閻素偉譯，《十六世紀的無信仰問題：拉伯雷的宗教》，頁 459～478。

〔註 235〕〔法〕呂西安・費弗爾著，閻素偉譯，《十六世紀的無信仰問題：拉伯雷的宗教》，頁 520～529。

〔註 236〕哈維爾・德・拉格朗維爾（Xavier de la Grandville）1719 年 1 月 28 日巴黎

也提出，宗教的世俗化，正是現代性的一大要素。在世俗化的社會中，介入政治無須經過上帝，公共空間開始消弭宗教的指涉。其結果正如費弗爾所講的，一個不可能不信教的社會，轉變為一個新的社會——在這個社會中信仰只是個人的一種選項。〔註 237〕恰如施特勞斯一針見血的總結——現代性實質上是一種世俗化的聖經信仰或者是一種世俗化的基督性（secularized Christianity）。〔註 238〕

　　眾多神秘主義思想，如猶太教的喀巴拉主義、赫爾墨斯主義、新柏拉圖主義無疑成為 17 世紀無神論者的先驅，與正統神學相抗衡。而宗教觀念中現代性，也是在神秘主義與神學思想、哲學思想的交鋒中，得以誕生。由是可以言，科學與宗教中的現代性，要至 17 世紀才真正顯露出來。如此看來，本研究設立之 17～18 世紀初的時域，正是現代性迅速發展並成為主軸的時代。而部分學者將無神論作為衡量現代社會的標桿，則過於嚴苛，而應當指一個信仰自由的時代。這個過程中，除了神秘主義本身，傳教士也不自覺地發揮了巨大的功用，傳遞中國思想助力無神論。

　　至 18 世紀，歐洲思想界出現了一種新的共識：中國是一個無神論的國家。這一思想依託於耶穌會士們為歐洲製造的烏托邦——中國是一個道德倫理典範的國家。如法國啟蒙思想家比埃爾・培爾（Pierre Bayle，1647～1706）提出無神論思想，並汲取中國思想作為例證。同時，他認為天主教一旦在中國立足，將會迫害其他宗教，這是摧毀中國的最好方法，為避免中國人遭受教會的苦楚，應將傳教士驅逐出境。〔註 239〕培爾的擁護者——伏爾泰，其中國乃無神論國家的觀念最為人所周知：

> 不容置疑，中華帝國是在 4000 多年前建立的。那些在杜卡利戎時代的大洪水和法埃通從天而降的神話中保存下來而又以訛傳訛的有關地球的變遷、大洪水、大火災等等故事，這個古老民族從來沒有聽說過。……他們的孔子……他不作神啟者，也不做先知。……

致傳聖澤書信。〔美〕魏若望，《耶穌會士傳聖澤神甫傳》，頁 233～234。

〔註 237〕Taylor, Charles. *A Secular Age.* Cambridge, Mass.: Belknap Press of Harvard University Press, 2007. 1～7.

〔註 238〕Strauss, Leo. "The Three Waves of Modernity." *An Introduction to Political Philosophy: Ten Essays.* 82～95.

〔註 239〕〔法〕維吉爾・畢諾著，耿昇譯，《中國對法國哲學思想形成的影響》，頁 364～366。

> 為使誣蔑者羞愧，我們在這裡再次指出，那些反對培爾而主張不可
> 能存在不信神者社會的人，卻同時又宣稱世界上歷史最悠久的政府
> 是一群不信神者。這些自相矛盾的說法使我們蒙受的恥辱已經夠多
> 了。〔註 240〕

依從道德／倫理神學（Moral Theology）的角度言，道德與倫理來自上帝的啟
示，無神論者無法存在典範的道德與倫理。顯然，伏爾泰是不支持這一傳統
觀念的，他以中國為楷模，直指中國不需要藉助基督宗教的啟示而擁有優秀
的道德與倫理。意即，即便不信教，有道德、倫理、秩序之社會依舊可以繼續
運作。此外，他接受字面主義者對中國歷史的解釋，認定中國歷史長達 4000
年，並嘲諷拉丁文《聖經》與希臘文《聖經》編年史的矛盾（藉由康熙之口表
達）。〔註 241〕

上述的無神論思想，自然與耶穌會索隱派的理論基礎相違背。馬若瑟在
其著作和書信中一再糾正中國乃是有宗教信仰的國家，且其上古時代即信仰
天主：

> 然而，雷諾多德院長先生（M. l'abbé Renaudot）不斷攻擊說中國人
> 不信神，他們對主沒有絲毫認識。……如果雷諾多德院長先生知道
> 這些經書一點點內容的話，他可能就不會如此輕易地就中國人的無
> 神論發表意見了。〔註 242〕

從馬氏的字裡行間，大致可以了解到 1724 年代時，中國人的無神論形象已經
甚囂塵上，為知識分子與宗教界人士廣為討論。在馬氏 1728 年 10 月 3 日致
傅爾蒙的信件中，再次強調不可從中國處獲取無神論的思想支持：「如果我們
很嚴肅地要求傳信部允許我們揭示中國人不是無神論者的真相，這也許會觸
犯他們。……歐洲的無神論者再也不能從傑出的中國人的無神論中獲得支持
其自由思想的論點。」〔註 243〕

在馬氏之言，實際上延續了 1700 年在巴黎索邦神學院引起神學大辯
論，意在從中國族內人角度為耶穌會士辯護——李明《中國近事報道（1687

〔註 240〕〔法〕伏爾泰（Voltaire）著，梁守鏘譯，《風俗論·上冊》（北京：商務印書
　　　　館，1994 年），頁 85、88、90。

〔註 241〕〔法〕伏爾泰著，梁守鏘譯，《風俗論·上冊》，頁 85。

〔註 242〕馬若瑟 1724 年致同會某神父的書簡，見：〔法〕杜赫德編，鄭德弟、朱靜等
　　　　譯，《耶穌會中國書簡集：中國回憶錄》，卷 3，頁 286～287。

〔註 243〕〔丹麥〕龍伯格，《清代來華傳教士馬若瑟研究》，頁 32。

～1692）》中的涉及中國人無宗教信仰卻備受神眷的言論：「中國人信神話，信迷信，信投胎轉世，信偶像，還信無神論，形形色色，不一而足。」〔註244〕他不斷說明中國備受上帝眷顧，故又自相矛盾，或是他無意中提供了中國人無神論的證據。他似索隱派一般，詳細說明中國人在上古時期信仰天主，以圖自圓其說：「兩千多年以來，中國一直保持著真正的上帝信仰，僅守著最純潔的道德準則；相對而言，歐洲和其他地方卻謬誤百出，思想墮落。」〔註245〕無神論者則從李明等耶穌會士的報告中，提取中國人不信教的證據，又汲取中國在道德與倫理方面的優秀模範，為歐洲思想家無神論思想添磚加瓦。

　　馬若瑟對內，即對中國學者，必須說明道德源自上主，即「天」；對外，又需要說明中國人目前不信神與道德的典範形象的關聯。前者，極容易結合諸如〈中庸〉「天命之謂性，率性之謂道，脩道之謂教」之上天賦予道德本性的儒家觀念，成為索隱派的理論之一。〔註246〕此論可見馬氏白話小說《儒交信》：

> 司馬公道：「據此，則〈中庸〉『天命之謂性』何解？」
>
> 西師道：「此又性字之借訓耳。心生為性，猶言心之一生，明悟一開，人能別善惡而自專，天主於是乎命之趨善而避惡，此乃自然而然，而不得不然之明命，故借以為性。」〔註247〕

馬若瑟透過教義問答的方式，一再反復強調道德本性中的去善避惡，源自天主之命。如此，又需解釋清代的中國，不再信奉天主，及關聯之道德狀況：

> 及孔子歿，真道愈衰，禮樂廢於戰國，詩書焚於秦。……各自名家，諸說紛紜，乖戾不已。先王之道既熄，則異端乘其隙而蠭起。佛法流入，而播其毒於中國，道巫假老子之學，媚於邪神，妄調不死藥以害生。兩漢之間，三教始出而真學滅絕如此。〔註248〕

真正蘊含道德的古籍作於信仰天主的先秦時代，隨後歷經秦代焚書，漢代各

〔註244〕〔法〕李明，《中國近事報道（1687～1692）》，頁262。

〔註245〕〔法〕李明，《中國近事報道（1687～1692）》，頁260。

〔註246〕〔宋〕朱熹，〈中庸章句〉，《四書章句集注》，收入〔清〕紀昀等總纂，《景印文淵閣四庫全書》，冊197，頁200。

〔註247〕〔法〕馬若瑟，《儒交信》（徐家匯藏書樓抄本），收入鐘鳴旦，杜鼎克，王仁芳編，《徐家匯藏書樓明清天主教文獻續編》，冊26，頁133。

〔註248〕〔法〕馬若瑟，《天學總論》，頁485～486。

種儒家學派興起，佛教趁機傳入，道家假借老子天學之說，實則信仰撒旦。
於是乎，中國天學滅絕，道德開始墮落。類似的說法，李明更為直白：「中國
學識淵博的翻譯認為，佛教藝瀆宗教的迷信思想影響中國之先，民間不存在
什麼偶像泥塑」、「偶像崇拜佔據了人們的心靈，道德開始淪喪，上帝信仰也
遭受了很大的苦難，人們再也不能對上帝進行正確判斷了。」〔註 249〕

　　總言之，上述行文解釋了中國何以不再信仰基督，及信仰偶像崇拜的宗
教——佛教、道家的結局，就是敗壞了中國的宗教信仰與道德體系。那些完
美道德書，皆是信仰天主的古儒所著，故而道德必然是源自上帝啟示。從這
一角度觀之，某種意義上，耶穌會索隱派乃至大部分耶穌會士之言論，都充
當著宗教世俗化這一現代性要素方面的壓抑者。為對這一現代性要素進行
壓抑，索隱派及大部分耶穌會士針對中國無信仰的問題，展開了一系列的
論述，並試圖將歐洲這些現代性的聲音攔截在中國之外。足見，耶穌會士的
形象是矛盾的綜合體，或者說，因他們是處在現代社會與傳統社會過渡的
歷史「中間物」，故而他們既扮演現代性潮流的傳播者，又充當壓抑現代性
的反叛者。

三、袪魅與設計現代：「迷信」負面形象的建構

　　無神論導致的世俗化，幫助理性、進步等現代價值成為新的原父。這樣
一位新原父，隨著宗教改革至啟蒙運動，開始壓抑／弒殺的舊原父——神秘
主義。正如馬丁·路德嘗言：「別讓懷疑論者和柏拉圖學派之門徒，靠近我們
基督徒」，新教開始與洶湧在天主教護教學說中的神秘主義進行切割。〔註 250〕
其後，啟蒙思想家接過新教改革者的棒子，在 17 世紀古今之中，順勢打入古
代學說陣營。至 18 世紀中葉，現代性牢牢佔據現代社會的基本價值，神秘主
義與語言論皆發生了翻天覆地的改變。

　　本節第一小節認為現代性源自宗教的世俗化，而其源頭在於神學的反經
院哲學。而德國哲學家漢斯·布魯門伯格（Hans Blumenberg，1920～1996）
提出了另一種思考的面向。他批評現代性乃是「世俗化」的觀點，認為現代
性乃是理性的勝利——自我肯定／自我捍衛（self-assertion），是克服唯名論及

〔註 249〕〔法〕李明，《中國近事報道（1687～1692）》，頁 257、261。
〔註 250〕〔德〕馬丁·路德著，黃宗儀譯，廖元威校，〈論意志的捆綁〉，收入路德文
　　　　　集中文版編輯委員會編，《路德文集·第二卷》，頁 305。

其「神學絕對論」（Theological Absolutism）對人壓迫的結果。〔註 251〕在布魯門伯格看來，現代性乃是基督宗教世界神學問題的第二次克服，而克服的對象便是唯名論中興起的新的靈知主義（Gnosticism，又作「諾斯替主義」、「靈智派」）。〔註 252〕在布氏眼中，靈知主義破壞了理性，故而現代性不是宗教的世俗化，而是對靈知主義的克服，故亦是對神秘主義的克服。此說，可以推論出現代性乃是對神秘主義的克服，從另一個角度補充了「祛魅」說。

16 世紀，以柏拉圖主義為代表的神秘主義各學淹沒西方。爾後，歐洲新教改革開始，作為新世界的一方，便開始拒絕使用以新柏拉圖主義為代表的神秘主義，認為運用此法乃胡亂詮釋《聖經》。葉芝指出，在宗教改革期間（至伊麗莎白一世〔Elizabeth I，1533～1603〕），人文主義者對形而上學與數學研究的厭惡變成了對過去的仇恨與對魔法的恐懼，並掀起對修道院、教堂、大學圖書館（焚毀牛津大學圖書館書籍）的破壞。可以說，文藝復興時期的新柏拉圖主義、喀巴拉主義等神秘主義思想，大大影響了伊麗莎白時代的宗教改革觀念方向；至於德國，德國人約翰內斯‧羅伊希林（第二章第二節曾提及），他是皮科的門徒，於 16 世紀初出版了《論喀巴拉秘術》（*De arte cabalistica*，1517）。〔註 253〕足見，以喀巴拉為代表的神秘主義已經進入德國地區，並將要開始與宗教改革產生聯繫，並受到天主教徒的喜愛。如此，便解釋了路德為何如此排斥新柏拉圖主義，也解釋了英國皇家學會的學風不變之因，進而導致漢字收編理論的變化——漢字的位置開始離開原初語言的趨勢。但是，此時的反對神秘主義僅僅是萌芽，葉芝提醒，至少整個伊麗莎白一世時代（17 世紀初），依舊是一個充滿神秘色彩的時代，一個充斥仙女、惡魔、女巫、魔法、鬼魂的世界。也就是說，整個伊麗莎白時代的主導哲學即是

〔註 251〕 Blumenberg, Hans, and translated by Robert M. Wallace. *The Legitimacy of the Modern Age*. Cambridge, Mass.: The MIT Press, 1983.125～205.

〔註 252〕 靈知主義起源與斐洛及其繼承者極為相似：亞歷山太的學者們試圖以希臘哲學詮釋猶太教，而早期的靈知主義者（2 世紀）試圖調和基督宗教哲學與希臘哲學。靈知主義本質上，也是一種神秘主義，類似喀巴拉主義：他們認為其學說來自耶穌及其門徒，並傳授給適合之有教養的人接受這秘密／秘傳的教義，將信仰轉化為知識。這些神秘的知識與同時代的赫爾墨斯主義一樣，有煉金術、占星術、魔法等等。〔美〕弗蘭克‧梯利，《西方哲學史》，頁 152。

〔註 253〕 Yates, Frances Amelia. Giordano Bruno and the Hermetic Tradition. 166～167; Yates, F. A. The Occult Philosophy in The Elizabethan Age. London: Routledge, 2001. 4～5.

神秘主義。它滲入每一個角落，無論是知識、經驗、科學還是精神，卻懼怕此路上的反對聲音。〔註254〕意即，反對的聲音已經出現。但是，這種神秘主義的壓抑至滅亡幾乎歷經整個 17 世紀，甚至跨越至 18 世紀上半葉。

　　神秘主義在 17 世紀隨著現代語文學、新自然科學〔註255〕與新教的鬥爭的興起而日益壓制而造毀滅。但神秘主義依舊發揮著持續的影響力，除了在無信仰領域提供思想源泉外，哲學上也出現了相應的改變。其中，新教開展的反護教運動發揮了巨大作用。新教如路德的言論，視神秘主義為異端。而異端之源，來自護教傳統，在新教徒眼中，天主教徒「不幸」與「錯誤」繼承了這一「異端」傳統。

　　追根溯源，對異教智慧的好感，來自部分教父對異教思想的認可，並提出相應的索隱傳統以調和異教與基督宗教的矛盾，以利宣教。但一切隨著君士坦丁大帝（Constantinus Magnus，274～337）確立基督宗教為國教之後，旋即進入中世紀，羅馬帝國中的異教、偶像崇拜、神秘主義、煉金術、占星術、魔法、預言術等等都被冠以魔法（Magia）和宗教（superstitio）而被禁止與取締，並將「異端」（heresy）概念化。〔註256〕隨著反經院哲學在文藝復興的興起，「異端」思想唯名論又死灰復燃並大行其道。於是弔詭的場景發生了，原先反對猶太教及其他異教的天主教，迫於世俗化的現實壓力，重新啟用古代神學，卻又被新教斥為異端。隨後，這一傳統又被啟蒙運動延續，並脫離宗教繼續發展。對於天主教的重入異端，新教徒紛紛斥責神學的希臘化與靈知化，由是在 17 世紀下半葉之德國，形成了「反護教主義」（Anti-apologeticism）。如雅各布·托馬西烏斯（Jacob Thomasius，1622～1684）怒斥神秘主義是一種融合主義（Syncretism），提出區別聖經宗教與異教哲學的標準，即聖經宗教由神直接啟示，並具備絕對權威；神之道超越人類理性，故不能對祂進行哲學上的分析。所有異端思想來自以下核心觀點：流溢說、二元論、泛神論，以此神化造物主並損害祂。〔註257〕隨後，歷經路德的新教改革，柏拉圖主義也在新教中冠以異端之名。

　　下一個階段，對神秘主義的批判開始脫離宗教領域，擴及到哲學思考上。

〔註254〕 Yates, F. A. *The Occult Philosophy in The Elizabethan Age*. 87～88.
〔註255〕 前文所及，葉芝以 17 世紀分界線，將世界分作魔法世界與力學宇宙。
〔註256〕 〔荷〕烏特·哈內赫拉夫（Wouter J.Hanegraaff）著，張卜天譯，《西方神秘學指津》（北京：商務印書館，2018 年），頁 65～67。
〔註257〕 〔荷〕烏特·哈內赫拉夫著，張卜天譯，《西方神秘學指津》，頁 70～71。

部分思想家接過新教改革者的棒子，提出機械論，試圖與神秘主義學生相抗衡。於是，又走向了另一個極端。人類對鐘錶等機械的興趣，並展開深入研究，遂逐漸改變了人的思想。機械代表了一種緊密相連、有理有序的完美秩序，這種理念隨即被透射到了宇宙的探索之中。17 世紀以克卜勒為代表的科學家開始了機械論宇宙的研究，「他的神秘主義、天球旋轉、理性的上帝，都要求一個具有數學美的體系。」〔註 258〕隨即，生物學的研究，也試圖從機械角度論予以詮釋——生物的身體是一個鐘錶／機械。在哲學領域，笛卡爾及其後繼者將物理世界變成一部連續的聯動機器；托馬斯・霍布斯（Thomas Hobbes，1588～1679）為針對神秘主義，強調以機械運動詮釋一切；康德的思想也呈現了從神秘主義到批判神秘主義的立場轉變，他以《純粹理性批判》和《實踐理性批判》（Kritik der praktischen Vernunft，1788）取代神秘主義。〔註 259〕人們試圖透過機械論證明世界具有秩序性，而這種轉變，呈現了 17 世紀思想家的對受造世界之新思考——是神秘奇跡、充滿魔力的世界，還是具有理性、秩序的機械世界。顯然，越來越多的思想傾向於後者。在這種思想主導下，人類可以如控制機器一般操控與改造世界，收編漢字理論隨即易變（偏向人工語言）。

　　嗣後的啟蒙運動中，雅各布・托馬西烏斯之子克里斯蒂安・托馬西烏斯（Christian Thomasius，1655～1728），得益父親的批判工具，使得哲學不再依附於神學。職是之故，哲學不應排斥異教思想，並認識到這些思想之價值。與他父親一樣，克里斯蒂安不喜融合主義，故提出折衷主義（Eclecticism），用以擺脫對異教的偏見與迷信。〔註 260〕由是，這一方法稱為了啟蒙運動中辨別理性與迷信的核心方法。激進派的啟蒙運動思想家，克里斯蒂安的信奉者，有現代哲學史美稱創立者美稱的克里斯托弗・奧古斯特・霍伊曼（Christoph August Heumann，1681～1764），使用折衷主義消滅異教迷信。他在 1715 年的《哲人學刊》（Acta Philosophorum）中，向迦勒底哲學、波斯哲學、埃及哲

〔註 258〕〔英〕赫伯特・巴特菲爾德（Herbert Butterfield），張卜天譯，《現代科學的起源》（上海：上海交通大學出版社，2017 年），頁 94。

〔註 259〕〔德〕迪特・亨利希（Dieter Henrich）著，樂小軍譯，《在康德與黑格爾之間：德國觀念論講座》（北京：商務印書館，2013 年），頁 154～155；冒從虎、王勤田、張慶榮編著，《歐洲哲學通史》（天津：南開大學出版社，2012 年），頁 350；〔美〕弗蘭克・梯利，《西方哲學史》，頁 303。

〔註 260〕〔荷〕烏特・哈內赫拉夫著，張卜天譯，《西方神秘學指津》，頁 77。

學等古代哲學或者說古代知識體系告別，並對秘密哲學群體（Collegia philosophica secreta）大加嘲諷，冠之以野蠻哲學家（philosophorum barbarorum）的頭銜，斥之為「愚蠢」的迷信。〔註261〕足見，18世紀初期，歐洲學術界已開始試圖將神秘主義思想清理出近代思想體系。按照霍伊曼的觀點，神秘主義相關文獻甚至都不應該在圖書館進行保留。馬若瑟等人的索隱主義思想與著作，正是在這一時期成熟，他們的著作出版遭遇滑鐵盧，成為預料之中的事情。

　　另一種在神秘主義誕生的現代價值，乃是進步／進化觀。此一論述，在前一節已然提出，即煉金術的核心目標，即向更高的狀態進行轉化。從某種意義上說，現代進化觀，得益於煉金術模型。隨後，17世紀又有所謂「古今之爭」，宣揚現代的進步性。18世紀之前，人們還未建立今天所謂的系統化進化論哲學，嚴格意義上的進化論要至18世紀弗里德里希‧威廉‧約瑟夫‧馮‧謝林（Friedrich Wilhelm Joseph von Schelling，1775～1854）、格奧爾格‧威廉‧弗里德里希‧黑格爾（Georg Wilhelm Friedrich Hegel，1770～1831）、德國唯心主義哲學家提出，並經由英、美、法等國家浪漫主義詩人和哲學家使用或普及。〔註262〕同時，科學革命帶來的新知，也在不斷超越古人智慧，新的歷史正在形成，朝向更進步的方向進發。顯微鏡的出現使得生物學領域不斷獲得重大發現，編年史突破聖經的束縛，逐漸將「創世」研究（動植物學、地質學等）帶往進化論方向。在科學與哲學、文學三合力的情況下，進步／進化觀達到了頂峰，產生了「存在的巨鏈」觀──「存在一個無限等級的造物序列，下至無生物的自然，上至上帝本身，人則位於中心的某個地方。」〔註263〕

　　總言之，在18世紀前，進步觀念遂已誕生，但絕非主流，要至18世紀之科學、哲學、文學三者協力推動，終使進步觀成為18世紀之主流思想，並進入現代社會的基本價值觀。當然，也有學者認為，所謂的進步，其實是基督宗教固有觀念的世俗化。卡爾‧洛維特（Karl Löwith，1897～1973）非常強調這一面向，認為作為現代核心觀念的進步觀，並非是簡單科學新知的結果，而是以超越古典異教的基督宗教為中介，其源頭乃是從《舊約》到《新約》的

〔註261〕批評內容轉引自哈內赫拉夫。〔荷〕烏特‧哈內赫拉夫著，張卜天譯，《西方神秘學指津》，頁78。

〔註262〕〔荷〕烏特‧哈內赫拉夫著，張卜天譯，《西方神秘學指津》頁166～167。

〔註263〕〔英〕赫伯特‧巴特菲爾德，張卜天譯，《現代科學的起源》，頁174。

進步理念。故可以言，於基督宗教有著依賴關係，並存有雙重意涵：「就其起源而言是基督宗教的，就其傾向而言則是反基督宗教的。」〔註264〕

進步觀的一路發展，西人確立歐洲人乃是進步的典範，而其他地區之人反為落後野蠻，為歐洲中心論與殖民正當性學說奠定了基礎。在此現代性觀念的關照下，中國形象一落千丈，化為未能進步的典型代表。如黑格爾所提出的，有關中國歷史的著名的「歷史的童年」（childhood of history）論斷——中國的歷史沒有進步，被困在相同的歷史時空中，永遠的循環往復。因精神世界沒有發展，故陷於童年期無法再成長。甚至嚴格意義上言，中國沒有歷史，且這樣的毫無進步的歷史是可以排除出世界史的。〔註265〕按黑氏之論，「現代」世界史中，沒有絲毫中國的位置，現代世界史即為歐洲史。

以上，從神秘主義直接或間接衍生出來的，科學、無信仰、世俗化、進步／進化、反迷信、工具理性等觀念，構成了現代性中的現代社會基本價值，並在18世紀下半葉具有正當性（legitimacy）與普遍性。〔註266〕當進步觀與科學觀成為基本價值之後，他們所辯護的其餘價值便具備了優越性。如此，現代性可謂是具備了正當性，而牢牢佔據現代社會的構成形態。甚至，從宗教世俗化的角度論之，現代性的種種價值觀與現代社會政體，皆源自世俗化或克服世俗化，而期間神秘主義扮演了關鍵性角色。一旦去神秘主義的條件成熟，於是新的世界圖景轟轟烈烈展開。〔註267〕在祛魅的機制下，一個理性化、世俗化、去蒙昧化、進步化、科學化的、可預測的、新秩序化的現代社會被設計與建構。曾經的功臣神秘主義，兔死狗烹，被掃入了迷信與傳統的邊緣，離開了現代學科的建制。

〔註264〕 Löwith, Karl. *Meaning in History*. 61.

〔註265〕 Hegel, G. W. F. "The Childhood of History." *The Pattern of Chinese History: Cycles, Development, or Stagnation?*. Edited by John Meskill. Boston: Heath, 1965. 12～14.

〔註266〕 至讓－雅克・盧梭之《論科學與藝術》（*Discours sur les sciences et les arts*，1750），談及迷信、科學、進步、平等、自由、理性、個人主義等等現代價值觀念，足見在18世紀中葉以後，現代價值已然確立，成為共識。

〔註267〕 如施路赫特便認為：「相對於二元論、神中心主義的『世界』，一個解除了魔咒的『世界』乃是一個事理化的『世界』，其各部分秩序的運作有著相對的自主性，並且依據『自己的』法則。這種新的情況使得人類在他與世界的關係上對『可預測性』的需求達到了歷史上空前未有的滿足程度」。〔德〕沃爾夫岡・施路赫特（Wolfgang Schluchter）著，顧忠華、錢永祥譯，《超越韋伯百年智慧：理性化、官僚化與責任理論》，頁57～58。

第五節　小結：現代性與耶穌會索隱派的再思考

　　若對現代性進行簡要的概括，則可以分成三個方面：經濟、政治與文化，分別對應全球化的市場經濟、民族國家及新的世界秩序、現代社會價值體系。本章大篇幅論證了清明之際存在現代性及現代性之緣起。第一節從偏向斷裂論的角度論現代性，因斷裂論具有明顯的事件標誌或思想學說，故可以明確對照共時的中國社會是否存在相應的現代性。而第三節則發掘了現代性的起源，實乃神學論戰帶來的宗教世俗化並衍生諸如個人主義等現代性價值，以及具有斷裂標準的宗教改革等跨時代意義的事件。第一節選用了斷裂論，第三節皆選擇相對的聯繫論，無意評判二者之高下或正確與否。本節選取二說，無非試圖從兩種現代性起源範式中，得出最晚自 17 世紀始，確實具有現代性的結論。若從世界資本、政體等角度看，具有大事件標誌的斷裂論較為合適，而處於長期發展結果的現代價值觀念，則更適合聯繫論。

　　調和二家之說，現代基本價值觀念的建立或者說具有正當性是一個漫長、複雜、壓抑與被壓抑、克服與反克服的結果。期間可以以部分事件或新事物為標誌，方便衡量與判斷。但始終不可以忽略在這個過程中，神學所扮演的角色：在神學的種種鬥爭中，宗教得以世俗化，各種現代性方茲並獲得生存空間，並於 18 世紀成為基本價值而佔據正當性。由是，本文對現代性起源的看法是，現代性可以斷裂論分為三個階段，而第一階段之現代性起源，則以聯繫論思考。以下為第一階段現代性的分期：

　　15 世紀末，現代性之「種」誕生：大航海時代到來，世界市場出現；唯名論與文藝復興互相促進發展（其後產生個人主義等、鬥爭對象唯理論則發展出民族國家理論雛形）；托德西利亞斯條約（*Tratado de Tordesillas*）簽訂，新世界秩序與殖民開端。

　　16 世紀，現代性的「萌發」，即宗教世俗化出現：唯名論促發新柏拉圖主義，新柏拉圖主義推動赫爾墨斯主義與喀巴拉主義；神秘主義促進不信教；宗教改革；科學革命；現代價值出現。

　　17 世紀，現代性成熟與鬥爭，宗教世俗化不可避免：三十年宗教戰爭，國際法建立基礎，主權國家概念形成；神秘主義出現反對聲音（包括前一世紀的新教徒與機械論等）；無信仰成為可能；古今之爭，現代即進步。

　　18 世紀上半葉，祛魅卓有成效，世俗化基本完成，現代性具有正當性：現代社會價值成為主流。

　　總體論之，從 15 世紀末的神學論爭與新世界的形成開始，到 16 世紀神秘主義瓦解舊有秩序與體系並開始著手建立新的「近現代」社會，再至 17 世紀神秘主義步入高峰旋即反對的聲音出現而開始被壓抑，終至 18 世紀中葉擊敗神秘主義，工具理性、進步觀等新哲學掌握正當性，成為現代性的基本理念。現代性的起源，乃是 16～17 世紀醞釀與發展，18 世紀定型的過程，以上皆屬第一階段的現代性。若結合耶穌會，而從聯繫論之結論可知，現代性的肇端，即基督宗教的世俗化，故而作為傳教士的耶穌會（尤其是耶穌會乃因應宗教改革而力主護教而設立），無論如何，其所知所學，皆是現代性與傳統鬥爭的混合體，必然裹挾著部分的現代性。故言明末至晚清前之西學論著，乃第一階段現代性的典範文本。而上述所謂現代性，對漢字研究產生了兩大方面影響：漢字從聖經某種語言到人工語言，從挖掘語言內神學奧秘到設計語言以突破語言混亂的局面。

　　第二部分，則是要突破關於索隱派的既有定論。首先，從既有之史料可以了解，索隱派之間聯繫始於赴華傳教之前的同學關係：在巴黎耶穌會的大路易學院（Collège de Louis le Grand）及獨立它的見習修士修道院，白晉、傅聖澤、李明、張誠、劉應都同時期在這裡學習或見習，柏應理與南懷仁（Ferdinand Verbiest，1623～1688）則為導師；白晉曾在耶穌會弗萊徹學院（Collège Henri-IV de La Flèche）學習，而馬若瑟與傅聖澤亦在此校學習，二人在一起生活了一年。〔註268〕可見，白晉至法國挑選新一批赴華傳教士時，同學關係發揮了重要影響。

　　嗣後，白晉在 1702 年致萊布尼茲的尺牘中，聲名他想創立一「傳教學院」。其設想為：大約招募六位博學多才的傳教士，共研中國古籍。他們的研究成果，一則可為其他傳教士傳信中國人時提供資料與理論，二則為歐洲學者提供研究與信息。〔註269〕可以想見，馬若瑟、傅聖澤與郭中傳成為了白晉這個學院的門徒。尤其是馬若瑟，有較長一段時間擔任白晉的助手，可謂是白晉唯一的入門弟子。至 1704 年「傳教學院」試圖進行一個宏大的計畫：聯合至少六位傳教士與中國學者合作，將中國典籍翻譯成西文，使得不懂漢文

〔註268〕　〔美〕魏若望，《耶穌會士傅聖澤神甫傳》，頁 73；〔丹麥〕龍伯格，《清代來華傳教士馬若瑟研究》，頁 9；〔德〕柯蘭霓，《耶穌會士白晉的生平與著作》，頁 12～15。

〔註269〕　〔德〕柯蘭霓，《耶穌會士白晉的生平與著作》，頁 58。

的歐洲學者也可以直接參與研究。同時，為了發掘古代神學與喀巴拉的新認
識，法國皇家科學院可以從旁協助。〔註270〕從白晉的立意來看，耶穌會索隱
派的另一種稱呼「易經派」（Ykingnists）似乎也不合理，「尊經派」相對更為
適合。

可見，用「索隱派」形容索隱派不嚴謹、不合實際且具有誤導性，誤以
為使用索隱主義的僅有白晉等四五人，實則不然。孟德衛與龍伯格認可這一
看法，他們認為所謂的「索隱派」，乃是更大範圍內耶穌會士觀點的綜和，不
單是在華耶穌會士的觀點；所謂的對中國古籍的象徵解釋，只是索隱三傑詮
釋學計畫中的一小部分而已。〔註271〕也就是說，其實基歇爾、韋伯乃至萊布
尼茲，都是廣義的索隱派一員。需要注意的是，耶穌會索隱派雖然是以白晉
為主導的學派，但內部並非鐵板一塊，觀點各異，側重經典也各有喜好，如
白晉專研《易經》，馬氏側重小學與經傳。並且，馬若瑟曾一度變節，如他在
1716 年的多份信件中批評白晉觀點的荒誕與瘋魔。〔註272〕

在華耶穌會方面，利瑪竇及其繼承者們的「適應」政策，其實便是一種
神祕主義或護教傳統，即索隱主義。而白晉、馬若瑟的這一派理論，也受到
了赫蒼壁（Julien-Placide Herieu，1671～1746）、沙守信（Émeric de Chavagnac，
1670～1717）、卜文起（Louis Porquet，1671～1752）的追捧〔註273〕，也遭受
到了紀理安等人的激烈批評。何以同國同會之會士中，是沙、卜等人認可白
晉的路線，而紀理安等人盡力反對。魯保祿的研究一針見血地指明癥結所在，
即雙方來自不同的教育背景（教省）：白晉、馬若瑟、傅聖澤、郭中傳、卜文
起諸君來自巴黎及其附近，而以紀理安為首的反對派，如馮秉正（Joseph-
François-Marie-Anne de Moyriac de Mailla，1669～1748）、杜德美（Pierre
Jartoux，1688～1720）等人，則是來自里昂。〔註274〕可見，追根究底，乃是

〔註270〕〔德〕柯蘭霓，《耶穌會士白晉的生平與著作》，頁 59。

〔註271〕〔美〕孟德衛，《奇異的國度》，頁 341；〔丹麥〕龍伯格，《清代來華傳教士
馬若瑟研究》，頁 144。

〔註272〕如 1716 年 4 月的信件：「由於白晉神父荒唐的聯想，埃及的墨丘利神和所擁
有類似名號的神靈，如三皇、五帝、伏羲、神農、黃帝、堯和舜都成了以諾
的化身，由此引發了不少同仁的憤怒或嘲笑。」信件收錄於：〔丹麥〕龍伯
格，《清代來華傳教士馬若瑟研究》，頁 152。

〔註273〕〔德〕柯蘭霓，《耶穌會士白晉的生平與著作》，頁 62。

〔註274〕Rule, Paul Anthony. "K'ung-Tzu or Confucius? The Jesuit Interpretation of
Confucianism." Ph.D dissertation. 424～425.

耶穌會法國省與里昂省的教育不同，導致不同的神學背景產生相異的觀點。要知道，巴黎地區一直是繼翡冷翠之後神秘主義思想氾濫的核心陣地。

　　追索 "Figurism" 一詞第一次用在馬若瑟等人身上，乃源自弗雷萊與宋君榮的通信。這個貶抑的標籤，放置在白晉及其門徒身上有著備受忽略的歷史。二人通信前兩年（1728），巴黎的冉森主義者引發了巴黎的大騷亂。此派諸如教會即將滅亡的怪異觀點，被巴黎人稱為「巴黎索隱派」（Paris Figurists）。〔註 275〕這一點，馬若瑟在 20 年代便已提出，其索隱理論不同於冉森主義者那樣，胡亂使用《聖經》、聖奧斯定理論，以圖切割二者關聯。〔註 276〕同時，1730 年代已經處於祛魅的高峰期，基於神秘主義的索隱主義詮釋學隸屬迷信／偽哲學，備受啟蒙思想家所嘲諷，也被耶穌會內部禁止出版作品與隨意向中國人傳播這一觀點。〔註 277〕所以，弗雷萊採用否定貶低的「索隱派」稱呼白晉等人，多是認為他們的理論就和耶穌會的死對頭冉森派一樣荒謬，也容易使耶穌會在祛魅的時代與新教徒的反護教運動中備受攻擊。此外，弗氏曾跟從黃嘉略學習漢字與中國經典，而黃氏則曾屬巴黎外方傳教會一員，該修會在禮儀之爭中乃是耶穌會的反對者，他會對索隱派進行駁斥可以想見。但 "Figurism" 形容白晉的學院已行之多年，祝平一也試圖解決 "Figurism" 等於舊約象徵論及其簡潔稱呼索隱派，儘涉及寓意解經這一詮釋傳統的弊病。祝敏銳觀察到無論是寓意解經還是神秘主義，其關竅皆在對「象」（figurae）的闡釋，故譯為「符象論」〔註 278〕。此說洵然，可解決 "Figurism" 翻譯中不精確與誤導之處，況且馬氏在索隱主義作品中，多運用「象學」〔註 279〕，顯然「符象論」一詞更為貼合。然而，「索隱」一詞通行數年，學者多以該詞指涉 "Figurism"，故本文不得不從眾，依舊沿用索隱派一詞，但為以示與其他索隱派的區別，在「索隱派」前多冠以「耶穌會」來指稱白晉、馬若瑟等人的學術小團體及其詮釋學方法。

〔註 275〕〔德〕柯蘭霓，《耶穌會士白晉的生平與著作》，頁 143。

〔註 276〕具體見馬若瑟 1725 年致梅爾希奧・達拉・布列加神父（Melchior dalla Briga，1686～1749）的信件。〔丹麥〕龍伯格，《清代來華傳教士馬若瑟研究》，頁 33。

〔註 277〕〔德〕柯蘭霓，《耶穌會士白晉的生平與著作》，頁 68；〔丹麥〕龍伯格，《清代來華傳教士馬若瑟研究》，頁 19～20。

〔註 278〕祝平一，〈經傳眾說──馬若瑟的中國經學史〉，頁 437～438。

〔註 279〕如《六書實義》，見：〔法〕馬若瑟，《六書實義》，收入鐘鳴旦、杜鼎克、蒙曦主編，《法國國家圖書館明清天主教文獻》，冊 25，頁 484。因馬氏作品在本文中時常引用，為節省篇幅，後文引用時省略所收錄之書籍，直言頁數。

最後，單論馬若瑟思想的弔詭性。綜合前文，即可發現難以單純將耶穌會索隱派的思想簡單化整為象徵主義／舊約象徵論。相反的，他們的思想是一種混雜的，夾雜著各種文藝復興以來的思想學說，只要有利於傳教，他們便吸納其思想有利於天主教神學的一面而用之。〔註280〕簡言之，馬若瑟的思想構成：其一，歐儒漢學眾說；其二，奧利金與奧古斯丁式的寓意解經，容納一定程度的預表論；其三，文藝復興以來的各種新知；其四，神秘主義。耶穌會索隱派其餘數人，也大體相似。為簡明起見，將耶穌會索隱派之思想來源繪製成圖書表，陳列如下：

圖 3.5　馬若瑟及索隱派西方思想源流圖

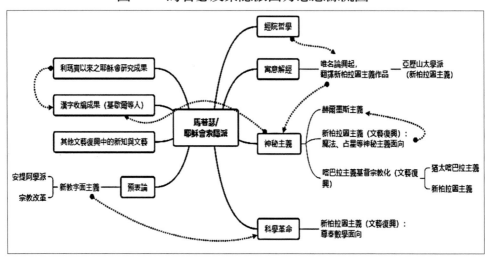

職是之故，可以言，馬若瑟的思想表面上是索隱主義，實際上是以象徵論為主體，兼用與之矛盾的新教「預表論」，又包納文藝復興以來的諸多學說的混合體，同時又要兼顧反駁中國作為無神論國家的典範。因此，耶穌會索隱派既是現代性的推手，也是現代性的反叛者，乃矛盾的「中間物」。

〔註280〕李奭學亦指出，由於耶穌會象徵論者在詮釋中國古籍時特重上古神話的天主教面向，故而他們的「經解」之學其實已經超越了天主教尋常的「解經」之道，反而和希臘羅馬上古的荷馬詮釋關係比較大。李奭學，《中國晚明與歐洲文學——明末耶穌會古典型證道故事考詮》（臺北：中央研究院、聯經出版事業股份有限公司，2005 年），頁 192。